U0812397

劳动关系与劳动法

LAODONG GUANXI YU LAODONG FA

杨　红◎主编

四川大学出版社

项目策划：梁　胜　陈　纯
责任编辑：陈　纯
责任校对：孙滨蓉
封面设计：墨创文化
责任印制：王　炜

图书在版编目（CIP）数据

劳动关系与劳动法 / 杨红主编. — 成都 : 四川大学出版社, 2019.6
ISBN 978-7-5690-3327-4

Ⅰ. ①劳… Ⅱ. ①杨… Ⅲ. ①劳动关系－中国－高等学校－教材②劳动法－中国－高等学校－教材 Ⅳ. ①F246 ②D922.5

中国版本图书馆 CIP 数据核字 (2020) 第 004837 号

书名　劳动关系与劳动法

主　　编	杨　红
出　　版	四川大学出版社
地　　址	成都市一环路南一段 24 号（610065）
发　　行	四川大学出版社
书　　号	ISBN 978-7-5690-3327-4
印前制作	四川胜翔数码印务设计有限公司
印　　刷	郫县犀浦印刷厂
成品尺寸	170mm×240mm
印　　张	17.25
字　　数	327 千字
版　　次	2020 年 9 月第 1 版
印　　次	2020 年 9 月第 1 次印刷
定　　价	68.00 元

版权所有 ◆ 侵权必究

◆ 读者邮购本书，请与本社发行科联系。
电话：(028)85408408/(028)85401670/
(028)86408023　邮政编码：610065
◆ 本社图书如有印装质量问题，请寄回出版社调换。
◆ 网址：http://press.scu.edu.cn

四川大学出版社
微信公众号

修订说明

劳动关系是社会经济关系的重要组成部分，随社会历史发展不断演进。在新时代背景下，我国企业的劳动关系变得越来越复杂，出现众多新的重要变化，呈现出许多新的特点，新经济形态不断涌现，雇员的维权意识不断提高。相关法律条款随之修改，一些新的政策法规不断出台。劳动关系及劳动法的教学与研究必须适应这些新变化，因此对原出版的《劳动关系与劳动法》教材予以修订。

本次修订在基本保持第一版总体结构不变的情况下，在以下几个方面进行修订。第一，调整和新增了一些章节，使全书结构更加合理；第二，更新及补充了部分新的阅读材料以及案例分析，理论与实际结合得更加紧密；第三，每章内容根据情况有所增减，相关数据及法律规定均得到更新。本书结构如下：

第一章为“劳动关系概述”，分为“劳动关系及其特征”“劳动关系的外部环境”和“中国的劳动关系”三个小节。本章主要解释了劳动关系的概念，介绍了劳动关系的主体，分析了劳动关系的特征以及劳动关系的外部环境等。

第二章为“劳动关系的本质”，分为“冲突和产业行动”和“合作”两个小节。本章探究了冲突和合作的根源，总结了冲突的表现形式以及产业行动的分类，并介绍了冲突向合作的转化方式。

第三章为“管理方”，分为“管理方概述”“管理方的管理模式”和“雇主与雇主协会”三个小节。本章主要解释了管理方的概念，阐述了管理方的角色理论，总结了管理方的管理模式，并对雇主协会的相关内容进行了介绍。

第四章为“雇员和工会”，分为“雇员”“工会”“工会承认与工会化”“工会的职能与行为方式”和“我国工会的现状与发展趋势”五个小节。本章主要解释了雇员和工会的概念，并对工会的结构分类、产生过程做了介绍，分析了工会承认与工会化的原因，探究了我国工会的现状与发展趋势。

第五章为“政府与劳动关系”，分为“政府在劳动关系中的角色”“政府对劳动关系的管理”和“中国政府的劳动关系管理探索”三个小节。本章介绍了劳动关系中政府角色的相关理论基础，总结了政府在劳动关系各个阶段中的管理方式，并重点强调了中国政府在劳动关系中的角色内容，对中国政府的劳动关系管理进行了相关探索。

第六章为“劳动法”，分为“劳动法概述”“劳动法的产生与发展”“工资的法律保障”“工作时间”和“劳动安全和卫生”五个小节。本章主要介绍了劳动法的概念、主要内容与特征，阐述了劳动法中对工作时间、休息休假、最低工资、工作场所等的相关规定。

第七章为“劳动合同”，分为“劳动合同概述”“劳动合同的订立”“劳动合同的内容”“劳动合同的履行、变更与终止”“劳动合同的解除”和“违反劳动合同的法律责任”六个小节。本章主要介绍了劳动合同的概念、特征与作用，阐述了劳动合同从订立到解除各个阶段的制度规定，并对相关违反劳动合同行为的法律责任进行了明晰。

第八章为“员工民主参与”，分为“员工民主参与管理概述”“员工民主参与管理的组织形式”“我国企业员工民主参与管理”三个小节。本章主要介绍了员工民主参与管理的概念、内容与形式，并分析了员工民主参与管理的必要性及可行性。

第九章为“集体谈判与集体合同”，分为“集体谈判概述”“集体谈判的结构、过程及结果”“集体谈判的法律调整”“我国集体谈判的现状及思考”“集体合同概述”“集体合同的签订”“集体合同的内容”和“集体合同的效力”八个小节。本章主要解释了集体谈判和集体合同的概念与内涵，阐述了集体谈判的结构、进程以及谈判结果的影响因素，介绍了集体合同的签订原则、内容以及合同效力等，并对集体合同与劳动合同进行了区分。

第十章为“劳动争议与处理”，分为“劳动争议概述”“劳动争议调解”“劳动争议仲裁”和“劳动争议诉讼”四个小节。本章主要介绍了劳动争议的概念、种类与范围，明确了劳动争议处理的原则，并对劳动争议的调解、仲裁与诉讼分别进行了阐述。

第十一章为“构建我国和谐劳动关系”，分为“我国劳动关系的现状”“影响和谐劳动关系的主要因素”和“构建和谐劳动关系的路径”三个小节。本章介绍了我国劳动关系的现状，在此基础上总结了其中存在的某些问题，并分析了和谐劳动关系的主要影响因素，提出构建我国和谐劳动关系的可能路径。

目 录

第一章　劳动关系概述

第一节　劳动关系及其特征

人类的产生和发展与劳动密不可分，劳动创造了人类，造就今天的社会和世界。劳动关系就是在劳动过程中形成的劳动者与劳动力使用者之间的社会经济关系。劳动关系是社会经济关系的重要组成部分。

在社会历史的发展过程中，随着生产方式的演变，生产组织形式也不断变迁。其中，劳动者与劳动力使用者之间的关系也在不断调整、变化，描述这个关系的概念及其内涵和外延也在不断变化。从我国的情况看，人们习惯将劳动者与劳动力使用者之间的关系称为劳动关系。

一、劳动关系的定义

劳动关系是社会生产关系中表明劳动力使用者与劳动力所有者之间关系的概念。在英文中，劳动关系多是指劳动者与雇主之间在劳动过程中形成的社会经济关系。由于人们对劳动力提供者与劳动力使用者的称谓不同，对特定劳动关系的社会经济性质和特点认识角度不同，把握和表述存在差异，使劳动关系又被称为“劳资关系”“产业关系”“雇佣关系”“劳工关系”“劳使关系”等。

“劳资关系”表明的是资本与劳动之间的关系，也是劳动关系最传统的称谓，体现的是雇佣工人与资本所有者之间的关系。在资本主义发展初期，生产组织中的管理者就是资本所有者，即“资本家”，劳动者就是指雇佣工人。资方劳方界限分明，劳动关系主体明确，关系清晰。由于资方劳方的绝对分离，劳资关系所表现的社会内容的逻辑中蕴含劳资冲突与对抗的意义。随着社会化大生产方式的发展，社会的生产组织形式也不断变迁，现代企业制度逐步建立。在当代，资本所有者与生产组织中的管理者逐渐产生分离，部分雇佣工人也因持有公司的“股票”而变成了资本“所有者”。劳资关系所表明的社会经济内涵发生了很大的变化。

“产业关系”又称“工业关系”或“劳动—管理”关系，是对以社会化大生产为基本特征的现代资本主义生产过程中劳动关系的新指称。其狭义上等同于劳资关系，即雇佣工人与资本家之间的关系。广义上则泛指产业及社会管理中的管理者与受雇者之间的所有关系。产业关系涉及的主体不仅包括普通劳资关系中的劳资双方，而且还包括社会的管理者，即政府在内。当代西方国家普遍使用这个概念。

“雇佣关系”也称劳雇关系，侧重点说明雇主与受雇者之间建立在特定法律关系基础上的雇佣关系，强调的是雇主与受雇者之间的权利义务结构。而且，雇佣关系通常是指雇主与受雇者之间的个别性质的劳动关系，一般不包括集体的劳动关系。

“劳工关系”是我国台湾地区和海外华人学者经常使用的概念，它以劳工为重点和核心，突出劳工及其团体，比如工会的作用，强调劳工团体与雇主之间的互动过程，比如集体谈判。

“劳使关系”的概念源于日本，指劳动者与劳动力使用者之间的经济社会关系。这个概念比劳资关系、雇佣关系更加中性、温和，在一定程度上掩饰了劳资关系、雇佣关系中主体之间的对抗和冲突性质。

二、劳动关系的主体

（一）管理方与雇主协会

从狭义角度看，管理方是指在生产组织中通过行使职权，实施管理职能，率领其隶属人员完成既定工作的各级管理人员。从广义角度看，管理方除了包括企业中的各级管理人员，还包括各类正式与非正式的雇主协会。

雇主协会是一种团体组织，它由雇主组成，代表并维护雇主利益，通过谈判和协商与工会协调劳动关系。雇主协会是为对抗工会而形成的。以美国为代表，早期的雇主协会以反工会活动为主要职能，常采用雇佣罢工破坏者、列出黑名单、实施暴力等手段对抗和破坏劳工活动，因此可以称为斗争型协会。

（二）雇员与工会

雇员也称劳动者，我国的广大劳动者是指在企业、事业、国家机关、社会团体和个体经济组织等单位和组织中从事有组织的社会劳动的人。《劳动法》中所指的劳动者包括具有劳动能力的我国公民、外国人和无国籍人士，包括企业、国家机关、事业组织、社会团体的工勤人员，实行企业化管理的事业组织的非工勤人员，以及其他通过劳动合同（包括聘用合同）与国家机关、事业单位、社会团体建立劳动关系的劳动者[①]。由此可以看出我国劳动法适用于基于劳动合同而形成劳动法律关系的用人单位和劳动者，而独立劳动者没有基于劳动合同而形成的关系，因此不属于劳动法调整范围。

结合《中华人民共和国工会法》规定，从工会的性质、职责这两个角度出发，可以将工会定义如下：工会是职工自愿结合的工人阶级的群众组织……工会组织和教育职工依照宪法和法律的规定行使民主权利，发挥国家主人翁的作用，通过各种途径和形式，参与管理国家事务、管理经济和文化事业、管理社会事务；协助人民政府开展工作，维护工人阶级领导的、以工农联盟为基础的人民民主专政的社会主义国家政权。

（三）政府

政府的主要职能在于发展经济、调节市场、社会管理和公共服务。作为广义劳动关系的主体，政府在劳动关系中的地位和作用举足轻重。在不同国家或同一国家的不同发展时期，政府对劳动关系的管理职责、管理力度、管理侧重点以及管理方式都有差异。为了更好地发挥政府在劳动关系中的作用，必须正确界定政府在劳动关系中的角色，全面了解政府管理劳动关系的范围、方式，以及不断结合劳动关系的变化，适时调整劳动关系管理策略。

政府在劳动关系中的角色定位是指政府在劳动关系的形成、运行和演变中的介入程度。在劳动关系领域，政府的角色定位，直接决定社会价值和社会资源在劳动关系主体之间的分配，决定劳动关系双方力量的对比以及劳动关系的运行机制等。

三、劳动关系的特征

劳动关系的特征可以概括为以下几个方面：

① 李景森，贾俊玲．劳动法学［M］．北京：北京大学出版社，2003.

（一）平等性与隶属性

劳动关系主体双方在法律面前享有平等的权利，劳动者向用人单位提供劳动服务，用人单位向劳动者支付劳动报酬，双方在平等自愿的基础上建立劳动关系。在劳动法律法规中，劳动者与企业的权利义务也是并列的。在正常合理、双方未受到胁迫的情况下，劳动合同的签订与执行在法律上具有平等性。用人单位作为劳动力使用者，要安排劳动者在组织内和生产资料结合；而劳动者则要通过运用自身的劳动能力，完成用人单位交给的各项生产任务，并遵守单位内部的规章制度，双方又形成管理与被管理、指挥与服从的隶属关系。

（二）依赖性与冲突性

劳动者通过让渡劳动力的使用权从用人单位获得相应的薪酬福利，以此用人单位需要将劳动者的劳务转换成产品与服务，以满足顾客的需求，创造投资的经济效益。因而劳资双方在经济上具有相互依赖性。随着劳动关系主体的明晰，劳资双方的权益冲突加剧，特别是雇主追逐利润和劳动者要求提高劳动报酬的矛盾非常突出。劳动者往往希望能以较少的劳务换取更高的薪酬福利，而企业为了创造最大的经济效益与利润，竭尽所能降低劳动成本，使得利润最大化。因此，经济利益之争成为劳资冲突频发的主要原因。而劳资双方基于实力上的差异，以及供大于求的格局，企业常常是劳资冲突中占据优势的一方。所以，劳资双方在管理上具有冲突性。

（三）实力的差异性

由于劳资双方地位的不同，其所拥有和可行使的权力的程度也有相当大的差异。权力是劳资关系中的基本要素，对劳资关系的管理和结果都有重大的影响。随着科技发展、产品更新，社会对劳动者的技能要求在不断提高，因而一些年龄偏大、技能较低的职工大量下岗、失业。通过转轨时期中国企业劳动关系的现状分析，可以发现：在劳动密集型企业，缺乏一技之长、文化素质较低的那部分劳动者，无论是下岗、失业人员，还是农民工，在与资本结合的过程中，总体上处于弱势地位，缺乏与资本抗衡的力量。实践中，企业的经济实力是其在劳资冲突中最重要的筹码，通过经济力量的发挥，个别劳动者几乎难以对抗雇主在法律、管理权上的优势地位，唯一的策略是整合多数劳动者的力量与企业主抗衡。

（四）冲突的影响性

劳资冲突的影响并非仅局限于企业内部，而常常波及劳动者家属、消费者、社会大众权益，加之劳动者群体的庞大，劳资冲突的议题常常会衍生为社会重大问题。同时，随着经济发展的全球化趋势，劳资冲突的影响范围也呈现出国际化特色。

（五）互动的复杂性

基于复杂人的假设，就个体人而言，其需要和潜力会随着年龄的增长、知识的增加、地位的改变、环境的改变以及人与人之间关系的改变而各不相同；就群体人而言，人与人、群体与群体之间也是有差异的。因此，个人之间、集体劳动者之间、集体劳动者与企业之间的互动关系，其复杂程度常常超出一般人的想象。劳动者、企业与政府不能低估劳资互动的复杂性。

第二节　劳动关系的外部环境

一、影响劳动关系的环境因素

影响劳动关系的因素除了就业组织内部的因素之外，还有很多环境因素，这些因素统称劳动关系的外部环境。我们可以把影响劳动关系的环境因素归纳为四个方面：政治法律环境、经济环境、社会文化环境、技术环境。

（一）政治法律环境

政治法律环境是影响劳动关系系统的一个重要外部环境。政治法律环境主要指总的政治形势、立法和司法现状，包括政治制度、党派关系、法律法规以及国家产业关系政策等。政治法律环境是由参与决策的各派政治力量的主张和其他鼓动手段构成。各派政治力量通过较量所形成的力量对比决定了政治格局。因此，政治法律环境在很大程度上是由执政党的意识形态和作风决定的。具体而言，政府通过各种社会和经济政策影响劳动关系运行的一般环境，包括货币政策、财政政策、就业政策、教育和培训政策及其他政策等。

在诸多政策环境中，就业政策对劳动力市场以及就业组织中劳动关系的影响最为直接。它往往通过供求状况的调整来改变双方劳动力市场的力量，以经济激励和惩罚措施来改变双方在就业组织内部关系的力量。货币政策和财政政策也会通过宏观经济环境来影响各营利组织的劳动关系。另外，这两种政策还可以通过影响资本的价格，改变资本和劳动价格的比率来影响企业的雇佣政策和企业的劳动关系。教育和培训政策主要作用于人力资本投资的供求，改变劳动者的知识技术结构，从而改变不同种类的劳动力市场供求和企业的资本/劳动比重。因此，教育和培训政策对于劳动关系具有更加长期的影响①。

劳动关系实际上是一种权利义务关系，是受法律调整的利益交换关系。法律和制度环境是指规范雇佣关系双方行为的法律和其他力量的机制，这些机制规定了双方的权利义务，并具有相对的稳定性。如我国《劳动法》规定了集体谈判中双方的权利义务、工人的最低工资、健康和安全保护等。法律要求雇主承认工会，并同工会进行集体谈判，这一规定作为法律制度外部环境，提高了工会有效代表其会员的能力，进而影响了工会会员的工资和工作条件。而企业作为社会组织的一种重要存在形式，它在日常的经营活动中也必须遵守国家的有关法律法规，因此，法律对企业劳动关系活动的影响就主要体现在它的约束和规范上。

调整劳动关系的法律制度环境是一个比较复杂的体系，包括多种因素、层次、关系。既有规定权利义务的实体性规则，也有规定为实现实体性权利义务而设定的程序性规则。既有层次较高的宪法、基本法律规范，又有中间层次的一般法律规范，也有层次相对较低的行政规章类的规则。这些规则以及依据规则设立的组织，形成了复杂的法律制度系统。在规范意义上，这个系统应当是内部统一的、自洽的、有效率的。从实证意义上分析，这个体系往往存在诸多的缺陷和问题，特别是在经济、政治体制转型国家，其问题更加突出。

市场经济国家在规范劳动关系、保护劳动者权益方面，制定了比较完善的法律体系，法律和制度是政府调整劳动关系的最基本形式。

（二）经济环境

所谓经济环境，一般包括宏观经济状况，如经济增长速度和失业率；也包括更多的微观经济状况，如某一特定产品市场上雇主所要面对的竞争程度②。

经济环境能够改变劳动关系主体双方力量的对比。一方面，经济环境可能

---

① 程延园．劳动关系学［M］．北京：中国劳动社会保障出版社，2005：28－29.

② 程延园．劳动关系学［M］．北京：中国劳动社会保障出版社，2005：28.

来自劳动力市场的变化，直接影响双方在劳动力市场上力量的消长；另一方面，经济环境也可能来自厂商所要面对的要素市场，要素市场的变化通过影响雇主的生产函数和员工的消费函数来改变双方的成本效益，从而带来各种关系的力量变化。同样，偶发的经济冲击，以及有规律的经济周期都影响就业组织内部的劳动关系调整机制。经济冲击往往会造成产量的骤减，不同企业会因为对未来预期的不同而制定不同的人力资源政策。在经济环境周期的影响下，就业组织内部的调整会随着经济的起落而变化。一般来说，经济处于繁荣阶段，雇员的力量就较强，管理方会做更多的让步；而经济处于低谷阶段，管理方让步的空间很小，雇员的力量相对较弱，在谈判和冲突中处于更不利的地位①。

经济环境往往会首先影响劳动者的工资福利水平、就业、工作转换、工人运动和工会的发展，其次会影响产品的生产、工作岗位的设计及工作程序等，最后可能会间接影响劳动关系的整体状况。

（三）社会文化环境

社会文化环境可分为微观、中观和宏观三个层次。微观社会文化环境是指劳动者具体工作场所中的社会文化环境，实际上也就是工作群体文化环境。它在与劳动者密切相关的技术、操作过程、同事及上下级关系等各种要素的共同作用下，对劳动者的价值观、态度和积极性产生很大影响。中观社会文化环境，是指具体的劳动组织或企业文化环境，主要是组织文化。而宏观社会文化环境是指一个社会特有的社会制度、社会结构、社会习俗和社会规范。

劳动关系的社会环境主要是指社会发展公平程度、社会价值观念的改变、人与人之间的等级关系的变化等。社会发展的公平程度直接或间接地影响劳动关系的格局、劳动关系双方的实力状况以及劳动关系的和谐程度。社会阶层结构的变化和重组，直接影响了劳动关系的构成和特点，劳动关系的直接构成主体——劳动者和雇主，也在这种社会结构变动中重组。在此过程中，劳动者特别是产业工人社会地位的下降和社会权利的缺失，已经成为影响劳动关系和谐与社会和谐的突出社会问题②。

社会文化环境由各国、各地区甚至各工种的主流传统习惯、价值观、信仰等组成。如果社会文化外部环境表现为笃信工会的重要性和积极作用，那么，政府和企业就会通过制定政策，增强工会的作用，扩大工会的影响力。文化的

---

① 程延园．劳动关系学［M］．北京：中国劳动社会保障出版社，2005：28－29.

② 常凯．劳动关系学［M］．北京：中国劳动社会保障出版社，2005：98－102.

影响是潜在、不易察觉的，它是通过社会舆论和媒介来产生影响，对于违反社会文化规则的个人和组织，虽然惩罚不像法律那样具有强制性，但其作用却不可低估①。

（四）技术环境

技术变革一向被视为影响劳动关系发展的重要因素之一。“自20世纪70年代以来，新技术对工作环境的冲击非常巨大，而且这种冲击正在以一种日益增加的速度发展”②。

随着技术环境的变化，对劳动关系发展的影响主要表现在两方面：一方面，技术的进步不仅可以使生产率提高，促进生产力的大发展和社会文明的进步，而且会使得就业岗位对技术的要求增高，对技术人员的依赖性增强，这类人才在劳动力市场的力量上升，因而在劳动关系中的优势更大，如IT产业和汽车生产商；另一方面，技术的变革会给社会，特别是工人阶级带来新的矛盾和问题，即传统产业对劳动力的需求下降，造成体力劳动者失业增加。近年来，这在制造业表现尤为明显。

二、全球化背景下劳动关系环境变迁的主要趋势

第二次世界大战以后，特别是最近20年，随着交通信息业与新科技的快速发展，全球的社会、经济与文化结构发生了非常大的变化，其速度与幅度比过去数百年来累积的变化还要快、还要大。造成社会、经济与文化结构巨大变化主要基于如下原因：

（一）国际化、自由化与全球化

第二次世界大战后，交通与信息业，特别是信息与通信技术的发展，使交通成本大幅度下降，速度大大提升，生产资源（如资本、技术与劳动力）快速地、低廉地在全球各地自由流动。从而造成了全球经济的自由化、国际化，形成生产的国际分工。对各国的企业而言，只有在国际市场上参与激烈的竞争才能生存和发展。

---

① 黑启明．论影响劳动关系系统的社会文化环境因素［J］．兰州学刊，2007：（04）．

② 菲利普·李维斯，阿德里安·桑希尔，马克·桑得斯．雇员关系：解析雇佣关系［M］．高嘉勇，等译．大连：东北财经大学出版社，2005：33.

（二）中产阶级的兴起与产品需求的多元化

第二次世界大战后，世界各国都在努力加快经济发展，而经济发展的成功促进了中产阶级的兴起，他们所需要的不仅是满足基本的生存条件，而是多样化的生活需求。因此，对企业提出新的要求，企业必须要生产出多样化、特殊化的产品，以满足中产阶级各种不同的特殊需求，才能生存和发展。

（三）ICT 的发展，促使产业结构的合理化

ICT 即信息（Information）、通信（Communications）、技术（Technology）的简称，是信息技术与通信技术融合而形成的一个新概念。制造业与服务业呈现整合的趋势，制造业不再以低单位成本作为竞争的优势，而是像服务业一样追求顾客的满意，为满足顾客的要求而生产。服务业因为 ICT 与新材料的发展，改变了过去生产与消费不可分割的情况。ICT 的发展也使有形产品的重要性下降，而无形资产的重要性大大提升，如企业顾问、工程顾问与投资顾问的服务等，但价格非常昂贵。

（四）政治民主化与放松法律规制

经济发展提升了人们的教育程度与收入水平，这些文化程度高、收入高的中产阶级，要求政治民主化。政治民主化带来产业民主化，必然会引起企业的生产经营管理、劳动关系与人力资源管理发生重大的改变。为了提升企业在国际市场上的竞争力，各国开始修改现行法律，尽量放松规制，以增强企业管理上的弹性与应变能力①。

第三节 中国的劳动关系

根据我国《劳动法》的规定，我国劳动关系的含义是指劳动者与用人单位在劳动中形成的社会经济关系。

在中国，《劳动法》调节的劳动关系中的劳动，除了具有一般的含义外，还具有特定的内涵。它专指劳动者为谋生而从事的、履行劳动义务的、岗位相

① 黑启明．劳动关系系统的环境因素与变迁［J］．理论与现代化，2006：（02）．

对固定的集体劳动[①]。家庭成员的家务劳动、个体劳动者和合伙人为自己企业的劳动、公民从事的社会义务劳动等一般不属于目前《劳动法》调节的劳动关系中所指的劳动。

劳动过程是劳动力与生产资料相结合的生产过程。在劳动力与生产资料分别属于不同主体的条件下，劳动力与生产资料结合的自然过程从本质上就是这两种不同生产要素之间发生联系的社会过程。劳动既具有自然性质，也具有社会属性。劳动关系是社会生产关系的重要组成部分，是社会经济关系的本质体现。所有制不同，对生产资料的占有和运用就不同，所以劳动关系也会存在差异[②]。我国目前正在建立和完善社会主义市场经济体制，传统的劳动关系，特别是公有制经济劳动关系必须要适应社会主义市场经济体制改革的要求，自觉地调整劳动关系中不同主体的利益要求。同时，随着信息社会的来临，知识经济发展迅猛，在这种新的生产方式中，劳动者与用人单位之间的关系必将变得更加复杂，劳动关系必将面临新的调整。

复习思考题

一、名词解释

1. 劳动关系。
2. 产业关系。
3. 雇佣关系。

二、简答题

1. 简述劳动关系的特征。
2. 简述影响劳动关系的环境因素。
3. 简述全球化背景下劳动关系的环境变迁的主要趋势。

---

① 程延园．劳动关系学［M］．北京：中国劳动社会保障出版社，2005，6.

② 左祥琦．劳动关系管理［M］．北京：中国发展出版社，2007：4—5.

三、案例分析

【案例分析】

职工维权案一波三折，谁来维护劳动者权益？

2017年8月22日，愁容满面的王彩霞来到长春市总工会职工服务中心求助。原来，她丈夫魏学军是吉林省一人力资源公司派驻吉林省某建筑工程安装公司的劳务派遣工。

2015年5月23日，魏学军在工地干活时从高处坠落，致全身瘫痪，当年9月被认定为工伤。2017年4月，魏学军被评定为一级伤残，但人力资源公司并没有把申请到的伤残补助金直接交给魏学军，而是转交给建筑公司。其后，建筑公司将补助金挪作他用，致使魏学军没能享受伤残待遇。此前的治疗已让魏学军的家庭陷入困境，为了拿回7万多元的伤残补助金，王彩霞四处奔波无果。于是，她来到长春市总工会职工服务中心申请法律援助。

为尽快帮魏学军维权，长春市总工会职工服务中心指派法律援助部的初航负责此案。初航迅速与长春市国安公证处联系，帮助魏学军办理了代理权公证，使其妻子获得合法代理权。随后，又帮助王彩霞到法院起诉。

但整个立案过程一波三折。第一次通过电子法院立案时，法院以“返还伤残补助金”不属于劳动争议为由不予立案。第二次到法院现场立案时，法官认为此项请求属于普通民事争议，如走劳动争议诉讼须撤回该项请求。随后，王彩霞在初航的帮助下先对“要求公司支付护理费、停工留薪期工资”等内容申请立案。

此后，初航代表市总工会职工服务中心多次与两家公司相关负责人沟通，希望通过调解方式解决，但两家公司多次表示不接受调解。

2017年10月31日，长春市总工会职工服务中心指派包括初航在内的法律援助部两名工作人员，到市高新区法院代理该案参加诉讼。在两名工会工作人员的据理力争下，此案庭审非常顺利。

2017年12月29日，法院做出一审判决，要求两被告公司向魏学军支付工伤补助金、护理费、停工留薪期工资合计29.25万元。

问题：

根据上述案例请分析，案例中出现了哪些劳动关系主体？对案件有什么影响？

资料来源：人民网《中国工会新闻》维权时讯

第二章　劳动关系的本质

劳动关系指的是人们为了从事社会劳动而结成的关系，是就业组织中由雇佣行为而产生的关系。其基本含义是指管理方或者管理方团体（多为行业协会）与劳动者或劳动者团体（一般是工会）之间产生的、由双方利益引起的、表现为合作和冲突关系的总和，它受制于一定社会中经济、技术、政策法律制度和社会文化的背景。狭义的劳动关系就是劳动力的雇佣双方在劳动力受雇过程中的相互关系。①

劳动关系是围绕劳动力使用者与劳动者的雇佣和被雇佣关系展开的，它主要包括三个方面的内容：

（1）从业关系，指劳动者的招聘、录用，劳动者的教育和培训，劳动者的职业、职务等。

（2）劳动组合关系，包括对劳动者的组织与管理，劳动职责与考核，劳动纪律与奖惩等。

（3）劳动者的利益分配关系，包括劳动报酬与收入分配，劳动条件与劳动保护，劳动者的社会保障等。其中，劳动者的利益分配关系是全部劳动关系的核心。

劳动关系就其性质而言，包括劳动主体之间的合作和冲突两个方面。一方面，劳动者与劳动力的使用者通过劳动就业结成利益共同体、相互依赖，具有合作和协调的基础；另一方面，双方又存在利益的对立，这集中体现在劳动者工资与企业利润最大化的矛盾关系上，这也成为劳动争议和冲突的根本原因。这两个方面既相互联系又相互对立，在一定条件下又会互相转化。因此，对劳动关系的认识和研究必须从这两个方面进行全面的把握。

---

① 程延园．劳动关系［M］．北京：中国人民大学出版社，2002：4.

第一节　冲突和产业行动

一、冲突的根源

劳动关系主体之间的冲突是普遍存在的。劳动冲突是指劳动关系双方的利益、目标和期望分歧很大，甚至背道而驰时的表现形式。造成冲突的原因有：(1) 异化劳动的合法化；(2) 客观的利益差异；(3) 雇佣关系的性质；(4) 劳动合同的性质；(5) 心理契约的不履行；(6) 广泛的社会不平等和劳动力市场状况等社会因素。

(一) 异化劳动的合法化

马克思以及古典政治经济学都认为劳动者的劳动产品应当属于劳动者自己。古典政治经济学视为合理的私有制中的劳动实际上已经变成一种异化劳动。这种异化按照马克思的话说就是："劳动的这种现实化表现为劳动者的非现实化，对象化表现为对象的丧失和为对象所奴役，占有表现为异化、外化。"马克思站在历史唯物主义的高度，联系整个人类发展进程考察了劳动的异化，揭示出异化劳动的历史必然性和它作为历史存在的合理性。马克思认为异化劳动是生产力不发达的产物，异化劳动是人类劳动在自身发展中必然要经历的历史过程，异化劳动是私有财产的根据和原因。

市场经济在当前的世界经济中占主要地位，市场经济体制是以财产私有为制度基础的，多数国家的经济是以私有经济为主。亚当·斯密在 18 世纪将英国描述成"业主的国家"，他认为这样的国家存在的主要规律就是，当人民为自己而不是为他人工作时，就会更加努力，这成了市场经济的理论基础①。可问题在于，大多数工人并不是在为自己工作，他们在法律上既不拥有生产资料、生产成品，也不拥有生产收益，同时也不能控制生产过程。这样就从法律上造成了劳动者与这些生产特征的分离。工人为了保住工作，可能会认同这种工作安排，并尽力工作。但是，在其他条件不变的情况下，工人也会存在不努力工作的现象，因为生产的资料、产出、收益在法律上都不归他们所有，而是

---

① 亚当·斯密. 国富论 [M] . 陈星，译 . 西安：陕西师范大学出版社，2006.

归其他人所有。

这样，工人努力工作，却不拥有最终的结果，这种异化了的劳动势必造成工人和雇主之间的矛盾，成为私有制经济中不可能调和的潜在冲突根源。

（二）客观的利益差异

客观的利益差异是存在于劳动关系双方目标利益之中的差异。一方面，市场经济是私有性的竞争经济，雇主的目标是实现企业利润最大化。为了实现企业这一目标，除了提高工人的工作效率、优化企业工作流程之外，雇主也常采用压低工资、减少福利、超负荷使用劳动力等方法降低企业的生产成本，以此实现自身利润最大化。这一思想在马克思的著作中同样有所体现：马克思认为，在任何一种经济体系中，所有的价值都是由生产性劳动创造的。如果雇主按照劳动的价值给付工人报酬，那么利润就成了空壳，投资方就没有任何投资的动机，最终就会导致经济的崩溃。所以，资本主义存在的条件就是通过劳动力长期的过度供给将工人置于不利的地位，从而支付少于工人劳动创造价值的工资，实现对工人的剥削。

另一方面，被雇佣者的利益在于追求工资福利的最大化，以及在保住工作的前提下尽量减少工作投入。这种根本的利益冲突由双方的地位所决定，冲突的程度取决于雇主追求利润最大化的程度和他们各自采取的策略。

但是，无论这种矛盾如何缓和，它始终还是存在于劳动关系双方之间，在一定的条件下，这种矛盾的利益关系会被激化，从而上升为双方的冲突。

（三）雇佣关系的性质

雇佣关系的性质使劳动者处于从属地位，而管理者处于主导地位，并且管理者的权力在组织中是一种等级分层。在没有法律特别规定的情况下，员工没有权利选举组织中直接的管理者或更高职位的人，也没有权利改变企业的决策。虽然雇员拥有退出企业和罢工的力量，但这种方式并不能完全改变管理者的行为。劳动者不愿意处于从属地位；同时，这种权利的分布不是雇员的利益所在，而是资本所有者的利益之所在，这便成了雇员与管理者之间冲突产生的深层根源。

近几十年来，商业环境、信息技术的变化，迫使企业采用其他的方式来重新构建他们的权利组织。比如，雇员团队被授予广泛的权利，使得雇员在很大程度上可以根据自己的意愿进行工作，而没有直接的监督；大规模的授权，使得管理者可以从指挥雇员工作到引导雇员工作、从严密监视到授权自主完成任务，提高了雇员的主动性。但是，由于雇佣关系仍然没有根本改变，由雇佣关系性质导致的冲突根源也依然存在，随时威胁着劳动者和雇主之间的关系。

（四）劳动合同的性质

劳动合同，亦称劳动契约，是指劳动者与用人单位之间为确立劳动关系，依法协商达成的双方权利和义务的协议。作为确立劳动关系的法律形式和产生劳动法律关系的法律事实，劳动合同对于保障劳动者的合法权益，发挥劳动者的积极性和创造性具有重要作用。

如果雇主和劳动者之间签有详细的劳动合同，在合同中又明确规定了劳动者应当完成的工作任务、工作的质量和数量、工作的责任和范围，以及相应的报酬，那么冲突就会得到缓解。只有在任何一方没有严格地履行合同时，冲突才会出现。但实际上，从全球劳动力市场看，劳动合同的条款和内容不可能包罗万象，格式也不可能完全统一，有的雇佣双方甚至根本没有订立书面合同。所以，这就造成了劳动关系的一些内容，比如对工作的预期和理解等，并不能完全用书面的形式进行约定。这种理解和期望由于具有复杂性和模糊性，使得双方对各自的角色和义务产生不同的看法和理解，导致相互不信任和冲突的产生。

（五）心理契约的不履行

“心理契约”是由美国著名管理心理学家施恩教授提出的，它可以被描述为这样一种状态：企业的成长与员工的发展虽然没有通过一纸契约载明，但企业与员工却依然能找到决策的各自“焦点”，如同一纸契约加以规范。即企业能清楚地知道每个员工的发展期望，并能够满足这种期望；而每一位员工也为企业的发展全力奉献，因为他们相信企业能实现他们的期望。

大多数企业中，雇员和雇主之间存在一种“心理契约”。这种契约是雇员和雇主双方出于各自的权利和义务而制订的一种非正式协议。它不仅包括工资和员工福利的支付，而且还包括双方对雇员和雇主的工作绩效、雇主提供的工作条件、工作保障、晋升机会、工作分配以及其他因素的预期。虽然这种契约并非以书面形式订立，没有法律效力，但是它仍然真实存在并且很重要。如果一方认为另一方实质上违反了这个契约，即认识的不一致，就会产生失望、挫折、忧伤，甚至是愤怒、怨恨等情绪，进而引发各种各样的冲突，尤其在管理方单方面导入新的管理规则，变更、破坏心理契约时，这种冲突就更为明显。

现实中，许多雇主已经认识到了心理契约的重要性，并对它的内容和实施给予关注，努力使雇员对工作的期望与自己作为雇主对工作的期望相一致。因此，实现心理契约，避免或最小化冲突的关键一步是雇员和雇主的沟通，了解对方的工作期望并和自身的工作期望进行比较，以此消除误会和争议。比如很多公司有越级接见的程序，在越级接见中，雇员定期与其作为监督者的上司见面，以便表达对监督者的抱怨和牢骚；同样，开门政策，即雇员可以要求会见公司的最高主管，以此可以修订劳资双方的心理契约，并有利于实现两者的心理契约。

（六）广泛的社会不平等和劳动力市场状况等社会因素

冲突的产生还有深刻的社会背景，这些社会因素也是产生冲突的重要原因。

虽然劳动者的地位和工作条件都得到了一定的改善，但劳动者相对于雇主而言仍然是受剥削的。世界银行的发展报告显示，20 世纪 80 年代以来，全球收入差距不是在缩小，而是在逐步拉大，各国的基尼系数①总体呈上升趋势。以美国为代表的许多发达国家，经济增长的成果仅仅被少数人享有，多数人分享到的经济增长成果相对很少，尤其在垄断和非垄断行业之间，这种不平等更加突出。

劳动力的供大于求和失业率的不断上升，成为工人在劳动力市场上面临的严峻问题。我国加入世贸组织后，用人单位因为有更多的选择机会而表现得更加挑剔，劳动者因为要面临更多的竞争而表现得更加弱势。另外，工作岗位的健康和安全问题在全球也十分严峻，即使在西方发达国家，因工伤残和死亡时有发生，安全和健康也成为劳动者和雇主之间矛盾冲突的另一个社会根源。

---

① 基尼系数是 20 世纪初意大利经济学家基尼根据洛伦茨曲线提出的判断分配平等程度的指标，该系数可在 0 和 1 之间取任何值。0 为“完全平等”，1 为“极端不平等”。按照联合国有关组织规定：基尼系数若低于 0.2 表示收入绝对平均；0.2～0.3 表示比较平均；0.3～0.4 表示相对合理；0.4～0.5 表示收入差距较大；0.5 以上表示收入差距悬殊。经济学家们通常用基尼系数来表现一个国家和地区的财富分配状况。这个系数在 0 和 1 之间，数值越低，表明财富在社会成员之间的分配越均匀；反之亦然。通常把 0.4 作为收入分配差距的“警戒线”。根据黄金分割律，其准确值应为 0.382。国家统计局发布的数据显示，2016 年我国居民收入基尼系数为 0.4670。

二、冲突的表现形式

劳动关系主体之间的冲突是劳动关系双方的利益、目标和期望出现分歧，甚至背道而驰的时候的表现形式。冲突一般包括显性的冲突和隐性的冲突。

（一）显性冲突

显性冲突对于员工来说，主要表现为罢工、抵制、辞职、诉怨等；对于用人单位来讲，表现为关闭工厂、停工、惩处或辞退员工等。

其中，罢工是冲突最明显的表现形式。当劳资双方利益冲突积累到一定程度就会以罢工这种形式表现出来。罢工同样也呈现出一些规律，当雇主破坏了明确的规则和心理契约时，就可能引发工人罢工。换句话说，罢工不仅仅是工人为了获得更好的工资和工作条件，它还是一种表达工人集体意愿的途径，工人通过这种方法来反映自己的不满，并且对他们认为不公平或不合理的雇佣行为进行反击。

（二）隐性冲突

隐性冲突对于员工来说则主要表现为职务内绩效的降低，比如怠工、旷工、缺勤、偷懒等；对于用人单位则表现为排挤员工、任意安排员工等。

当一些企业职工的合法权益受到侵害或者其要求被管理方拒绝之后，为了避免罢工这种明显冲突带来的不利，往往用怠工、旷工、偷懒等形式来反抗。他们之间抱怨、诉说自己的不快、心不在焉地工作、缺乏责任心，使劳动关系的矛盾暂时隐性化，但是在内部却越积越深。由于这种隐性的冲突不容易被发现，所以往往会给企业带来一定的损失，并隐藏着更大的危机。

用人单位也同样会采用隐性的手段对付员工，有目的地安排调动员工、排斥员工，表面上是正常的工作调动，但实际上是一种打击手段，员工虽然知道其真正的目的，但也只能被动接受。

三、产业行动

（一）产业行动的概念

产业行动又称为集体行动，是指劳资关系双方在劳动关系中为实现自己的主张和要求，依法采用罢工或关闭工厂等阻碍企业正常运营的手段进行对抗的行为。[①]它是劳资双方在难以通过正常谈判达成一致、解决争议的情况下，为了保护自身利益而采取的具有保护性、权益性、临时性的行动。具体来说，产业行动是指在集体谈判过程中由雇员或雇主，以向对方施加压力为目的、单方面发动的导致正常工作暂时停止的一种活动。一般来说，产业行动是集体协商、谈判失败后的高级斗争形式，也是在法律许可的范围内、以和平手段所能够采取的最终的斗争或争议方法。

依据劳资对等的原则，同团结权和集体谈判权一样，产业行动权在一般法律意义上是劳资双方共有的权利。但在劳动法中，通常是指劳动者一方的权利。

（二）产业行动的形式

产业行动虽是劳动关系双方都具有的权利，其主体可以是雇员（工会），也可以是雇主或者雇主组织采取的集体行动。下面分别予以阐述。

1. 雇员的产业行动

（1）罢工，是产业行动中最明显的方式。当劳资双方发生争议，并且双方又都不肯在谈判中妥协时，就可能会引发罢工。随着罢工的进行，双方迫于罢工带来的损失压力，又会重新考虑各自的让步底线，降低其心理预期，最终达成协议。因此，罢工实际上是一种使双方相互妥协的方式。而双方最终妥协的程度，则取决于双方力量的对比。

（2）怠工，作为雇员产业行动的一种基本手段，在多数国家已被认为是合法的产业行为。它是指雇员既不离开工作岗位也不进行就地罢工，只是放慢工作速度或进行破坏性工作。雇员不需要与雇主进行激烈的冲突，只需要在工作中故意散漫、懈怠，或故意浪费企业的原材料，以达到改善劳动条件的目的。如果不仔细观察，雇主甚至可能无法发现怠工。雇员进行怠工同样需要大家的团结一致、共同行动，才能对雇主或管理方造成威胁，如果只有少数雇员参与，那么怠工行动的结果可能以雇员的失败或被开除而告终。

---

① 竹内昭夫ら．新しい法律学の辞典［M］．3版．東京：有斐阁，1989：952.

【阅读材料】

比利时大罢工让全国“瘫痪”，经济损失接近1亿欧元

2019年2月13日，比利时好像被摁下“暂停键”，几乎停止了运转。当天，机场所有航班被取消，空中交通完全瘫痪。医院只有急诊正常营业，其他部门统统关门歇业。很多超市也关门大吉，街上垃圾无人清扫。据了解，罢工活动的支持者总数超过全国总人口的1/3，其影响范围几乎涉及所有的行业，包括公共交通系统、港口、卫生部门、邮局、医院、学校、商业区等。

其中，比利时航空运输服务所受冲击最为强烈，不仅国内航运全面瘫痪，还干扰到欧洲其他国家航空运输的正常运营。比利时副首相兼经济和就业大臣皮特斯说，这次大罢工给比利时带来的经济损失约为9290万欧元。

比利时铁路公司发言人表示，当天比利时全国约有一半的列车停运。安特卫普港口关闭。布鲁塞尔的城市交通基本瘫痪。地铁只有1号线还在运行，但频率远低于平时。49条公交线路中只有4条仍在运行。奔驰、标致和沃尔沃等知名工业品牌当日处于罢工活动的风口浪尖，一些大型企业遭到抗议雇员的围堵。某汽车企业无奈表示，6000人的制造大厂当天只有30人来上班，“一台车也造不出来”。

大罢工还对社会造成了相当程度的安全隐患。比利时监狱管理部门表示，不少监狱工作人员对此次罢工响应积极，有的监狱“狱警跑了2/3”，当局不得不采取紧急措施，将在押犯人的一切活动严格限制在牢房以内，并临时调拨警察充当“狱卒”。在比利时根特市，一名“路怒族”司机因不满抗议队伍故意阻塞道路，直接驾车撞进人群，导致两人受伤入院，肇事者本人也被逮捕。

比利时的航空运输13日陷入了全面瘫痪。由于无法确定当天各机场的罢工情况，国家航空交通管制部门取消了全部到港和离港航班，同时对比利时领空进行了严格的航空管控——任何经过比利时上空的商业航班飞行高度不得低于8000米，军用、急救和人道主义援助类飞行器不受这一限制。据悉，比利时最繁忙的空港——布鲁塞尔国际机场当日取消了591架次的客运和货运航班，6万名旅客的正常出行受到影响。

比利时是西欧地区的重要枢纽，航线连通英国、荷兰、法国和德国等国家，该国航空运输的停摆不免影响到邻国。荷兰阿姆斯特丹斯希普霍尔机场13日出现大范围的航班延误。“今日俄罗斯”新闻网称，大罢工当日正值北约防长会议在布鲁塞尔召开。受罢工影响，一众北约官员亲身体验了“人在囧途”：他们被迫在比利时周边国家降落，乘车入境，而在途中还不免邂逅抗议人群和道路封锁。

《布鲁塞尔时报》称，不满近乎停滞的工资增长，比利时工会组织此前与政府及企业代表展开谈判。谈判期间，双方就工资最大涨幅问题产生较大分歧：资方认为，2019年和2020年两年该国雇员的整体涨薪水平不应超过0.8%，而工会方面则坚持1.5%，双方均表示没有任何妥协余地，最终导致谈判破裂。

比利时首相米歇尔13日呼吁劳资双方重返谈判桌，他还对当日出现在工作岗位的人士表达了感谢。然而，工会领袖维特尼尔称，若之后的谈判无法带来符合预期的结果，工会还会组织更多的罢工。

此次罢工对国家声誉的影响较之经济损失更甚。比利时最大的企业协会、多种行业联盟（AGORIA）负责人表示：“我们给不少大型跨国企业留下的印象是‘比利时总在罢工’。这种不怎么靠谱的国家，似乎不太适合吸引外资。”

资料来源：环球网 https：//mr. baidu. com/whuyrir?f=cp，有删减

（3）联合抵制，是指雇员通过影响消费者的方式来阻止雇主销售其最终产品。根据抵制对象的不同，联合抵制可以分为初级联合抵制和次级联合抵制。初级联合抵制，是指工会直接向当事雇主施加压力，迫使其接受谈判条件的运动；次级联合抵制，是指工会向没有直接卷入劳动争议的雇主施加压力，使当事雇主处于不利地位而进行的运动。除了抵制对象的不同之外，两者的抵制方式也存在区别：初级抵制是通过劝说消费者不去购买雇主的产品来限制雇主产品市场；而次级抵制是开展工人运动，使消费者不购买雇主的产品。

（4）纠察，指罢工员工在靠近企业入口处或有关区域设置警戒线，用以阻止其他员工或者人员进入。纠察行动通常伴有标语或者旗帜，它的作用在于帮助罢工和联合抵制行动的顺利进行。

英国最著名的BBC广播公司曾发生过公司历史上罕见的24小时员工大罢工。从BBC记者到技术员工都参与其中，罢工的目的是抗议这家世界最大的

公众广播公司采取的一项近4000人的裁员计划。罢工时，员工打着“为我们的BBC而战”的标语，并在BBC总部的门外设置了纠察线，以阻止前来上班的同事进入大楼。[①]

（5）“恶名单”和“好名单”。工会将那些与工会作对的雇主列入一个名单，即“恶名单”，并在工会会员中传阅，以使广大会员不再维护这个企业。由于许多国家将“恶名单”视为非法，于是工会转向使用“好名单”，即在这种名单上列出工会认为对工会公正的雇主。工会会员看到这种名单，会对公正的雇主企业持维护态度，而对那些榜上无名的雇主企业持怀疑甚至不信任的态度。

2. 雇主的产业行动

雇主采取的产业行动在方式与特征上不如雇员的产业行动明显，而且通常具有一定的被动回应性，因为雇主所能够采取的产业行动，与其在劳动关系和劳动冲突中的地位有关。雇主采取的产业行动方式主要有以下几种：

（1）关闭工厂，指的是当雇主得知雇员准备罢工或者雇员刚开始罢工的时候，就关闭工厂，并且声称是被迫行为。雇主这样做的目的是避免重大损失的发生甚至工厂的倒闭，同时通过解雇或者停职的方式，切断劳动者的工资来源，迫使劳动者屈服于管理者的权威。这种方式是雇主惯用的一种威胁员工的手段。

（2）雇佣替代劳动者，是指在正式员工罢工期间，雇主通过雇佣其他劳动者来代替罢工工人进行生产，以抵制或破坏工人罢工的一种手段。雇佣替代劳动者进行生产，使罢工失去了对雇主的巨大威胁，同时也达到了削弱工会威望的目的。雇佣替代者的本意，是为了缩短罢工时间，但实际上罢工的时间不但不会缩短，反而可能会延长。因为替代劳动者认为，如果罢工继续下去，自己便会一直被雇佣，因此，他们会尽量设法延长罢工的持续时间。

（3）雇主充当罢工破坏者，指的是罢工期间，雇主借助其他雇主的生产能力完成生产任务。实际上是借用其他企业的生产能力，代替罢工替代者的角色。这种行为通常是由雇主协会组织的，当协会中某个雇主受到一个工会或者几个工会的威胁时，其他雇主组织成员可以帮助他，以弥补罢工受到的损失。

（4）复工运动，是指雇主派人到罢工工人家中劝说罢工者或其家属，使他

---

① 资料来源：中国日报（http：//english.sohu.com/20050525/n225697852.shtml），2005年5月25日，有删减。

们相信不久之后，大多数工人都将会回到工厂工作，并且他们的利益也会得到良好的保障。雇主通常认为，多数工人不会对这一通告无动于衷，他们可能会穿越工会设置的纠察线回到工厂工作。

(5) 黑名单，又叫“黑表”，是指雇主通过秘密调查，将一些不安分或有可能在劳动冲突中发挥带头作用的劳动者，登记在一张表上，并暗中通知本行业其他雇主不要雇佣他们，被列在表上的劳动者可能会丧失被雇佣的机会。

(6) 排工，是指雇主对某些劳动者采取排斥的态度。由于工会的力量对雇主存在很大的影响，所以通常雇主会排斥那些加入工会的劳动者。另外，在雇佣劳动者的时候，为了防止劳动者利用工会与企业讨价还价，雇主往往以不加入工会为雇佣条件，强迫劳动者接受。

（三）罢工

【阅读材料】

英国公共部门大罢工

英国公共部门的工作人员在 2011 年 11 月 30 日为抗议政府的养老金制度改革计划举行了一天的大罢工，200 多万人放下手头的工作，学校、医院、边检以及地方公共服务受到影响。英国边境局雇员、国家医疗服务系统的护士和后勤管理人员、公立学校的老师和校长、地方政府部门的工作人员参加了这次由 30 家工会发起的罢工。这次罢工主要的目的是反对英国政府的养老金改革计划。英国政府要求将公务员退休年龄延长 6 年至 66 岁，增加需要交纳的养老金额度，同时减少最终养老金的支付水平。

英国财政部说，这次罢工有可能导致高达 5 亿英镑的经济损失，英国首相和工会领导人都指责对方应该为此买单。

资料来源：腾讯新闻

1. 衡量罢工程度的指标

在实际中，用来衡量罢工的指标有三个：罢工次数、卷入的工人人数和损失的工作日数。(1) 罢工次数，是指每年发生的罢工数量。单用这一指标并不能完全说明罢工的严重程度，有时甚至会高估罢工的严重性。(2) 卷入的工人人数，包括直接或间接参与罢工的工人数，但不包括其他企业中间接参与的工人数。这一指标可能高估或低估罢工的工人数。但相对于罢工次数而言，可以更好地反映罢工对社会经济的影响。（3）损失的工作日数，是用卷入罢工的人数乘以罢工时间，以千名雇员为单位来统计。在反映罢工严重程度方面，它与参与罢工的工人人数这一指标具有高度的一致性。

上述三个指标，只能反映罢工的程度，却不能反映罢工的影响。一方面，一些短期的或非正式的罢工频繁发生，影响了雇主的信心和企业的生产。另一方面，损失的工作日数带来的生产损失与利润损失并不总成正比。所以，罢工产生的后果及损失很难准确计算。

2. 罢工的分类

（1）根据罢工的目的可以将罢工分为三种：

①经济罢工，这种罢工的起因是雇主对雇员的利益侵犯，其目的在于迫使雇主就劳动合同中有关劳动报酬、工作时间、休息休假、劳动安全卫生、保险福利等事项做出让步。

②反对不当行为的罢工，其目的在于反对雇主的不当行为，如反对雇主对雇员的歧视、反对雇主拒绝集体谈判，以及控制、干涉工会等行为。经济罢工和反对不当行为罢工的基本区别在于前者是因劳动合同有关问题争议而发生，后者则是因劳动合同以外的权利斗争而发生。

③同情罢工。罢工通常是劳动者为改善其自身劳动权益而采取的行为，那么，不为自身权益而为他人权益举行的罢工就构成同情罢工。同情罢工分为两种情况：一是纯粹为他人权益进行的同情罢工，这种罢工一般是非法的；二是因他人提出的一系列罢工主张也涉及其本人利益而进行的同情罢工，这种罢工一般为合法的。

（2）根据罢工有无工会组织，可以分为两种：

①正式罢工，这种罢工是由工会组织的，符合劳动立法的工人罢工。

②野猫式罢工，在劳动基本权立法比较健全的国家，把那些没有工会领导的、劳动者自发的、无组织的罢工，称作“野猫罢工”。“野猫罢工”是一种侵害团结权和滥用争议权的行为，实际上损害了其他劳动者的权利，因而不符合合法罢工的条件，不受法律保护。

【阅读材料】

罢工的其他形式

就地罢工，指工人并不离开工作地点，而是就地停止工作。这种罢工，工人实际上占领了工厂，它可以免去设置纠察线的麻烦，也使所有工人在一段时间内都留在工厂里，雇主无法再雇佣替代工人。

象征性罢工，是指为了迫使雇主做出让步而进行的一种持续时间较短的罢工。它是对雇主发出的进行正式罢工的预警，因此有些国家称之为“警告性罢工”。这种罢工在20世纪初由世界产业工人协会率先推行。

集体辞职，指全体或几乎全体雇员在某一天同时辞职。通常是法律禁止罢工的公共部门雇员所采取的一种变相罢工的方式。在失业率很高的情况下，使用这种办法很危险，因为空缺的岗位很快会被失业人员补上。集体辞职的另一种方法是全体雇员同一天请“病假”。在国外，护士、蓝领工人、警察和消防人员等都不止一次地采用过这种形式。

巡回罢工，是指在特定的情况下，除一个企业少量劳动者继续罢工外，其他所有劳动者都复工，但复工的劳工者要拿出部分工资资助罢工者一周的生活。一周结束后，罢工者复工，同时又有另一个企业的少量工人举行罢工，其他工人资助其生活。

间断罢工，是指每隔一定时间，即反复进行一定时间的罢工。①

总罢工，指一个城市、地区或国家的全体工会会员同时停止工作。2006年5月29日凌晨，加拿大多伦多公交系统工会突然发起的总罢工，致使多伦多地区的公共交通全面瘫痪。多伦多70万每天搭乘公交车的人吃尽了无车可乘的苦头。当他们一早上班时才吃惊地发现，全市的地铁站关闭，公交车和有轨电车都“静静地”停在站台内。许多市民更是抱怨昨晚没有得到当局有关罢工的警告，显得非常愤怒，有媒体更把此次罢工形容为“野猫式罢工”。

资料来源：新浪新闻 http：//news.sina.com.cn/w/2006－05－29/23059060579s.shtml.2006年5月29日。

---

① 程延园．劳动关系［M］．北京：中国人民大学出版社，2010：277.

3. 有关罢工的法律约束

许多国家法律对罢工进行了限制和约束，这是因为罢工会使工人、雇主以及那些从罢工企业获得原料、设备的第三方，受到直接或间接的影响，甚至由于遭受损失而产生相互不信任或敌对情绪。

（1）对公共事业的罢工限制。

罢工分为非法罢工和合法罢工，由于各国对罢工的法律界定不同，因此某种形式的罢工在某一国家属于非法行为，但在其他国家可能属于合法行为。例如美国，法律一般禁止公共事业的雇员进行罢工，如中小学教师和护士等，但他们越来越多地举行“违法”罢工，或者利用集体辞职等手段，取得了与罢工相同的效果。总的来说，鉴于公共事业的社会性，许多国家法律严格限制公共事业部门的罢工权。如：限定罢工人员的范围、提前说明罢工的理由、罢工的地点、开始时间与日期、期限、有限期罢工还是无限期罢工等。另外，法律严禁在公用事业部门举行巡回罢工和怠工。

（2）对其他行业罢工的法律规定。

对其他行业的罢工，许多国家的法律规定通常要遵循以下原则：① 合法原则。当罢工是为了达成集体协议时，罢工才是合法的。② 社会适当原则。是指罢工程度要使社会能够接受。③ 均衡原则。罢工必须是逼不得已采取的方式；罢工手段的运用应符合当时签订集体协议的合法手段；实行罢工并不是解决劳资矛盾的唯一手段，应尽量使用其他较和平的方式。均衡性原则主要是为了防止工会过多地使用罢工权利。

4. 罢工的原因

虽然罢工是由工会发起，但通常是工会不得已的行为。工会认为，罢工主要是为了逼迫雇主妥协，如果雇主能早些做出让步，工会一般是不会举行罢工的。工业化国家一直以来都对罢工的原因进行深入分析，并努力排除导致罢工的因素。他们提出的罢工原因有很多，主要有以下两种解释：

（1）罢工是“双方误解的结果”。

在集体谈判中，谈判力量是谈判双方能够达到自己目标的能力。决定谈判力量和谈判结果的重要因素之一就是承受罢工影响的能力，即双方承受罢工成本的相对能力。由于谈判本身具有的复杂性，以及存在很大的不确定性和信息失真的干扰，对这些因素掌握的失控将可能导致对谈判的失控，如若谈判破裂则会引发罢工。

谈判中，双方在通过多种信息渠道识别对方真实处境和实力的同时，也在竭力夸大各自承受罢工的能力，并低估对方的能力，从而进行错误判断，认为对方已准备做出让步（然而实际上并非如此），结果，双方都没能在谈判中调整自己的立场，也没能在谈判中找到互相都能接受的共同点。只有在集体合同到期或者罢工已经爆发时，双方才会意识到他们错误地估计了对方，并开始对各自的立场做出调整。

这种解释将罢工看作是一个“错误”。因为在理想条件下，罢工是对双方都有利益损害的，如果不是信息不完整或者沟通复杂，双方都可以对对方的让步水平和意愿做出预期估计，同时也能预测什么结果是有利的，从而使双方避免遭受罢工带来的成本损失。

由于双方误解而导致罢工通常有以下几种情况：

①由沟通不足引发的罢工。在不成熟的劳动关系条件下，由于缺乏谈判技巧和经验，使得双方错误地传达了自己的立场，同时也错误地理解了对方的立场。而且，谈判者可能会产生对另一方谈判者或其个人观点的厌恶情绪，这会干扰他们做出理智的谈判。如果谈判者互不熟悉，也无法对谈判协议进行进一步协商或者建立可以继续磋商的“协议草案”，结果只能加深相互之间的误解。

②不确定因素增加而导致的罢工。不确定因素，包括企业竞争环境、通货膨胀率或失业水平，这些因素的变化影响了双方预期或承受罢工的能力，从而引发罢工。

③为检验雇主是否诚实而引发的罢工。在雇主竞争环境改变的情况下，雇主的让步能力也会相应改变。管理方对相关产品市场和财务信息在一定程度上总是保密的，因此，为了判断管理方的真实情况，工会谈判者会引发一场罢工。如果管理方的确在“欺骗”工会，他们将因此而改变自己的立场，如果不是，则会继续拒绝让步。通过这样的方式，工会将意识到管理方是否诚实。

（2）罢工是“大众的呼声”。

罢工的发生，不仅依赖谈判者的行为，也依赖谈判时的行为环境。如果信任和不满意充斥整个劳动关系，那么集体的呼声就使得爆发罢工成为可能。但是即便大众的呼声很高，也并不意味发生罢工的可能性很高，或者持续时间很长，在这一过程中还存在许多因素可以影响双方的行为：

① 工人不满的程度。如果管理者为工人提供良好的工作环境、令人满意的薪酬水平，并使工人参与企业的决策，通常工人的不满程度会降到很低。相反，工人不满程度就会累积，在达到不可解决的程度时，就可能在集体的呼声中发动罢工。

② 管理方的强硬程度。为尽可能消除工人的不满情绪，管理方可能在一定程度上做出让步，答应工人某些可以接受的要求，这样工人会认为罢工是不必要的，使得工会在谈判中很容易达成解决方案，实现其成员的部分或者全部要求。

③ 工人罢工的外在威胁。在罢工发生期间，雇主很可能会雇佣替代劳动者进行生产，这样社会上的失业者对罢工的劳动者将是一个很大的威胁，因为如果工厂为他们提供选择工作的机会，他们很可能会接受较低的待遇水平而为雇主工作。同时，罢工的劳动者也知道辞职是不可行的，尤其是对那些在工作场所已经拥有丰富资历的劳动者来说，选择辞职离厂更不可取，因为在原工作岗位所积累的工作技巧和能力，使他们有了不断提升工资和福利的可能，而为一个新雇主工作一切又得从头开始。由于外在条件的威胁和限制，罢工的呼声未必会引起一场声势浩大的罢工。

5. 罢工的处理和解决

罢工的处理和解决途径通常有下列几种：

（1）和解。

第一个阶段是双方要求由劳动关系管理部门委派和解者，和解者的作用是调和双方之间的观点，达成一种双方都可以接受的解决方案。如果和解不成功，和解者会向劳动管理部门提交一份报告，陈述协商的结果和解决的可能性。由此引出和解的第二个阶段。在第二个阶段中，劳动关系管理部门会指定一个和解委员会（通常由中立者、工会代表和资方代表三方组成），它的任务是充当一个更积极的角色，使双方从各自的立场进行表述，从而得到一套可行性建议并促成问题的解决。往往第二阶段会进行实情调查，这在公共部门中应用较为广泛。实情调查人就劳资双方各自观点、争执以及争议的原因提出报告，有时还提出建议性的解决方案，不过对此方案双方都有拒绝权。即使实情调查人的建议没有被采纳，人们也期望能够通过他的调查对争议内容加以确认和框定，以便未来协议的进一步达成。和解这种方法由于过于烦琐，在实践中受到了一定的质疑。

（2）调解。

调解是一种避免用罢工解决纠纷的措施。调解是一个中立方帮助纠纷双方达成协议的过程。在调解过程中，中立者的角色不是法官、仲裁者，不是通过裁决方式解决纠纷，而是通过劝说，促使双方达成协议。

调解是一个建立在和解第一个阶段中大量不确定因素的基础上，并且比和解更积极的过程。与和解相比，调解是一种自愿的商定，在这种情况下，双方通过雇佣一个中立的第三方来帮助他们达成协议；调解的角色远不止“介入”那么简单，随着调解者在协商过程中变得积极专注，对于双方的调解也会试图达到一种满意的结果。调解的过程包括：召集双方代表会面，并确定问题之所在；以中间人的身份活动，确定一种可行的解决方式；向双方积极施压，引导、诱使双方改变立场，促使问题得到圆满解决。

总的来说，和解和调解是在罢工由双方误解而产生的这一基本假设下提出的解决方法。如果罢工是在反映大众的呼声这种情况下产生，这些方法则可能都是无效的，并且可能使事情变得更加难以解决。尤其是如果第三方推行的方案，对一方或者双方来说都不能接受，其结果只能使双方变得更加固执己见。

(3) 仲裁。

仲裁是正规的劳资谈判的外部干预手段，又称为利益仲裁。利益仲裁有两种方式：常规仲裁和最后出价仲裁。

① 常规仲裁是仲裁员或由三方（工会代表、管理方代表和仲裁员）组成的仲裁委员会对最终的解决方案进行的裁决，这种裁决是在劳资双方提出建议的基础上确定的。

② 最后出价仲裁是指劳资双方都提出他们的最终出价，由仲裁员从中选择一种最为合理的方案。通常是对谈判条款进行逐项选择，这样任何一方都可能有得有失；在另一种情况下，仲裁员也可能选择采取其中一方的整体方案，这时胜利者只有一个，要么是工会，要么是管理方。

近现代社会经济发展水平迅速提升，工人薪资及相关待遇都得到了很大的改善，同时由于劳动关系法律调整的力度逐渐加大，劳动冲突、劳资争议的解决有合法、正当的梳理渠道，所以劳动关系冲突大为缓和。多数国家形成了以集体谈判为基础的劳动关系协调机制，运用和解、调解、仲裁等手段，大大减缓了罢工发生的可能性，即使发生罢工，也多不再具有政治意义。

第二节　合作

一、合作的根源

劳动关系理论一般认为，劳动关系主体之间的合作主要源于“被迫”和

“获得满足”。

（一）被迫

“被迫”是指员工迫于压力而不得不合作。即劳动者如果要谋生，就得与雇主形成雇佣关系，除此之外别无选择，并且如果他们与雇主的利益和期望不符，就会受到各种惩罚，甚至失去工作。即使劳动者能够联合起来采取集体行动，但长期的罢工和其他形式的冲突，也会使劳动者收入受损，甚至引起雇主撤资不再经营，或关闭工厂，或重新择地开张，使工人最终失去工作。事实上，员工比雇主更加依赖这种雇佣关系的延续。劳动者要谋生，就要保住其工作岗位，而且从长期而言，他们非常愿意加强工作的稳定性，以便获得提薪和增加福利的机会。从这个角度讲，利益造成的合作与冲突同样重要。雇主也会从自身利益出发，在不影响企业既得利益的前提下，被迫满足员工提出的一些要求，保证企业的正常运转，从而获得更大的利益。

（二）获得满足

劳动者获得满足主要有以下几个方面内容：

1.“获得满足”主要建立在工人对雇主的信任基础之上

这种信任来自现有经济体系下对立法公正的理解和对当前管理权力的限制措施。西方劳动关系领域对这种信任产生的原因，主要有三种解释。第一种是激进派的解释，认为工人在社会化过程中处于一种接受社会的状态，资本家可以通过宣传媒体和教育体系向工人灌输其价值观和信仰，从而降低工人产生“阶级意识”的可能性，因而工人被塑造成“团队成员”，而非“麻烦制造者”的角色。第二种是温和一些的解释，认为大多数劳动者都很现实，他们明白没有其他可行选择可以替代现今的制度安排，并且认为，从整体上看，当前体系运行得还不错。第三种解释为第二种解释做了些补充，认为劳动者的眼界是有限的，他们的比较对象，总是具有相似资格的其他人，并且相信只要他们在这个圈子里过得不错，就没有什么好抱怨的。因而那些从事“较差”工作的人往往很乐于工作。

2. 工作本身带来的满足

除了对制度的信任之外，劳动者从工作中获得满足的更重要的原因，在于大多数工作都有积极的一面。比如调查显示，在当今欧美国家，大多数劳动者对其工作都有较高的满意度，认为自己已经“融入”工作中了，并且觉得他们的工作不是没有意义的，而且从本质上说也是令人愉快的。所以，即使有时会感受到工作压力，或者工作超负荷，或者对工作缺乏指挥权，但他们仍然乐于工作。劳动者认识到工作的价值，因而产生某种自我价值得到实现的满足感。具有工作责任感的劳动者认为，只要雇主没有破坏心理契约，他们自己就有必要遵守这些心理契约。

3. 管理方的努力使员工获得满足

管理方可能会积极参与合作，他们出于自身利益考虑向员工做出让步，在一定程度上提升了员工的满意度，使员工获得一定的满足。这些措施减弱了冲突的影响，增强了合作的影响。这些“好”雇主往往能够赢得更多的信任和认同。

虽然冲突使劳动者不愿意工作，但是合作又使更多的劳动者选择从事工作。从总体上看，全世界劳动力中，大部分在从事工作，这就是合作发挥作用的结果。合作成为劳动关系的另外一个本质属性。

二、冲突向合作的转化

在劳动关系中即使存在合作的理由，冲突还是不能完全避免，为了减少和化解冲突，管理方往往通过沟通的手段，或用共同协商的方式来解决与劳动者及其组织之间的问题，使冲突向合作转化。

（一）沟通

1. 沟通的概念

沟通，就是主体之间交换信息的过程。在劳动关系中，沟通特指管理方向员工及其组织传达信息的过程。管理方沟通的目的在于，向员工提供组织信息，加深员工及其代表对组织的问题和管理方的地位的理解，消除员工及其代表已有的错误观念。

员工和工会获取信息的主要目的，是巩固工会在集体谈判、组织内部劳资联合决策中的作用。沟通产生的背景原因是：管理方与员工接近信息的程度是不对称的，管理方拥有更多的信息。

2. 沟通的内容

沟通的主要内容有以下四种：（1）就业组织介绍性质的信息。此类信息可以让员工对就业组织的全貌有一个大概的了解。例如，企业的性质、职工人数、产品范围等。（2）日常工作情况信息。例如，某天生产的产品的数量和质量，生产中遇到的问题等。（3）就业组织政策或组织人员调整的信息。例如新经理的任命、招聘和裁员信息等。（4）就业组织运作的详细信息。例如，企业的生产经营情况及其分析。当然沟通并不是管理方倾其所有与员工共享信息，而是只挑选有助于资方缓解冲突和加强其在谈判中地位的信息。

虽然沟通能够改善管理方与员工之间的关系，减少冲突，但由于沟通本身并不能解决他们在利益和价值观上的差别，因此沟通并不能完全消除冲突。人们发现，谈判者总会挑选那些能够支持其观点的信息，而忽略那些不能支持其观点的信息，信息量再多也无法改变谈判者的这种行为方式。

3. 在沟通中寻求均衡

劳动关系协调与否，直接影响企业能否有效降低交易成本和代理成本，从而决定企业能否提高绩效。和谐企业是构建和谐社会的基础，而和谐的劳动关系又是构建和谐企业的重要方面，在充满“矛盾”的宏观世界中，从积极主动的微观利益主体着眼寻求博弈均衡，建立由企业、工会和政府有关部门组成的三方协调机制，是和谐劳动关系的有效做法。我们也只有通过树立“追求共赢”的思想观念，才能真正化解劳动关系中可能产生的矛盾和冲突。

（二）共同协商

在管理方与员工之间的互动中，除了沟通之外，管理方为了增加与员工之间的合作，减少冲突，建立相对和谐的关系，还会采取共同协商和集体谈判的手段。

1. 共同协商的概念

共同协商，是指在制定决策之前用工单位为协调与员工的关系，先征求员工的意见或态度，但是不需要征得员工或其代表同意的决策程序。共同协商的组织是协商委员会，由员工和管理方代表组成，主席往往由委员会成员每年选举产生。共同协商是一种双方合作的产业民主形式，它表现为：一方面，雇主比较尊重员工的意见，或至少采取愿意听取员工声音的态度；另一方面，员工会主动关心组织的生存和发展，而不是态度冷漠或听之任之。同样，共同协商又是员工表达不满的论坛，也是管理方了解潜在冲突的一个途径。

2. 共同协商的作用

（1）共同协商使双方在思想上和行动上寻求更大的一致。

虽然双方的利益不可能完全一致，但在某种程度上，协商可以增加员工对管理方制定的生产经营战略的理解和支持。管理方通过反复宣传其管理策略，使员工获得一种知情权的满足；通过对组织内部的状况和变革的不断解释和讨论，可以部分改变员工对组织和变革的态度，有利于组织策略的推行和劳动生产率的提高。

（2）共同协商能够部分地调整劳动关系。

正如沟通的作用是有限的一样，共同协商也无法完全解决冲突，因而共同协商的有效性也是有限的，其作用的大小取决于双方利益一致性的多少。若双方共同利益比较少，那么共同协商调整劳动关系的回旋余地就比较小，反之亦然。

同时，还应认识到由于组织制度和产业民主化程度不同，共同协商的具体作用差异很大。在没有工会的情况下，共同协商的目的就是减少员工的不满；在工会不太强大，共同协商仅仅是工会制度的一部分时，它的作用更像是一种非正式的谈判预演；在工会比较强大，共同协商制度独立于工会制度之外时，它的作用不大，仅是雇主表达民主姿态的一种手段；在工会与共同协商制度相互独立，且力量相当时，两种制度互相取长补短。共同协商具有的特点是信息传播量大，并且以双方共同关注组织发展的视角讨论问题，因此与管理方同工会之间进行的集体谈判制度相比，更容易形成合作。

复习思考题

一、名词解释

1. 劳动关系。
2. 产业行动。
3. 罢工。
4. 怠工。
5. 同情罢工。

6. 野猫罢工。
7. 共同协商。

二、简答题

1. 简述劳动冲突的表现形式。
2. 举例说明雇员产业行动的方式。
3. 试述衡量罢工的指标。
4. 简述罢工的分类。
5. 试述合作的根源。

三、论述题

1. 简述劳动冲突的根源。
2. 结合实际论述罢工产生的原因以及解决的方法。
3. 论述在劳动关系中，双方的冲突是如何向合作转化的。

四、案例分析

【案例分析】

韩国十万临时工大罢工

2019 年 7 月 3 日，韩国十万临时工在首尔光化门举行大罢工，要求与正规职享同等待遇。此次罢工由校园工会主导，共 2.2 万名学校临时工参与，致 4601 所学校无人做饭，晚托班无人管理，占学校总数的 44.1%。食堂还贴出告示：垃圾你们自己分类吧！

韩国全国教育公务员本部和全国学校非正规职工会、全国女性工会等所属的学校非正规职工联带会议从当天开始进行了三天的总罢工，要求提高工资，消除歧视。

这次罢工的规模比 2017 年 1.5 万人罢工导致 1929 所学校供餐中断时的规模更大。联带会议当天下午在首尔光化门广场举行集会后，加入了民主劳总举行的全国劳动者大会。此前首尔地区工会成员在首尔教育厅前举行集会，游行队伍一直行进到光化门广场。

教育部和各教育厅的方针是，最大限度地利用不参加罢工的人员，使供餐正常运营。部分学校照顾教室的运营也出现了问题，各教育厅决定投入教职员工运营照顾教室，但在5921所学校中的139所学校中断了小学照顾教室的运营。联带会议要求实行“公平工资制”，将学校非正式员工基本工资提高6.24%，在工龄工资、福利费等方面消除对非正式员工的歧视，将目前60%的工资水平提高到公务员最下层职位的80%。

此，教育当局的立场是，由于预算限制等，基本工资只能上调1.8%左右，而且公平工资制不是在所有职群中统一实行，而是要得出符合职务的适当工资。

此次罢工虽然预定在5日结束，但联带会议表示，根据情况有可能延长罢工时间。教育当局和联带会议计划于9—10日在世宗市市道教育监协议会办公室继续进行协商。

根据上述案例，试分析此次罢工的原因及影响。

资料来源：https://www.sohu.com/a/325029903_100147872，有改动

第三章　管理方

在劳动关系中，管理方即劳动力的雇佣方，也称为用人单位或雇主。本书采用管理方的定义，是因为作者认为在当今的劳动关系中，管理方已不是单纯的雇佣的一方：一方面，通过职工持股等形式，“雇员”同样参与到管理中来，拥有管理的部分职能；另一方面，管理方也可认为是被股东们雇佣的“雇员”。

第一节　管理方概述

一、管理方的概念

（一）定义

从狭义上看，管理方是指在生产组织中通过行使职权，实施管理职能，率领其隶属人员完成既定工作的各级管理人员。从广义角度看，管理方除了包括企业中的各级管理人员，还包括各类正式与非正式的雇主协会。

（二）特点

（1）管理方具有职权。职权是能向隶属人员进行指挥、发出命令并要求下级强制服从并执行的权力，以及给予奖惩的权力。

（2）管理方通过合法程序获得职权。企业各级管理人员的职权是经由一定正式程序而赋予某个职位的一种权力，它源于企业产权，是合法的。

（3）职权是自上而下逐级授予的，权责对等十分重要。[①]

---

① 程延园．劳动关系［M］．北京：中国人民大学出版社，2002：83－84.

（三）与管理方有关的概念

在生产经营的实践中，与管理方有关的概念有如下几种：

(1) 资本家，又称为“资产阶级”或“资本家阶级”，是指现代产业社会中占有生产资料、通过雇佣劳动者而获得剩余价值的人。由于这一概念强烈的阶级对立色彩，中国立法中一般未采用。

(2) 企业主，指企业的拥有者或资产所有者。这一概念并未从劳资关系的角度提出，更强调企业的所有权，而企业主与劳动者的对应关系表现在企业主是资本所有者，劳动者是劳动力所有者，两者在劳动关系中有着一种本质的联系。

(3) 企业家。企业家与企业主在市场经济国家中含义基本相同，但企业家更侧重于企业的经营。在中国，社会对于企业经营的专门人才统称为企业家，可见，两者并非对应的关系。

(4) 雇主。所谓雇主是指一个组织中，雇佣雇员进行有组织、有目的的活动，且向雇员支付工资报酬的法人或自然人。有人认为“管理方”这一个概念范围太宽泛，在劳动关系实践中，许多中低层管理者应该属于雇员系列，而从自然人的角度理解，管理方应该是拥有决策权、处在整个组织权力结构最高层、代表组织进行决策的人员。使用雇主这一概念的人认为雇主并不包括各级管理人员，采用“管理方”并不恰当。而本书作者认为，由于现代企业制度下产权关系的演变，采用“管理方”的定义更恰当。

(5) 用人单位。中国劳动法一直沿用用人单位这一概念，但这一概念在市场经济条件下具有明显的局限性。表现在：“用人单位”不仅只是用人的一方、纯粹雇佣人的一方，在现代企业制度的委托代理关系中也有可能是“被雇佣的一方”。因此，本书认为，用“管理方”的定义仍比用“用人单位”的定义更恰当。

（四）现代企业制度中的管理方

在劳动关系中，管理方是用人单位，是“雇佣”的一方，雇员是被“雇佣”的一方，但两者的界线并不清晰。在现代企业制度下，管理方与雇员的角色实际并不绝对对立。

在工业化发展的过程中，企业领导制度经历了从“企业主经营管理制”到“经理经营管理制”的演变。相应地，“雇主”一词在不同历史时期也表现出不同的内涵。18 世纪，雇主主要是指资本家，其实质含义是指占有生产资料、通过雇佣劳动者而获得剩余价值的人。在工业社会发展初期，资本家既是投资者也是经营者，企业所有者集财产所有权、决策权、监督权、管理权于一身，“资本家”与“雇主”的概念是重合的。19世纪中期之后，随着资本原始积累的扩大，企业规模有了较大发展，企业所有权与经营权开始分离，产生了受雇于资本家的经理阶层。职业经理人经营管理企业，雇佣工人进行生产劳动，实际担负了“雇主”角色，而资本家仅是通过所有权来管理企业。特别是随着现代公司制度的实行，企业的投资者主要通过行使股权对企业施加影响，而雇佣员工、管理员工、分配工资的实际权力是由经营者来行使的，经营者成为名副其实的“雇主”。[1]

企业所有权与经营权的分离也带来了代理问题，并进一步发展为公司治理问题。吴敬琏在《现代公司与企业改革》一书中将公司治理定义为：“由所有者、董事会和高级执行人员即高级经理人员三者组成的一种组织结构。在这种结构中，上述三者之间形成一定的制衡关系。通过这一结构，所有者将自己的资产交由公司董事会托管；公司董事会是公司的最高决策机构，拥有对高级经理人员的聘用、奖惩以及解雇权；高级经理人员受雇于董事会，组成在董事会领导下的执行机构，在董事会的授权范围内经营企业。”股东会和董事会之间是“信托”的关系，而董事会和经理层之间则存在一种委托—代理关系[2]，如图1所示。

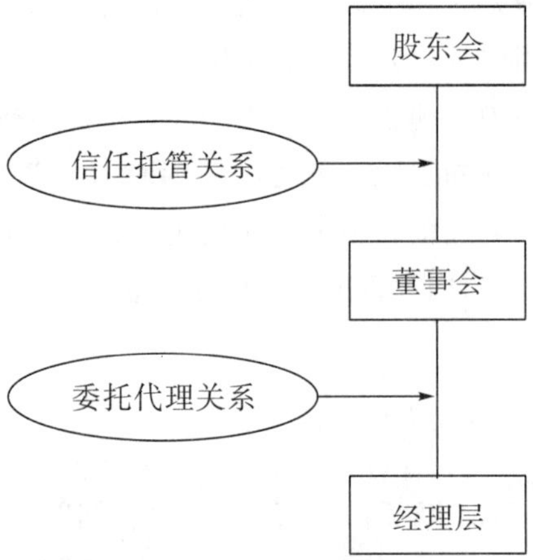

图1　公司治理结构图

① 程延园．劳动关系学［M］．北京：中国劳动社会保障出版社，2005：88.

② 吴敬琏．现代公司与企业改革［M］．天津：天津人民出版社，1994.

通过持有公司股份，劳动关系中的“雇员”成为公司的所有者之一，而股权的分散化，或者说产权民主化，使企业成为社会的企业，从而使“管理者”与“雇员”的传统角色变得复杂化，界限不再清晰。一方面，劳动关系中的管理方，即经理层，负责公司的日常运营与人、财、物等资源的调配使用，是“雇佣别人的人”，而在公司治理中他们又是被公司产权所有者“雇佣的人”；另一方面，本身具有“被雇佣”身份的员工，通过持有公司股份，在一定意义上又成为公司产权的所有者，从而“雇员”可以参与到企业管理中来，参与到企业资本利润的分配中来，成为“雇主”。

因此，在缺乏一定监控的情况下，经理层既是劳动关系中的“管理方”，又是公司所有者“雇佣”的人，并实际掌握着公司的真实情况和管理权力，拥有双重身份，处于“双强势”的地位，其力量是大于委托者的，进而出现雇佣方作为被委托方是强势的一方，而作为委托者的董事会、股权所有者却成为弱势一方的现象，如图 2 所示。

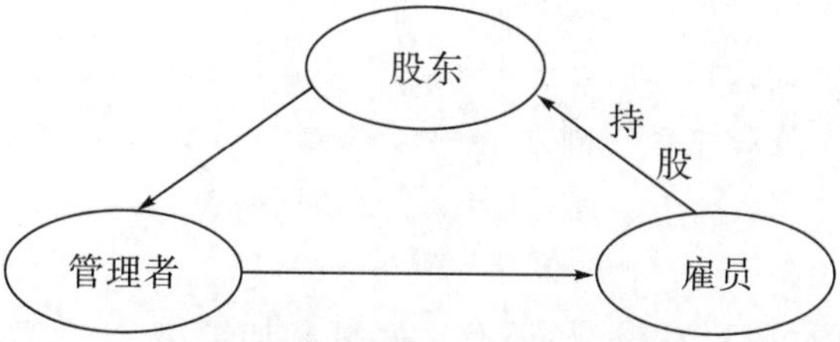

图 2　管理者和雇员关系转化图

现代企业制度普遍要求实现企业民主。企业民主要求雇员参与，雇员参与的形式主要是员工持股计划。员工持股（即 ESOP，Employee Stock Ownership Plan 的英文缩写），又称公司员工持股计划。员工持股计划由美国 Louis O. Kelso（1956）最先提出，“其主要内容是：企业成立一个专门的员工持股信托基金会，基金会由企业全面担保，贷款认购企业的股票。企业每年按一定比例提取出工资总额的一部分，投入员工持股信托基金会，偿还贷款。贷款还清后，该基金会根据员工相应的工资水平或劳动贡献大小，把股票分配到每个员工的‘员工持股计划账户’上。员工离开企业或退休时，可将股票出卖，即还给员工持股信托基金会。”①

① 程延园．劳动关系［M］．北京：中国人民大学出版社，2010：223.

【阅读材料】

员工持股计划“地方开花、央企冰封”①

今年以来已有32家A股上市公司发布员工持股计划；其中，民营企业与国有公司的数量之比为27∶5，而地方国有企业与中央的数量之比则为5∶0。

随着上港集团、唐人神、老白干酒在11月18日相继公布各自的员工持股计划，今年以来A股发布员工持股计划的上市公司已达到32家。纵观这32家公司，有两组数字值得关注：一是27∶5，即民营企业与国有公司的数量之比；二是5∶0，这是地方国有上市公司与中央国有上市公司的数量之比。在国企员工持股计划上，堪称“地方开花、央企冰封”。

2014年7月15日，国资委公布了首批央企改革试点名单，明确在中国医药集团总公司、中国建筑材料集团公司开展“发展混合所有制经济试点”。据中国建材集团有关人士对上证报记者披露，该集团未来要在生产经营企业层面发展股东型管理层持股，形成3~5家员工持股公司。

资料来源：上海证券/2014年11月19日/第F05版

此外，实行雇员参与的途径还有：雇员参加董事会、监事会和管理委员会；通过职工大会，实行企业民治或企业民主管理；共决合同制，即雇主与工会依据法律规定，通过谈判决定共决内容、范围，签订“共决合同”，实现雇员的民主参与；通过工厂委员会或其他类型的专门机构，参加企业咨询或管理活动。

由于社会化大生产的内在特性，所有权、经营权分离是必然趋势，实行企业民主化是调整劳动关系的必然选择，它有利于缓和劳资矛盾，使政府、雇主和工会间寻求更大范围的合作。②

---

① 庞瑞．员工持股计划“地方开花、央企冰封”［N］．中国证券报，2014-11-19（F05）．

② 赵领娣，付秀梅．劳动经济学——理论、工具、制度、操作［M］．北京：企业管理出版社，2004：413-414．

二、管理方的角色理论

（一）新古典经济理论

新古典经济学家认为，管理方作为企业所有者的代理人，要实现企业利润与所有者财富的最大化，必须不断地提高企业的劳动生产率和竞争力。管理者必须投入劳动力、资金、设备、原材料等生产要素并进行优化组合，使单位产品的成本最小化，从而在市场竞争中赢得成本优势，才能达到以上目标。在劳动关系上，管理者以苛刻的就业条件招聘工人，并努力提高他们的劳动生产率。

新古典经济理论主要强调企业效率，认为有效率才能赢利，从而忽视了劳动关系中的“政治”方面，它没有指出使企业效率最大化的内部工作模式，并且把管理人员视为所有者利益的代理人，没有意识到管理者理性的局限性对决策过程的影响。

（二）权变管理理论

权变管理理论是20世纪70年代在美国兴起的一种理论。它力图研究组织的各子系统内部和各子系统之间的相互关系，以及组织和它所处的环境之间的联系，并确定各种变数的关系类型和结构类型。它强调在管理中要根据组织所处的内外部条件随机应变，针对不同的具体条件寻求最合适的管理模式、方案或方法。权变管理理论认为，如果管理方面对不确定性程度较小、变化不大的环境，在一个稳定的产品市场中进行大规模生产，最有效的组织形式应该是集权模式。职权的集中程度由不确定性的大小以及环境的变化程度决定。相反，如果管理方面对的是不确定性程度较大、变化很大的环境，就应该采用更为灵活的“有机”组织形式。

权变管理理论主要关注管理过程的技术方面，强调在设计最有效的企业组织形式过程中各种权变因素的重要性，在理论上支持了企业职权结构以及管理方劳动关系政策与实践，但没有指出管理方的政策如何导致劳资冲突公开化。

（三）劳动过程理论

前面两个理论侧重从技术角度来研究管理过程，这一理论更关注组织的政治运作，其理论前提是只追求榨取工人剩余价值而引发工人反抗导致的管理控制问题。美国哈里·布雷弗曼在1974年出版的《劳动与垄断资本》中提出：通过降低生产过程的技能，从而降低对熟练工人的依赖；通过加强生产方式和过程控制，防止工人抵制生产。

这一理论因降低生产技能而普遍受到质疑，此外，该理论只考虑管理方对工人的直接控制，而忽视管理方对工人的间接控制，其实管理方的政策与实践是有生产和政治导向的。劳动过程理论虽然有助于全面理解管理方的政策与实践，但该理论没有指出管理方采用不同控制战略的原因。

（四）利益相关者理论

利益相关者理论认为，企业组织是利益相关者的结合体，各利益相关者为企业提供资源并获取相应回报。企业的利益相关者包括投资者、消费者、工人等。投资者向企业提供资本，并获得股息、红利与股票升值；消费者在给企业带来经营资本的同时，享受企业提供的产品或服务；工人则根据劳动合同中订立的就业条件向企业提供劳动，以此获得报酬。因此，为了保证各利益相关者向企业持续提供所需的各种资源，维持企业的生存与发展，管理方应该提高企业的赢利能力，生产更优质的产品，提供更合理的报酬和更好的工作条件。

这一理论为管理方和工人双方的合作提供了依据，但是管理方受到投资人的制约，而且其本身政策与实践的首要目的就是追求利润的最大化，因此管理方不可能或很难保持中立。

（五）决策过程理论

前面的各管理学派都假定管理方是理性人。而决策过程理论认为管理者的一些非理性因素对决策过程产生影响。如：管理者由于精力有限，去搜寻所有信息对各种可行方案进行权衡以找到最优的解决办法是不太现实的；管理方内部的权术争斗，使得他们总是支持符合自身利益的所谓最佳方案；管理方易受目前流行的管理模式的影响，照搬照用，不一定适合本企业。

决策过程理论有助于认清管理实践的复杂性，但我们也应该看到，管理方并没有完全理性的行为。现实中，其理性行为有很大的局限性。因此，决策过程理论又被称为“有限理性理论”。

（六）战略选择理论

1984年，首次将战略选择理论引入劳动关系的是美国麻省理工学院教授托马斯·A. 科奇安（Thomas A. Kochan），他用战略选择模型分析管理方的决策行为，并认为管理人员的决策在任何时候都会受到以下两方面的限制：一是企业过去做出的决策，企业现有的权力分配，以及企业、工会与政府之间的力量对比；二是主要决策者的价值观、信仰与世界观，以及企业理念和企业文化。由于决策者的价值观、信仰与世界观很难变化，因此管理方的政策与实践趋于制度化并具有长期稳定性。只有当环境压力危及企业的生存与发展时，管理方才会考虑采用新战略。

科奇安教授的战略选择模型对高绩效范式做出了解释，但有人认为不仅是管理的价值观与世界观，企业规模、技术水平及市场条件等变量也会影响对高绩效范式的选择。①

第二节　管理方的管理模式

管理模式作为一套成文或不成文的指导原则，是管理方对待雇员和处理特殊问题的一种参考原则，是管理方的行动指南。管理模式与劳动关系是相互影响和制约的关系。下面将从职权结构和管理理念两个维度对管理模式进行分类。

一、从职权结构维度划分

以分配工作的任务方式、监督工人的行为方法和奖惩方法为核心的职权结构为标准进行划分，可将管理方式分为独裁型、集权型、自主型三类。

（一）独裁型

高层管理人员直接分配工作任务，亲自监督，经常“武断地”做出奖惩决定。

（二）集权型

雇员按确定的制度与规程行事，有明确的工作角色，管理者根据雇员是否遵守企业的制度与规程监督、奖惩雇员。

① 程延园．劳动关系［M］．北京：中国人民大学出版社，2002：85－90.

（三）自主型

自主型也可称为人力资源管理型。雇员被赋予高度自主权并参与决策，管理者以工作绩效作为监督、奖惩的依据。

二、从管理理念维度划分

以管理者的价值观与目标在管理实践的体现为标准划分，可分为剥削型、宽容型、合作型三类。

（一）剥削型

管理者不关心雇员的需求，其目标是以最低的工资换取最大量的工人劳动。

（二）宽容型

管理者意识到雇员的某些要求是法律认可的，从而提供合理的报酬与就业条件。

（三）合作型

管理者充分考虑雇员福利，实施各种计划以赢得员工对企业的忠诚，培养员工对企业的献身精神。

在管理方的管理模式图中，纵轴代表职权结构，横轴代表管理理念，可以对管理方的政策与实践进行粗略的对比分析：沿纵轴自下而上，沿横轴从左向右，管理模式逐渐从传统的科学管理向人力资源管理演进。以集权、剥削为例，由于企业制定了明确的管理规则，因此比独裁型职权结构前进了一步，但有效性仍不如自主型职权结构。由此，可以认为集权、剥削模式，不如自主、剥削模式先进，但是要比独裁、剥削模式先进。① 如图3所示。

---

① 左祥琦．劳动关系管理［M］．北京：中国发展出版社，2007：56—57.

	剥削型	宽容型	合作型
自主型	承包工作任务	传统手工业行会	人力资源管理
集权型	早期考勤制	第二次世界大战后主流劳动体制	高级家长制
独裁型	压迫运动	小型零售商店	早期家长制

管理理念

图 3　管理方的管理模式图①

【阅读材料】

最佳雇主之案例故事：没有员工的公司

在很多城市，大家对于“星巴克”并不陌生，但是作为雇主的星巴克却有很多不为人知的秘密，比如他们是一家没有“员工”的公司。在星巴克，有这样一个有趣的现象：他们的总部不叫总部，叫作支援中心，而员工则被称为合作伙伴。不仅如此，公司还执行换位工作制度，总裁及支援中心的管理者们也要定期到一线工作岗位体验，感受合作伙伴们的工作状况。

星巴克的成功并不仅在于其咖啡品质的优异，轻松、温馨气氛的感染才是星巴克制胜的法宝。而合作伙伴无疑是传递这种体验的主要载体，咖啡的价值通过合作伙伴的服务才能得到提升。星巴克一个主要的策略就是在咖啡店中同客户进行交流，特别重要的是店内的合作伙伴与顾客的沟通。在星巴克无论你是多高层的领导，都要执行换位工作制度。在一次调查中，刚好北京美大星巴克咖啡有限公司的代理总裁王朝龙正在执行该制度，看着他熟练的业务动作，没有人相信他就是公司的总裁。总裁在自己的旁边做服务生，合作伙伴们会不会有什么不习惯呢？一位员工介绍了公司的换位制度：“这是我们星巴克的一个传统，我们支援中心的合作伙伴，

① “压迫运动”是工业化早期建立的劳动关系体制。在这种体制下，中层管理人员全权负责招聘、监督、工资支付以及奖惩等各个环节，他们的薪金取决于企业的产量。因此，该体制迫使管理者用最低的报酬换取工人最大的劳动量。

包括我们的总裁，每两个月都要到店内工作一天，一年有六天的时间是跟我们店内的合作伙伴在一起的。支援中心的合作伙伴们到店里面来工作以后，就能够知道店里面的合作伙伴辛苦在哪里，所需要帮忙的地方在哪里，这样就更能够深化工作中的重点，能够提供店内更需要的服务。

美大星巴克代理总裁王朝龙认为，星巴克的成功是通过合作伙伴递给顾客一杯一杯的咖啡实现的。实际上，这也许是在顾客中建立信任的最好方法。星巴克这种典型的“口碑式营销”方式，成功证明了巨额的广告投入并不是创立一个世界性品牌的先决条件。

星巴克建立了一系列的考评机制，其中尤以“神秘顾客”最有特色，除了通常的理论知识考察和实际操作考察外，星巴克委托某个具有考察能力的公司，秘密派人扮作顾客，来到各星巴克咖啡分店进行消费，其间对员工的服务、技能、环境氛围等全方位考察，然后结合业绩综合考量，才决定某店的服务质量如何，某店员能否升迁等。

本案例选自《中国雇主品牌传播实录——CCTV〈绝对挑战〉的理念与探索》，人民邮电出版社

第三节　雇主与雇主协会

一、雇主

在我国，雇佣主体被界定为“用人单位”。用人单位是指具有用人权利能力和用人行为能力，运用劳动力组织生产劳动，且向劳动者支付工资等劳动报酬的单位。用人单位的用人权利能力和用人行为能力，自其依法成立之时产生，自其依法撤销之时消灭。目前适用《劳动法》的用人单位包括：企业、个体经济组织、国家机关、事业组织、社会团体。

各国劳动法律对雇主范围的界定不尽相同，如英国劳动法将雇主定义为，在雇佣合同（ contract of service）的基础上，雇佣一个以上的个人、合伙组

织、企业或非企业组织。[1] 日本劳动基准法规定："本法所称雇主，系指企业主、企业经理人或代表企业主处理企业中有关工人事宜的人。"韩国劳工标准法规定："本法中'雇主'一词是指企事业业主，或负责企事业管理的人，或在与工人有关的事宜上为企事业业主效力或代表企事业业主的其他人。"美国《国家劳资关系法》规定，雇主包括直接或间接代表雇主利益的任何人，但不包括公共机构、劳工组织（作为雇主身份时除外）和以劳工组织负责人或代理人名义出现的任何人。

关于雇主的概念，学界从不同的角度对其进行诠释，尚未统一。不过归纳起来，大同小异。雇主是指拥有一定资本，以货币或实物同他人劳动成果进行交易，并使用雇员进行有组织、有目的的活动的法人或自然人。其法律特征包括：①雇佣他人为其劳动。②可以是自然人，也可以是法人。但在具体劳动关系事务中，必须由自然人来充任或代表。③在劳资关系中具有代表资方或关联方处理有关劳资事务权利的人。[2]

二、雇主协会

（一）定义

雇主协会是一种团体组织，它由雇主组成，代表并维护雇主利益，通过谈判和协商与工会协调劳动关系。雇主协会是为对抗工会而形成的。以美国为代表，早期的雇主协会以反工会活动为主要职能，常采用雇佣罢工破坏者、列出黑名单、实施暴力等手段对抗和破坏劳工活动，因此可以称为斗争型协会。

雇主协会是由雇主自愿加入的，具有法人资格。它实行独立核算，依靠为雇主服务取得服务性收入。雇主协会的机构主要为会员大会和理事会，前者决定重大事项，后者处理日常事务。

而雇主协会以维护所代表的雇主在劳动关系中的利益为活动宗旨，不能带有政治目的。国家对现代的雇主协会的职能也有诸多限制，比如不得从事反工会活动，也不得制造困难阻止雇员加入工会或参加工会活动，不得干涉工会事务，不得破坏工会组织的罢工，不得拒绝按规定程序与工会进行集体谈判或阻

① Norman Selwyn. Selwyn's Law of Employment［M］. Eleventh Edition. Butterworths. 2000：40.

② 程多生. 关于中国雇主问题的思考［J］. 中国劳动，2005（11）：25－26.

碍集体谈判的正常进行。①

（二）雇主协会的类型

雇主协会主要有三种类型：

（1）行业协会。由某一行业企业组成的单一的全国性行业协会。在很多国家，这种组织被视为“经济”组织，因为这种行业协会不处理劳动关系，而主要负责行业规范、税务政策、产品标准化等事宜。但在其他一些国家，行业协会作为地区和国家级雇主组织的中间环节，直接参与劳资谈判，确定行业性的集体协议框架。

（2）地区协会。由某一地区的多种企业组成的地区性协会，代表该地区企业的共同利益。这种协会一般与全国性企业协会一样负责处理劳动关系等涉及企业利益的事宜。

（3）雇主组织。由雇主组成，旨在维护雇主利益并努力调整雇主与雇员以及雇主与工会之间关系的组织。雇主组织由法人组成，参与处理劳动关系，其性质不同于只单纯关注营销、成本、技术的行业协会。雇主组织可分为全国性雇主联合会（如法国雇主联合会、中国企业联合会等）、单一行业或产业的全国性协会（如中国电力企业联合会）、地区协会（如广州企业家协会等）。

（三）雇主协会的作用

雇主协会负有协调劳资关系的法定职责，其主要作用便是在集体谈判中支持会员组织，维护雇主利益，并积极游说政府和议会。英国的《英国劳资关系法实施细则》有明确规定：第一，雇主协会应该同工会一起共同维护产业一级或其他级别上的有效安排，以解决争端和商谈雇佣条款以及雇佣条件，鼓励协会成员有效地解决冲突，通过员工参与管理来实现产业内部的民主，以此缓和、协调劳动关系；第二，国家级雇主协会可以参与立法和政策制定，以影响劳动关系的外部环境；第三，雇主协会为其会员提供包括法律、人力资源管理、培训、咨询在内的各方面服务。②

在我国，普遍来讲，雇主协会主要从事四种活动：③

（1）参与谈判。一般雇主协会的成立是为了面对日益增长的工会的挑战，

① 王君南，陈微波．劳动关系与社会保险［M］．济南：山东人民出版社，2004：52－54.

② 王君南，陈微波．劳动关系与社会保险［M］．济南：山东人民出版社，2004：56－57.

③ 左祥琦．劳动关系管理［M］．北京：中国发展出版社，2007：59.

雇主协会采用多雇主谈判结构的形式，直接与工会进行集体谈判。许多企业在实际操作中由于不可能考虑每个企业的具体情况，往往没有执行由雇主协会谈判制定的集体协议，这样就大大削弱了雇主协会在集体谈判中的作用。这样使得许多企业在20世纪80年代，纷纷退出全国性雇主协会。

（2）解决纠纷。当出现劳资双方对全国性或地区性集体协议的解释出现分歧，而企业的内部申诉体制又无法解决这些问题时，雇主协会可以采取调解和仲裁的方式来解决。因此，雇主协会在协调劳动关系方面起到一定的作用。

（3）为会员提供服务和建议。雇主协会的作用不仅仅是处理与劳资关系相关的问题，雇主协会也有义务为会员提供其他方面的服务和咨询，如为企业招聘雇员、教育和培训、绩效考核与质量管理、安全卫生、工会承认、集体谈判、解雇、裁员等提供建议或咨询。

（4）代表和维护会员的利益。雇主协会与工会一样是代表会员利益和意见的组织，但其一般不与政党建立正式关系。雇主协会主要通过公共宣传和直接游说方式向工会、政府、公众表明某个会员或全体会员的利益。

（四）我国的雇主协会

从我国目前的劳动关系实践来看，中国企联（中国企联是中国企业联合会、中国企业家协会合署中文简称）具有雇主协会的特征，主要体现在：

（1）中国企联是各种不同类型企业的代表。这是雇主组织最重要的特征之一。雇主组织必须由一定数量的雇主所组成，并有相当的代表性。目前中国企联系统的会员已达到43.6万个，各省、自治区、直辖市企业团体44个，全国性各行业企业团体28个，全国中心城市企业团体260个，共同发起组建单位6个，在直属会员企业中，国有企业占44.79%，非国有企业占55.21 %（其中乡镇企业占11.26%，私营企业占11.83%，合资企业占4.75%，股份制企业占24.46%，外商独资企业占1.79%，其他企业占1.12%）。其成员比例比较符合我国各类企业在经济社会发展中的地位和作用。由此可见，中国企联目前的会员企业具有广泛的代表性，既能代表国有企业，又能代表非国有企业。[①]

（2）中国企联是社团法人。中国企联积极参与国际劳工组织的活动。中国自恢复在国际劳工组织的活动以来，中国企联作为中国雇主协会代表，与劳动和社会保障部、中华全国总工会组成三方机制，参与国际劳工组织的所有活

① 王君南，陈微波．劳动关系与社会保险［M］．济南：山东人民出版社，2004：62.

动，承担具体工作。

复习思考题

一、名词解释

1. 管理方。
2. 雇主协会。
3. 独裁/剥削管理模式。
4. 自主/合作管理模式。

二、简答题

1. 管理方的特点。
2. 简述权变管理理论。
3. 试列举说明几种管理模式。
4. 雇主协会的作用与类型。

第四章　雇员与工会

第一节　雇员

雇员也称劳动者，我国的广大劳动者是在各种企业、事业、国家机关、社会团体和个体经济组织等单位中从事有组织的社会劳动的人。劳动法中所指的劳动者包括具有劳动能力的我国公民、外国人和无国籍人士，包括企业、国家机关、事业组织、社会团体的工勤人员，实行企业化管理的事业组织的非工勤人员，以及其他通过劳动合同（包括聘用合同）与国家机关、事业单位、社会团体建立劳动关系的劳动者。由此可以看出我国劳动法适用于基于劳动合同而形成劳动法律关系的用人单位和劳动者，而独立劳动者没有基于劳动合同而形成的关系，因此不属于劳动法调整范围。

劳动者按其工作性质可以分为脑力劳动者和体力劳动者。在知识经济环境中，如何提高脑力劳动者的生产率是 21 世纪管理学的最大挑战。现代脑力劳动者的就业表现出如下特征：

（1）自我雇佣的趋势。

无论大小企业均愿意给员工，尤其是脑力劳动者事做而非提供工作，即将支付报酬与提供稳定的工作区分开来。这使得员工可以有选择地弹性工作，自我雇佣趋势逐渐显现。丹尼尔·平克在《自由职业者的国家》一书中，将不从事传统的全职性工作的人分成四类：小企业主、自由职业者、远程办公人员和临时雇员。其中，小企业主和自由职业者是真正的自我雇佣者，其工作通常具有较大的弹性，且收入较高。

（2）工作成为个人的发展平台。

脑力劳动者的职业生涯相对比较长，甚至可能比其供职的企业更长，因此以前那种“从一而终”的就业方式不再是常态。脑力劳动者很可能不会只有一个工作、一种职业，因为越来越多的人将其工作看作是积累知识和技能的平台。因此，企业为员工提供的个人发展和能力提升的机会成为脑力劳动者择业的重要因素。

（3）工作成为一种个人的生活方式。

现代的员工特别是脑力劳动者的价值观相比以前有了很大变化，他们将个人的需求放在第一位，以自己的偏好来选择工作。同时他们不再依赖企业的人力资源管理部门为自己做职业生涯设计，其思维方式由“组织要我贡献什么”转变为“我想贡献什么”以及“我应该贡献什么”。员工的工作自主性更强，工作不仅仅是独立的一部分，也是其生活的一部分。

（4）脑力劳动者仍然处于卖方市场。

现在体力工作者已经是供大于求，但脑力劳动者，特别是能够在企业内发挥重要作用的高技术人才仍然处于供不应求的状态。海尔集团的人力资源部门认为“知不等于干，干不等于绩”，即有知识、有学历不等于会做事，而会做事不等于能够把事情做好，获取满意的绩效。这是很多企业都共同面临的一个问题，即对企业有用的脑力劳动者的市场供应依然是短缺的。

由于脑力劳动者存在以上就业趋势，所以脑力劳动者由以前单纯的被管理者转为了被激励者甚至企业的管理者。管理者应该通过对脑力劳动者进行激励来实现其行为的强化、弱化对其行为方向的引导。

第二节　工会

一、工会的定义

在劳动关系的历史演进过程中，确实存在“强雇主，弱劳工”的普遍现象，二者之间的力量差距，是造成劳资冲突的根本原因。为了与雇主抗衡，雇员组织起来成立自己的团体，代表全体雇员的共同利益，同时，通过立法和政策对劳动者进行一定程度的倾斜性保护也是合理且必要的。因此，以维护和改善员工的劳动条件、提高员工的经济地位为主要目的，由员工自愿组织起来的团体逐渐形成。

作为劳动关系主体中雇方的代表，工会的性质在其产生和发展的过程中也不断变化和完善，人们基于对工会的作用、目的、活动方式和职能等方面的认识，提出了这样一些观点：

ACAS① 将工会定义为雇员建立起来旨在改善其地位、工资水平与就业条件的组织。②

詹姆斯·坎尼森（James Cunnison，1930）认为，工会是工人的垄断性组织，它使个体劳动者能够相互补充。由于劳动者不得不出卖自己的劳动力从而依附雇主，因此，工会的目标就是要增强工人在与雇主谈判时的力量。③

赫斯·韦伯（W. Hirsh－Weber，1970）认为工会是雇员建立起来的协会，通过集体谈判改善雇员的工作条件，提高雇员的经济和社会地位。④

布兰·陶尔（Brain Towers，1988）认为工会不仅是将谈判力量转变为会员工资与就业条件改善的"引擎"，而且还是资本主义自由民主制衡体制中不可缺少的重要组成部分。⑤

西德尼·韦布（Sidney Webb，1920）与比阿特丽斯·韦布（Beatrice Webb）在《工会史》一书中指出："工会是由工人组成的旨在维护并改善其工作条件的连续性组织。"这是最常用的工会定义。⑥

根据《中华人民共和国工会法》第一章第二条："工会是职工自愿结合的工人阶级的群众组织……中华全国总工会及其各工会组织代表职工的利益，依法维护职工的合法权益。"

可见，工会主要通过集体谈判的方式代表员工在工作场所以及整个社会的利益。

根据不同国家关于工会的立法，工会具有这样一些特征：

（1）工会必须是一定人数以上的雇员的团体，一般不允许雇主及其代理人加入。按照国际惯例，当员工晋升到企业一定层次以上时，就从雇员转变为管

---

① ACSA，the Advisory Conciliation and Arbitration Service：咨询、调解、仲裁服务中心，是1974年依照英国议会颁布的《就业保护法》的有关条款成立并独立于政府、专门处理劳动争议的一个社会性机构。受制于英国的就业部，带有半官方性质。其总部下设协调部、目标部和执行部，执行部又设咨询、调解、仲裁三个职能部门。ACAS的宗旨是通过提供独立和公正的服务，预防和解决劳动争议，以建立和谐的产业关系。

② ACAS：Industrial Relations Handbook［Z］，p. 39，HMSO，1980

③ James Cunnison：Labor Organization，p. 13，London：Sir Isaac Pitman & Sons，1930

④ W. Hirsh－Weber，quoted in Mark Van de Vall：Labor Organizations，p. 53，London：Cambridge University Press［Z］，1970

⑤ Brain Towers：Trends and developments in Industrial Relation：Derecognizing Trade Unions：Implications and Consequences，Industrial Relations Journal［J］，Vol. 19，No. 3，1988，p. 184

⑥ Sidney Webb and Beatrice Webb：The History of British Trade Unionism，2nd edition，p. 1，London：Longmans Green and Co.［Z］，1920

理方，此时，就应该自动退出工会，加入经营者团体中。

（2）工会属于社会团体而非政治性组织或经济性组织，即工会不得有政治、经济目的。包括美国在内的多数国家都明令禁止工会追求政治和经济目的，但对于工会以增进会员利益为目的所办理的合作社等事业则不为法律禁止。而目前在我国企业的组织结构中，工会组织大都由中国共产党领导，因而具有一定的特殊性。

（3）作为社团，工会具有法人资格。有些国家如法国，工会一经成立就具有法人资格，而在德国等国家，工会需经有关部门登记才可取得法人资格。我国《中华人民共和国工会法》第十四条规定："中华全国总工会、地方总工会、产业工会具有社会团体法人资格。基层工会组织具备民法通则规定的法人条件的，依法取得社会团体法人资格。"

（4）工会有同雇主或其团体谈判和签订集体合同、监督雇主遵守《中华人民共和国劳动法》等权利。上述权利是工会代表雇员同雇主抗衡的重要手段。不同国家对工会的权利规定有一定差异，《中华人民共和国工会法》对工会的上述权利规定体现在第五条"工会组织和教育职工依照宪法和法律的规定行使民主权利，发挥国家主人翁的作用，通过各种途径和形式，参与管理国家事务，管理经济和文化事业，管理社会事务；协助人民政府开展工作，维护工人阶级领导的、以工农联盟为基础的人民民主专政的社会主义国家政权"；第十六条"全民所有制和集体所有制企业事业单位违反职工代表大会制度和其他民主管理制度，工会有权提出意见，保障职工依法行使民主管理的权利"；第十九条"企业辞退、处分职工，工会认为不适当的，有权提出意见"；第二十五条"企业发生停工、怠工事件，工会应当同企业行政方面或者有关方面，协商解决职工提出的可以解决的合理的要求，尽快恢复正常生产秩序。"

（5）工会在与雇主的关系中受到法律的特别保护。按照西方劳动关系理论，工会及其会员在采取产业行动中，享有豁免权。同时，法律也对工会及其会员的权利进行了倾斜性保护。此外，下列行为在许多国家也被列入雇主不正当劳动行为，从而受到法律上的限制和禁止：①在工会的组建过程中，雇主不能单方面改变雇佣待遇和条件，除非能够证明这种变更符合过去的传统和做法，而与工会的组建没有任何关系；②禁止雇主对组建工会进行任何形式的威胁或者承诺；③禁止雇主暗中监视和破坏工会活动；④雇主不得改变选举单位雇员的构成，尤其不得从选举单位之外雇佣其他雇员；⑤雇主不得从事任何有可能影响工会自治权利的活动；⑥雇主不得为了避免工会化或试图摆脱已建立的工会，而关闭工厂或重新开业。

二、工会的结构分类

19 世纪以来工会经历了很长一段时间的发展，从结构上划分，工会组织分为职业工会、行业工会和总工会三类。①

（一）职业工会

职业工会是将具有某种特殊技能，从事某种特殊职业的所有雇员组织起来的工会，而不考虑这些雇员所处的行业。在这种组织原则下，雇员所从事的工作以及他们在工业等级中所处的位置就构成了他们团结在一起的内在力量，即共同利益。由于职业工会的成员广泛分布于许多行业，因此它具有明显的横向特征。这类工会可以细分为三种：同行工会（Craft Union）；半技术与非技术工人工会（Semi－skilled/Unskilled Union）和白领工会（Non－manual or White－collar Union）。

（二）行业工会

行业工会是将在某一特定行业中从事工作的所有工人都组织起来的工会，而不考虑这些雇员的技术、技能以及从事的职业。由于行业工会力图吸纳全行业各阶层的雇佣劳动者，因而它具有明显的纵向垄断特征。行业工会也可以细分为两类：垄断性行业工会（Monopoly Industrial Union）和单一性行业工会（Single Industrial Union）。

（三）总工会

总工会的组织原则就是对会员募集不加任何限制，既不考虑职业因素，也不考虑行业因素，从而体现了对职业工会和行业工会分化现象的一种修正。需要强调的是，必须把早期出于政治动机而成立的总工会与经过结构演变而形成的总工会区分开。这里所说的总工会是在职业工会或行业工会的基础上经过合并逐渐形成的。

① 王君南，陈微波．劳动关系与社会保险［M］．济南：山东人民出版社，2004：46.

三、工会的产生和发展过程

（一）工会的产生

在工业化和工业社会形成之前的社会中，对农民和手工业工人的有限保护来自行会组织。在早期的行会组织中，会员缴纳数额较小的一笔会费，就可以在他们生病、失业、退休或死亡时获得一定数额的津贴。早期的行会组织在地域和会员的数量上都具有一定的局限性，在经济上没有形成产业力量，因而其作用是非常有限的。工业化之后，雇主和雇员之间的关系成为一种契约关系，在这种契约关系中，面对具有强大经济地位的雇主，雇员唯有组织起来，建立一个新的机构来保护集体利益，最终才能通过集体利益的保护来维护每个成员的利益。因此，工会的形成与发展，归根到底是利益驱使的结果。

工会最早产生于18世纪末的西方资本主义国家，是社会经济矛盾的产物，是以经济斗争为直接动因而产生的团体。在资本主义社会，存在工人阶级与资产阶级两个根本对立的阶级，他们在经济利益上的矛盾是社会经济矛盾的集中表现，其根本原因就在于生产资料的私人占有。

资本主义生产方式的发展经历了简单协作、工厂手工业和机器大工业三个阶段。产业革命使社会的阶级对立简单化了，主要表现为工人阶级和资产阶级的对立，而在资本主义社会中表现为劳动和资本的根本对立以及工资和利润的直接对抗。由于资本主义生产的目的就是获取剩余价值，这就决定了工人阶级为了维护自己的利益而必然要向资产阶级展开阶级间的各种形式的经济斗争。由于在资本主义条件下，工资并非固定不变，而是在一定的范围内由雇员与雇主讨价还价决定的，因此，要求增加工资、缩短工时和改善劳动环境就成了工人阶级维护自身利益所要进行的第一斗争。虽然产业工人的数量远大于大工业资本家，但单个分散的工人是不可能同资本家抗衡的，在斗争的过程中仍处于弱势地位。实践证明，只有雇员联合并组织起来，结合成为一个强有力的组织，使他们在必要的时候能够同雇主对抗，并作为一种力量去同雇主进行谈判，最终才可能维护自己的物质利益。

在这一客观条件下，早期的旨在维护和改善职工劳动条件、提高职工经济地位而自主组织起来的团体或者联合团体——工会就形成了。

（二）工会的发展过程

工会运动从18世纪90年代至今已有200多年的历史，其发展大致经历了早期职业工会、行业工会和总工会三个阶段。

早期工会在熟练的技术工人中自发形成并发展，在性质上都是同行工会，在范围上则属于地方工会，一般针对某一问题而临时成立，因此寿命都不长，经济影响力也相应地比较小。早期工会的特征是：(1) 在性质上都是同行工会，多数是由技术工人建立的，而非技术工人和半技术工人基本上处于无组织状态；(2) 在范围上都是地方工会，只限于一个工厂、一个城镇或一个城市；(3) 寿命都很短暂，工会围绕某个问题进行斗争，一旦问题解决，组织随即解散。工会缺乏固定的资财、活动场所和工作人员；(4) 经济影响力比较小，主要活动是通过丧葬费、疾病补贴和其他类似方式向成员提供救济，而不是就工资、工时或就业条件与雇主进行集体谈判。到了行业工会阶段，其本质仍旧是职业工会的联合，只吸收有技术的工人，排斥没有技术的工人。随着工业化的发展，工厂规模的扩大，生产流水线的普及，钢铁、汽车、电机、电气等大规模工业对工人的技术要求越来越低，半技术、非技术工人的比例越来越大，逐步形成了以行业而非职业为基础组织的工会，如 1938 年美国成立的产业工人联合会。在前两个阶段的基础上，总工会逐渐发展形成，将劳动联合和产业联合合并，形成较为稳定、统一的工会组织。如 1955 年，美国劳联和产联完成合并，形成劳联—产联（AFL－CIO)，拥有 140 多个国际性和全国性的工会，约有会员 1600 万人（占工会会员总数的 85～90％，占工人总数的 34％)。合并后领导集团继续推行劳联的阶级合作路线，迄今仍为最大的工会联合会。机关刊物为《劳联—产联新闻》和《联合主义者》。1956 年，加拿大两大工会——行业和劳动者联盟与加拿大劳工联盟合并组成加拿大劳工大会。

第三节 工会承认与工会化

一、工会承认的方式和程序

工会进行集体谈判，必须首先获得法律承认，确保雇主承认它是谈判单位①中多数雇员的正式代表，具有谈判资格。通常工会可以通过自愿承认和法定承认两种渠道获得承认。

① 谈判单位（bargaining unit)：指集体谈判的雇员单位，一般由法律规定。

自愿承认（Voluntary Recognition）是指工会与雇主在自愿协商的基础上达成共识。

法定承认（Statutory Recognition）由国家立法规定工会的承认，包括自动获取谈判资格和在正式选举中获得多数雇员的支持而获取谈判资格两种情形。

由于工会向雇主提出的承认请求经常遭到拒绝，因此各国一般都通过立法规定工会的承认程序：英国体制主要强调的是自愿承认；美国体制则突出投票路线，必须通过授权选举，包括申请、选举和授权三个阶段；而加拿大体制则是介于二者之间的。下表从工会承认、承认过程等八个方面对比和分析这三个国家法定的工会承认制度。

表1　英国、美国与加拿大法定工会承认程序的主要区别①

	英国体制	美国体制	加拿大体制
承认标准	要求多数支持 除外：小企业（少于20人）雇员 值：40%	要求多数支持 除外：管理者（广义概念）、家务雇员、农业工人、临时工 值：无	要求多数支持 除外：管理者、各省还有其他除外规定 值：多数省都明确规定值为35%～50%不等
承认过程	自动承认（工会会员证），但还有限制性条件；如果需要投票，有时间限制，不得超过96天	必须经过选举，无时间限制	多数省都有自动承认（工会会员证）条款；如果需要投票，有加速程序（两周或更短）
雇主的权利与义务	保护雇员不因参加工会活动而遭惩罚或被解雇；无其他限制；必须给工会提供接触机会	允许举行受控制的大众演讲，散发宣传资料；其他大部分属于非法行为；不必给工人提供接触机会	可以提供事实性信息；不必给工会提供接触机会
法定谈判范围	谈判范围或程序性协议限制在工资、工时与休假等有限问题，但ERB法既没有规定也不做限制	法定内容包括就业条件；其他属于约定内容；工会只可针对法定内容举行罢工	虽然政府希望雇主能与工会就有直接影响雇员的问题进行谈判，但法律没有区分法定内容与约定内容
第一协议	CAC只能干涉程序性协议	没有规定	多数省都有第一协议仲裁

① 程延园．劳动关系［M］．北京：中国人民大学出版社，2002：112.

续表

	英国体制	美国体制	加拿大体制
实施机制	有限的补救措施；不得对CAC的决定提起诉讼	有限的民事补偿措施；容易对NLRB的决定提起诉讼；法院裁决前必须遵守NLRB的决定	广泛的民事补偿措施；很难对NLRB的决定提起诉讼；NLRB的决定被推翻之前继续有效
工会保障	禁止采用封闭性企业；允许签订个人劳动合同	21个州要求企业采用自由雇佣形式；禁止采用封闭性企业；不允许签订个别劳动合同	多数省至少要求企业采用工会代表制和会费扣缴制；允许采用封闭性企业；不允许签订个别劳动合同
工会的罢工权利	罢工期限8周允许雇佣永久性替代工人；允许雇佣临时性替代工人	若工会在谈判过程举行罢工，雇主可以雇佣永久性替代工人	禁止雇佣永久性替代工人；在四个省（区），雇佣临时性替代工人被禁止或受限制

二、工会化的原因

工会化是指一个企业或单位的工会从无到有，再到纳入整个工会体系的过程。[①] 按照工会化的一般理论，行为科学家在考察了非工会雇员的态度与他们在工会选举中投票行为之间的关系后发现，如果符合以下三个条件，非工会雇员就可能倾向于投票承认建立或参加工会：①对就业条件及管理方提供的待遇感到不满；②认为建立工会是表达这种不满的一种有效方式；③对劳工运动有所了解。[②]

有研究表明，雇员在工会组织运动中是否支持并参加工会取决于多方面因素，这些因素大致可分为初始倾向、工会组织过程和宏观条件三大类。

（1）初始倾向直接决定雇员是否建立和加入工会，主要决定因素有雇员的不满程度、工会的有效性以及雇员对待工会的态度。

（2）工会组织过程侧重于选举前的准备工作，有利于防止在投票选举前还

① 左祥琦．劳动关系管理［M］．北京：中国发展出版社．2007：69.

② H. Wheeler and J. McClendon：The Individual Decision to Unionize，in George Strauss et al.（eds.），The State of Unions［J］，Madison，WI：IRRA，1991；Satish P. Deshpande and Jack Fiorito：Specific and General Beliefs in Union Voting Models，Academy of Management Journal［J］，Vol. 32，No. 4，December 1989，883－897

未决定是否支持工会的雇员在投票时反对工会化，包括工会的组织策略、雇员的集体凝聚力和管理方的反工会化措施。

（3）组织外部宏观条件通过作用于雇员的初始倾向与工会的组织进程，进而对企业工会化产生间接作用，主要因素有：产业结构与职业结构、经济条件、相关政策法规、管理方的理念、工会的总体政策、整个社会的文化与价值观等。

三、雇员加入或不加入工会的原因

通过分析雇员对工会组织及其活动的态度、行为，可以找出雇员做出加入或不加入工会的原因，大致如下。

（一）雇员加入工会的原因

（1）借助工会对抗雇主。雇员加入工会常常是为了增加力量以对付雇主，当雇主削减或降低工资，任意处分或解雇雇员，雇员在比较之后觉得自身的工作条件不安全或太差，或者管理人员干涉雇员的私生活，雇员就可以通过加入工会以要求雇主改变决定。

（2）参加工会活动。工会是一个自治组织，雇员加入工会可以参加教育培训，或得到有关雇员自己的事业和职业的知识。同时，雇员加入工会还可以参加社会活动或联谊活动，通过这些活动，工会就能够构建一种与雇主无关的雇员自治形式。

（3）扮演心理角色。某些雇员加入工会是为了实现其个人的抱负，他们可能渴望成为领袖人物，并且发现工会为其提供了一条便利的途径。

（4）社交压力。许多雇员加入工会只是因为其他雇员要求他这么做，因为其他人的行为可能会让这些雇员感到“如果不加入工会，就是一个叛徒或者逃兵”，或“如果不加入工会就总有人不断地、好心地劝说你加入工会”。因此，许多人加入工会可能并没有其他原因，只是无力抗拒这种压力。

（二）雇员不加入工会的原因

（1）反对工会的态度。许多雇员认为工会的存在是不适当的或是没有必要的，他们怀疑工会领导，怀疑自己一旦成为会员可能会被要求去做一些违背自己意愿的事情。另外，许多雇员希望自己晋升到更高的职位上，并且相信加入工会将限制这种晋升机会。

（2）社交压力。与雇员加入工会所面对的社交压力相对应，在一个没有工会的地方工作的雇员，雇员所承担的压力可能是不要加入工会。

（3）工作满意。有些雇员对自己的工作很满意，对雇主没有什么实质性的不满。他们可能认为，雇主会把雇员成立工会的行为看成是一种敌对的行为，而他们没有任何理由采取这种行为。

（4）加入工会的成本。包括直接成本、间接成本和为加入工会而不得不放弃其他活动的机会成本。

（5）工会间的敌对或工会的冷漠。有些人不加入工会是因为工会不接纳他们，这种情况出现的原因有很多。有些工会不吸收某种族或某性别的会员，有些同业工会也不接受那些不具备会员所需技能的人，工会还可能不帮助某个工人群体组建工会。工会可能认为：有关的工人数量太少或距离太远；而工会提供服务的成本太高；现有会员的工作机会太少；有关雇员不会成为好会员；前来接触的雇员群体属于另一工会的领地，因此拒绝他们加入工会。

第四节 工会的职能与行为方式

一、工会的主要职能

工会是员工的集体组织，其主要目的在于维护员工的合法权益。《中华人民共和国工会法》第六条规定：“工会在维护全国人民总体利益的同时，维护职工的合法权益。工会必须密切联系职工，听取和反映职工的意见和要求，关心职工的生活，帮助职工解决困难，全心全意为职工服务。”工会的职能体现在以下几个方面。

（一）整合职能

工会之所以能在劳动关系中发挥作用，关键是它具有和雇主抗衡的产业力量。这种产业力量是一种集体的力量，它是全体会员力量的凝聚。正是这种集体的力量弥补了单个会员同雇主之间力量上的悬殊对比。工会只有代表全体会员的共同利益，才能获得会员的支持。因此，工会需要对内部会员的个体利益进行整合，消除内部不同派别之间的分歧，形成全体会员的共同利益，这样才能在实践中达到保护会员合法权益的目的。

从个人自我实现的角度看，工会有助于员工发挥其才能，鼓励雇员参与组织的各项决策。同时，工会也是实现高绩效管理的重要渠道。由于高绩效管理要求雇员与雇主减少或消除彼此的对立与不信任，增进理解与合作，而工会正是实现这一目标的重要媒介。

（二）经济职能

新古典经济学家认为，工会通过工资水平与就业人数的优化组合达到效用的最大化，从而实现企业和雇员经济利益的平衡。工资水平和员工福利是集体谈判的主题。工资水平对经济系统来说，是一个重要的变量，它不仅决定雇佣水平和生产中的劳动成本，而且影响经济的总需求、通货膨胀和经济增长；员工福利则关系员工的切身经济利益。

（三）民主功能

工会的角色应该是将民主原则引入劳动关系，为雇员提供各种形式的代表制度。其民主功能主要体现在：当雇主违反集体合同确立的就业条件或滥用职权，非法惩罚、解雇员工时，工会可以保护会员；工会与雇主协商并制定有关工作进度、技能要求、绩效考核等规则和程序，限制雇主的职权，维护雇员的权利；工会作为一个民主机构，有自己的章程、代表大会及领导选举制度，从而保证雇员享有各种民主权利。

同时，工会还具有社会民主职能，即工会通过参与社会公益事业等活动，不仅可以要求改善薪酬结构，而且有助于消除企业内部与企业之间的工资不平等，反映全体工人阶级与所有弱势群体的利益。

（四）服务功能

针对近期工会参与率下降的趋势，许多国家的工会组织开始向会员提供越来越多的现代服务，如：个人贷款、法律服务等，以吸收更多的潜在会员入会。

【阅读材料】

新征程团结动员亿万职工展现新作为[①]

全总十六届七次执委会议审议通过的《中华全国总工会关于以习近平新时代中国特色社会主义思想为指导 团结动员亿万职工为实现党的十九大目标任务建功立业的决议》，号召全国各级工会组织和广大工会干部，全面学习贯彻党的十九大精神，以习近平新时代中国特色社会主义思想为指导，不忘初心、牢记使命，凝心聚力、砥砺前行。

党的十九大对我国社会主义现代化建设做出新的战略安排，明确了实现民族复兴伟大梦想的时间表和路线图。中国工会是中国共产党领导的工人阶级的群众组织，党的初心和使命就是激励我们不断前进的根本动力。各级工会要自觉接受党的领导，高举维护职工权益旗帜，牢牢把握我国工人运动时代主题，把广大职工紧密团结在以习近平同志为核心的党中央周围，坚定不移听党话、跟党走，在决胜全面建成小康社会、全面建设社会主义现代化国家的新征程中充分发挥工人阶级主力军作用。

确保党的十九大关于工人阶级和工会工作的决策部署一项项落地见效，思想政治建设是第一位的。党的十九大最重要理论成果、最重大历史贡献，就是把习近平新时代中国特色社会主义思想，确立为我们党必须长期坚持的指导思想。各级工会要认真学习宣传贯彻习近平新时代中国特色社会主义思想和党的十九大精神，以此武装头脑、指导实践，在学懂弄通做实上下功夫。同时，要带动广大职工群众一起学，采取更接地气、深入人心的方法手段，进一步推动党的十九大精神进企业、进车间、进班组，统一亿万职工思想，汇聚共创伟业的磅礴力量。

广大职工是改革开放和社会主义现代化建设的主力军，经济建设是职工建功立业的主战场。中国特色社会主义进入了新时代，我国经济发展也进入了新时代。转变发展方式、优化经济结构、转换增长动力……完成这一项项重大举措虽然艰巨，但更为广大职工提供了施展才华、建功立业的

① 新征程团结动员亿万职工展现新作为［OL］．http：//www. acftu. org/template/10041/file. jsp? cid=801&aid=95780，2018－02－26/2018－04－11

广阔舞台。各级工会要发挥优良传统、创新平台载体，深化“中国梦·劳动美”主题宣传教育，紧扣高质量发展这个根本要求，以“当好主人翁、建功新时代”为主题激发职工创新创业创优活力，弘扬劳模精神和工匠精神，引导广大职工立足本职岗位，聚焦新目标、展现新作为。

新时代工人阶级主力军作用发挥得如何，关键在于职工队伍尤其是产业工人队伍素质。要把提高职工队伍整体素质作为一项战略任务，认真贯彻落实《新时期产业工人队伍建设改革方案》，按照政治上保证、制度上落实、素质上提高、权益上维护的总体思路，加强职工思想政治建设，强化贴近产业变革和市场需求的职业培训，推动改革不适应产业工人队伍建设要求的体制机制，充分调动广大产业工人的积极性主动性创造性。

作为党联系职工群众的桥梁和纽带，各级工会应不断夯实组织基础，真正做到哪里有职工，哪里就有工会组织，哪里就有工会的服务。要从职工群众关心的事做起，一方面尽己所能帮助职工群众解决实际困难，依法维护职工合法权益，另一方面把职工群众的需求和困难及时准确反映给党和政府，协助把各项惠民举措落到实处。特别是高度关注供给侧结构性改革、去产能过程中职工的生产生活难题，突出抓好困难职工帮扶解困，常态化开展送温暖活动等工作，用“娘家人”的温情和关怀，为职工群众带去更多获得感、幸福感、安全感。

党的十九大吹响了新时代中国工人阶级昂扬奋进的号角，各级工会承担着组织动员广大职工为完成党的中心任务而共同奋斗的重大责任。让我们持续深化改革创新，不断增强工会组织政治性、先进性、群众性，在实干中攻坚克难、彰显担当，团结动员亿万职工向十九大确定的目标任务接力奋进！

二、工会的行为方式

工会的行为方式由工会乃至整个企业的战略决定，而战略既受政治、经济与社会环境的影响，也受管理方与国家战略的制约。关于工会行为方式的划分，最经典的是“韦布五分法”，即把工会行为方式分为互保互助、集体谈判、劳动立法、直接行动和政治行为五种。

（一）互保互助

通过从工会会费建立的基金中提取费用，向成员提供医疗、教育、娱乐、住房等福利。作为工会的一种行为方式，这一行为方式有这样一些好处：有助于工会吸收新成员；有助于充实工会基金，使工会在集体谈判过程中有能力向雇主施加压力；有助于建立工会的内部福利制度。

（二）集体谈判

集体谈判是工会与雇主交涉、协商确定薪酬、福利、工时、工作条件等有关劳动标准和劳动关系事务的活动，是为会员争取经济利益的最直接方式。这一行为方式可以直接或间接地改变工人的经济与社会生活。

（三）劳动立法

工会通过立法建议、监督法律执行等方式保护雇员利益，促进工会发展。

（四）直接行动

在互保互助式集体谈判不能发挥作用时，工会采取罢工、罢市等方式。从国家利益考虑，在经济发展过程中需要劳资双方的合作，避免劳资冲突。

（五）政治行为

这一行为主要包括：向政府与立法机构施加压力，促使其颁布保护劳动者的条例或法律；建立政党或加入代表工人利益的政党。

第五节　我国工会的现状与发展趋势

一、当前我国用人单位的基本情况

我们在将雇员初步分为蓝领和白领的前提下，主要考虑当代劳资关系中白领的处境。这是因为蓝领受到国家劳动部门更多的关注，转为劳动合同制后，他们可以签订集体劳动合同；而白领更多是个人行为，没有太多的维权知识和经验，实际上受损的可能性非常大。白领阶层虽然一般被人们认为具有更强的活动能力和谈判能力，但在现实中的就业谈判这方面，却比蓝领显得更无知和无力。

【阅读材料】

过去，对于血汗剥夺严重的企业，人们大多看到比较突出的是建筑、矿山或一些劳动密集型企业。例如2005年，广东省向社会公布了一张特殊的榜单，披露了省内20家“血汗工厂”，产业主要集中在建筑建材、纺织制鞋、电子产品和服务业上。因此，为了打击“血汗工厂”，一些地方将对用人单位发放工资、执行劳动时间、非法使用童工和参加社会保险等情况的检查，重点范围放在建筑施工、加工制造、饮食服务业以及其他中小型劳动密集型企业、个体经济组织以及职介机构。如今，一些高新技术产业也暴露了越来越多的这方面问题。最近，发生在一家高新企业的“过劳死”事件，爆出了这方面的典型。一名从事软件研发工作的工程师，年仅25岁，因工作任务紧迫持续加班近1个月，导致过度劳累，全身多个脏器衰竭，入院后静静地离开人世。因为死者是个“白领”，给社会带来的震动也更加强烈一些。所以有这种社会反响，也是由于人们从来没有认为“白领”是个弱者；而“白领”居多的高新企业，也会发生过度加班这样的“血汗”问题。

一段时间以来，社会上比较关注的是农民工、下岗失业人员。而现在，由于严峻的就业形势，即便是大学毕业生，往往也处于弱势地位。比如，有些大学毕业生为得到一份工作，无奈地接受企业“零工资”就业条件；也有的大学毕业生因刚刚步入企业，主动申请无条件加班，期望能以此端稳自己的饭碗。

对于劳动者的这种弱势处境，一些专家认为原因是多方面的。最主要的影响因素，是劳资力量对比的变化与全球性的强资本弱劳工格局的影响。这种单赢或者过度向资本倾斜的利益分割格局必然带来劳资双方的冲突。尤其值得警惕的是，劳资之间冲突的日益显形化，完全可能由局部风险变成社会风险，进而损害整个国家的健康发展。中国人民大学教授郑功成认为：“在劳资关系失衡的背景下，单赢的局面是绝对不可能持久的，我们急切需要提升劳动者的地位，并通过人性化的管理来调节劳资关系，以求得双赢的结果，这不仅符合投资者的长期利益追求，也符合劳动者自身利益诉求，更符合中国持续、健康发展的国家利益。”

资料来源：《中国劳动保障报》2006年7月12日

相关材料显示，大多数白领都有较高的工资，但是其合法权益却没有得到良好的保障，在此过程中，白领不得不放弃部分权利，如休息休假权。白领在沉默中将妥协变成了一种习惯。其实，大部分人的沉默有无奈的成分，因为在其本身的知识、技能没有“稀缺性”的情况下，又处在现在这样一个竞争激烈的社会，面对知识劳动者供大于求现状，他们不敢承担谈判的风险，因为这样做他们可能会付出意想不到的代价，甚至随时可能被替代。当妥协成了习惯，危机就在沉默中酝酿。不签订劳动合同而直接上工、薪酬中不包含保险等福利、准备解除劳动合同时没有提前一个月通知等这样一些对规则漠视的情况不仅有用人单位的因素，也有雇员自身的原因，可以说，对规则的漠视来自劳资双方。

2010 年各级劳动人事争议调解仲裁机构受案 128.74 万件，比上年增加 3.85％；结案 126.41 万件，其中通过调解方式结案 87.92 万件，占 69.55％。仲裁机构立案受理 60.26 万件，比上年减少 12.27％，期末累计未结案件比上年减少 41.51％，结案率达到 93.13％；调解组织受理 68.48 万件，比上年增加 23.89％，结案率 91.75.％。从调解组织受案比重看，乡镇街道劳动争议调解组织受案数占总数的 17.33％，社区居委会村委会、企业劳动争议调解委员会、县（区）调解组织合计占 16.98％。在一些调解组织发达的地方，调解组织受案数和仲裁机构立案数之比可达到 1.5∶1 至 2∶1。[①]

上述情况表明：随着争议预防调解工作的展开，劳动者表达合理诉求的渠道得到拓宽。调解以其快捷、柔性的特点得到更多劳动者的认可。乡镇街道等调解组织处理争议的作用逐步显现。[②]

知识经济条件下作为构成雇员最大部分的白领的劳资冲突持续增加，这一现象至少说明了两个现实，即劳动关系规模的扩大和劳动关系内容的市场化，劳动保障法制建设的滞后和市场化中存在不规范的现象。

此外，随着经济体制改革的逐步深入，我国传统的单一的正规就业模式被

① 2010 年全国劳动人事争议处理情况统计分析［OL］.http：//blog.sina.com.cn/s/blog_60865f91010146ol.html.2012－04－13/2018－04－11.

② 张彦宁，陈兰通.中国企业劳动关系状况报告（2006）［M］.北京：企业管理出版社.2006.

打破，出现了有别于传统的新型就业形式——非正规就业[①②]。在我国就业形势日渐严峻的情况下，非正规就业将长期存在并呈现扩大的趋势。而非正规就业中劳动关系的复杂性、多元性、不稳定性和非规范性，给劳动者权益保护带来了很大不利影响的同时，也给传统的工会实践带来了挑战。

二、工会的现状

在工会的多种形式划分下，本书在对当今现状的探讨中主要针对企业内部的工会组织，因为这是维护雇员最基本权益的共同集团，是整个社会工会体系中最基础的部分，同时，我国企业劳动关系中的问题不仅发生在市场交换过程中，而且大部分发生在企业内部。

2010年8月30日召开的全国工会基层组织建设工作会议透露，目前我国工会组织组建率不足六成，特别是在非公有制企业中空白较大，农民工和劳务派遣工加入工会的比例刚刚超过1/3。全国总工会党委书记、副主席、书记处第一书记王玉普表示：目前农民工总数2.3亿人，劳务派遣工2700万人，但入会的农民工只有8400万人，加入工会的劳务派遣工数量较少。全国工会组建率只有55.8%。有的企业虽然建立了工会，但加入工会的职工数量不多，工会组织作用发挥不够。截至2009年年底，全国工会基层组织数达184.5万个，会员总数达到2.26亿人[③]。

透过统计数据可以发现，我国工会还存在组织机关化、覆盖面不广等问题。突出表现为员工在工会建立及参与工会活动的时候民主性不强；外资企业相关工会制度尚不完整、全面；在广泛使用农民工的新兴企业和传统劳动力密集型企业，工会的职能履行不全面。

---

① 非正规就业：最初是指非正规部门的就业。随着对就业问题研究的扩展和延伸，非正规就业不仅存在于非正规部门，而且存在于正规部门，如临时工、季节工等。现在，学术界一般都认为非正规就业是相对于传统典型的就业形式而言的，是不同于正规的全日制工作、与用人单位建立有稳定的劳动法律关系、获有工资福利和社会保障的就业，在劳动时间、收入报酬、工作场地等方面不同于传统的标准全日制就业形式。

② 吕茵．非正规就业中的劳动关系和工会工作研究［J］．中国劳动关系学院学报．2006（2）：18—21.

③ 全国总工会：目前我国工会组织组建率不足6成［OL］，资料来源：http：//news. qq. com/a/20100830/001846. htm. 2010—08—30日/2018—04—11.

【阅读材料】

富士康员工跳楼事件

2010 年 1 月至 5 月，富士康连续发生 9 名员工坠楼事件，引起公众强烈关注。就在九连跳事件的余震未消时，第十三名员工也已纵身殒命，富士康被网民戏称为“赴死坑”“死亡工厂”。这些跳楼身亡的富士康一线员工，多是来自农村的第二代民工，平均年龄二十多岁。在富士康，一线员工除加班工资外的基本待遇只能维持在最低水准线，面临巨大的生存压力。报道显示，富士康要求员工签署自愿加班切结书，员工如果要辞职则必须支付畸高的违约金，被网友称之为比跳楼还可怕。N 连跳事件使富士康深陷舆论漩涡，随即宣布基层员工加薪，引发了珠三角企业加薪潮和迁移潮的连锁反应。2010 年 7 月，富士康部分工厂开始西迁成都和郑州，但随即爆出富士康大规模使用当地中专生作为实习生，获取“低成本劳工”。2010 年 10 月，有调研报告揭露富士康内部仍存大量滥用学生工、漠视职业安全隐患、私了瞒报工伤事故、强制加班并克扣加班费等违法违规的用工行为。

富士康 N 连跳事件，首先折射出当代加工企业艰难的生存状态问题，其次昭示了中国平民生存之痛。由于教育水平的提高，新生代民工自我意识增长，向往体面的工作，追求生活质量，需要更多更大的社会空间，但承压能力较弱，普遍面临合同少、社保少、工资低、工伤多、加班多、争议多的困境。当他们遭遇富士康的低薪和高压，碎片化的生存无法承受后，或许纵身一跳的自杀成为解脱自己的唯一出路。尽管跳楼接连发生，却始终不见政府的劳动执法和工会的维权行动，而沉默的员工怕丢饭碗，选择冷漠或是逆来顺受地承受这一切。富士康的应对措施不应停留于表面化和形式化的加薪、心理疏导、和尚祈福或口头承诺，应采取一些实质性的措施，建立人文关怀的管理体制与工资集体协商增长机制。

从连接用工中汲取利润源泉的富士康遭遇中国劳动法的变革与敲打，从劳动法角度讲，富士康所谓的自愿加班切结书以及离职违约金的霸王条款因违反劳动法的强制性规定而无效。而滥用学生工、私了瞒报工伤事故、漠视职业安全隐患等用工行为更是直接违反了劳动法。富士康超长时间的加班挤压了员工休息、交流和发展的空间，军事化的管理扼杀了员工的个性发展和人格尊严。这一切又凸显了工会作用的羸弱，员工累了，趴下了，也许就有了N连跳。

资料来源：http://news.sohu.com/201B0515/n272135182.shtml

三、发展趋势

解决这些问题，除依靠法律调整和仲裁以外，还必须在微观上建立起科学、合理的劳动关系协调机制，建立和推行工会代表职工与企业经营者进行协商谈判的制度。所以，正确的解决办法是将法律、政策和执法者置于指引者和裁判者的地位，留下更多的空间来允许劳资双方自己协调关系、安排利益、达到共赢。

我国新修订的《工会法》明确规定："维护职工合法权益是工会的基本职责。工会在维护全国人民总体利益的同时，代表和维护职工的合法权益。"在"强资本、弱劳工"的情形下，劳动者应依法组成工会组织，通过有组织的行动以提高自己的谈判地位和增强谈判能力，并获得强大的支持。与此同时，工会也应担负起指导劳动者并提高其维权意识的职责。

心理专家的调查情况显示，随着教育水平的提高，大众传媒的普及，工作更加专业化和多元化以及行业竞争的激烈，当前雇员的需求心态相应地也在改变，主要包括：要求人性的对待和尊重，注重个人职业生涯的发展以及学习与发展的机会，反对被雇主视为机器；要求合理、公平的交换，希望获得合理的报酬，反对剥削压迫；要求被认同以及良好的人际关系，接受精神激励与教育，反对非正常和无理的惩罚；希望通过工作而满足的需要层次从以前的生理、安全需要逐步向情感、社交、自我实现等高层次的需要过渡等。这一系列的变化在将工会置于更重要的地位的同时，也对工会工作提出更高的要求。

可以预见，随着我国企业的发展以及人们民权意识的增强，工会将充分发挥在协调企业内部关系、处理劳动争议、维护职工合法权益方面的重要作用，并在劳动关系中变得越来越重要，这将是不以人的意志为转移的事实。

【阅读材料】

从新型劳动关系视角解读工会难题[①]

工会是劳资矛盾的产物，工会在代表劳动方（工人）与资本方（业主）处理矛盾冲突的时候，由于劳动关系的性质不同，所采取的处理劳资矛盾的方法也不同。

社会主义市场经济形态下的劳动关系，或称为社会主义新型劳动关系，既不同于资本主义形态下的雇佣关系，也不同于社会主义计划经济形态下的同志式的合作关系。所以发生劳资矛盾时的处理方法也不能照搬资本主义形态下劳资矛盾的处理方法和社会主义计划经济形态下劳资矛盾的处理。

社会主义市场经济形态下的劳资矛盾处理要把握两个方面：一是矛盾性质：伙伴之间的矛盾，属于人民内部矛盾性质，属于社会主义建设者与社会主义劳动者之间的内部矛盾。二是处理原则：协商，谈判，申请仲裁，诉诸法律。诉诸法律是处理社会主义市场经济形态下劳资矛盾的最高形式。

1. 解读“罢工”难题

有一种观点认为：中国工会的作用不大、维权不力是因为中国工会没有罢工权。尽管一些学者为争取罢工权而呼吁，但是不见《宪法》松动，于是有人把中国工人的罢工权解决，认为是制度性难题。其实这是认识上的误区。走出这一误区、破解这一难题很简单，只要我们跳出“西方工会能组织工人罢工，中国工会也可以组织罢工”的传统思维，运用新思维：社会主义市场经济形态下的劳资矛盾怎能用处理资本主义形态下劳资矛盾的方法去处理？认识上就会豁然开朗。

2. 解读“独立”难题

还有一种观点认为中国工会的作用不大、维权不力是因为中国工会不像西方工会那样是“独立”的工会，于是呼吁中国工会与西方工会接轨。其实这也是一种认识上的误区。中国与西方国家，社会性质不同、政治体

① 庄音豪．把握新型劳动关系本质　解决工会难题［J］．工会理论研究，2007（1）：17－18.

制不同、劳动关系的本质也不同，我们怎么能够要求其接轨呢？中国的社会主义建设者和社会主义劳动者都是在中国共产党的领导下，党和工会都是代表和维护职工的权益，在党的领导下工会能更好地维护职工的权益。这和西方政党是垄断资本家选出来的代言人完全不一样。

总而言之，观念新才能思维新，思维新才能视角新。运用新型劳动关系视角解读“罢工”“独立”等，难题就成了一个不难解决的问题。只要我们把握社会主义新型劳动关系是互利共赢的合作伙伴关系的本质，用协商，谈判，申请仲裁，诉诸法律的方法来处理社会主义新型劳动关系中的劳资矛盾，一切问题都会迎刃而解。

复习思考题

一、名词解释

1. 雇员。
2. 工会。
3. 职业工会。
4. 行业工会。

二、简答题

1. 简述工会的分类。
2. 简述工会的职能。
3. 简述工会承认的方式。
4. 简述工会化的原因。

三、论述题

1. 简述中国工会发展史。
2. 基于工会的发展过程，试述当代我国工会的现状和变化。

四、案例分析

【案例分析】

工会不同意，单位能否解除员工的劳动合同

刘先生是某日用化工公司的人力资源部经理。今年3月，公司发现车间生产的产品数量与登记的数量严重不符，就怀疑有人盗窃公司财物。于是，公司悄悄在车间安装了电子监控设备。结果发现，员工赵某每天都是最后一个离开生产车间，走时都会背着一个鼓鼓囊囊的双肩包。公司研究后，决定对赵某突击检查。

一天下午下班后，公司保安在厂门口拦住了赵某，要求其打开背包接受检查。双方僵持不下，公司打了报警电话。警察到达现场检查发现，赵某的包内装满了公司的日用产品。对于自己的盗窃行为，赵某供认不讳，公安部门将其行政拘留后予以释放。

公司认为，赵某的行为虽然没有构成刑事犯罪，但其行为已经严重违反了公司的规章制度，根据《员工手册》关于“员工盗窃公司财物的，解除劳动合同”之规定，公司决定解除与赵某的劳动合同。然而，当公司将解除劳动合同的决定通知公司工会时，工会给出的建议却是不同意解除劳动合同，要给予赵某改过自新的机会。原来，赵某的一个亲戚正好是公司的工会副主席。赵某的盗窃事件已经在公司内传得沸沸扬扬，很多员工都在观望对赵某的处理结果。刘先生认为，不开除赵某，对公司的管理将会后患无穷。

问题：

公司单方解除与员工的劳动合同，仲裁部门或人民法院会支持吗？

第五章　政府与劳动关系

政府职能在于经济发展、市场调节、社会管理和公共服务。作为广义劳动关系的主体，政府在劳动关系中的地位和作用举足轻重。在不同国家或同一国家的不同发展时期，政府对劳动关系的管理职责、管理力度、管理侧重以及管理方式都会有一定差异。为了更好地发挥政府在劳动关系中的作用，必须正确界定政府在劳动关系中的角色，全面了解政府管理劳动关系的范围、方式，以及不断结合劳动关系的变化，适时调整劳动关系的管理策略。

第一节　政府在劳动关系中的角色

政府通常有狭义和广义之分。就广义而言，政府是指行使国家权力的所有机构，包括立法、行政、司法机关等；就狭义而言，政府仅指国家政权机构中的行政机关。人们通常所用的“政府”概念，是狭义的政府概念，即国家行政机关。但是具体到我国的劳动关系领域，政府概念应界定为广义的政府。政府在劳动关系中的角色定位是指政府在劳动关系的形成、运行和演变中的介入程度。在劳动关系领域中政府如何定位，直接决定着社会价值和社会资源在劳动关系主体之间如何分配，决定着劳动关系双方力量的对比以及劳动关系的运行机制等。

一、政府与劳动关系理论

（一）新保守主义政府理论

新保守主义认为，政府应该扮演“守夜人”角色，政府除了维持法律和秩序、保障国防安全、促进自由市场运作外，应该尽量减少对经济和社会生活的干预。在劳动关系方面，新保守主义反对政府就劳动和就业方面进行立法，认为这方面的法律将扭曲自由市场，进而降低效率；同时也反对建立工会，认为工会是一个追求经济租金（economic rent）的垄断性组织，作为一个强大的利益集团，工会有能力扭曲政府的公共政策。

（二）管理主义政府理论

管理主义主张对企业、机构、组织等采用经营技术进行规划和管理。传统的管理主义者只关注劳动关系中企业管理方的政策与实践，而不考虑政府在其中的作用。近年来，管理主义政府理论认为在劳动关系中政府应该采取措施来促进劳资合作，应该在教育培训、研究开发、交通通信等领域为私人部门提供更多、更有力的支持。与新保守主义减少政府在劳动关系中行为的主张不同，管理主义更强调政府在保持劳动关系稳定、促进劳资合作和实现经济繁荣方面发挥积极作用。

（三）正统多元主义政府理论

正统多元主义认为，现代社会存在不同的利益集团，不同利益集团之间为了争夺有限的资源而展开竞争，因而利益冲突不可避免，但利益集团彼此之间的利益是可以调和的。不同利益集团的存在有利于增进民主，加强公民与政府之间的沟通，因而发挥着积极的而不是消极的作用。政府的作用在于平衡劳资双方的利益冲突。正统多元主义政府理论提倡政府在劳动关系中发挥裁判作用，在不损害第三方利益（如消费者利益）的前提下适度干预经济活动，平衡劳资双方的利益冲突。该理论认为理想的政府应该作为中立的仲裁者，为劳动关系营造一个公平的外部环境，使劳资双方能够平等的通过协商或谈判来解决内在冲突，把产业冲突减少到最小程度。

（四）精英主义政府理论

精英主义认为，社会按照收入、职业、权力、地位等标准划分为不同的阶层，精英处于社会的最高阶层，一般由政府官员、政治领导、管理方组成。现代社会的基础就是精英领导，精英拥有强大的政治权力，政府被精英所控制，因此对政策制定具有直接而重要的影响力，而大多数人被排除在实际的政治过程之外。政府在劳动关系中扮演精英利益的捍卫者，在不破坏现有精英结构和不牺牲精英阶层利益的前提下，政府可以通过颁布就业与劳动法律来缓和劳动者的不满。

（五）激进主义政府理论

激进主义立足劳资双方利益冲突和根本对立视角分析政府在劳动关系中的作用。传统激进主义认为，政府是资产阶级的工具，资本家通过捐款与政府官员建立亲密关系等各种方式控制政府，政府官员是资本家的傀儡，政府制定各项政策或采取各种行动都是为了维护资产阶级的利益，政府颁布劳动法律也是为了缓和雇员和工会的不满，防止社会发生根本变革，其最终目的还是为了维护资产阶级的利益。20 世纪 70 年代开始，激进主义认为，由于资产阶级内部也存在冲突，因而政府获得相对自主性，能够在一定程度上不为资产阶级所控制，独立制定经济政策与社会政策。同时也指出，一旦资产阶级意识到他们的整体利益受到威胁，他们就会克服内部冲突而采取一致行动。因此工会应当形成强有力的政治力量来维护自身的利益。20 世纪 90 年代以后，随着全球化进程的加快，激进主义开始关注资本市场的全球化，主张建立超国家机构来协调和控制国家之间的政策和行动，同时也加强工人阶级自身的团结和发展。

二、劳动关系中的政府角色

英国利物浦大学教授罗恩·比恩（Ron Bean）在《比较产业关系》一书中指出，政府在劳动关系中主要扮演五种角色：（1）第三方管理者角色，为劳资双方提供互动架构与一般性规范；（2）法律制定者角色，通过立法规定工资、工时、安全和卫生最低标准；（3）劳动争议的调节者和仲裁者角色；（4）公共部门的雇主角色；（5）收入调节者。[①] 我国台湾学者林大钧先生认为，美国联邦政府是促进劳资合作的催化剂，是劳动争议的调节人、仲裁者或受害方的支持者，是劳动法律的制定者和执行者，在劳动关系中扮演一个不可或缺的角色。[②] 我国学者把政府在劳动关系中的角色概括为 5P 角色：劳工基本权利的保护者（protector）、集体谈判与劳工参与的促进者（promoter）、劳动争议的调停者（peace maker）、就业保障和人力资源的规划者（planner）、公共部门的雇佣者（public sector employer）。[③]

实际上，劳动关系领域中的政府角色定位，取决于政治、经济、文化、政

① Ron Bean. Comparative Industrial Relations: An Introduction to Cross - national Perspectives. 2nd endition. pp. 102—103. London: Routledge. 1994.

② 林大钧．美国联邦政府在劳资关系中扮演的角色［J］．劳资关系月刊，1987（04）．15.

③ 程延园．劳动关系［M］．北京：中国人民大学出版社，2002：150—152.

府职能定位和政府价值追求等多种因素。因此，不同国家的政府在劳动关系中扮演的角色、强调的重点以及对劳动关系的干预程度有所差异。我国政府在劳动关系中的角色大致有五类。

（一）劳动规则的订立者①

市场经济最基本的原则是契约原则，即要求各市场主体在平等、自愿的条件下，通过契约完成交易。在市场经济体制下，政府既不是新保守主义所主张的“守夜人”（不干预），也不是计划经济体制下的“划桨者”（直接干预），而应该是“掌舵者”。作为“掌舵者”的政府在劳动关系领域的体现就是充分尊重劳动者与用人单位双方通过契约自愿结成公平的劳动关系，完成资本和劳动的有机结合，同时通过订立、提供相关劳动规则，把双方的行为限定在法律、制度框架内，维护双方的基本权益，平衡双方的利益关系，恰当调整劳动关系状态。

（二）劳动规则的执行者、监督者

“徒法不足以自行”，政府在承担规则订立责任的同时，还要有效地监督其实施，保证相关规则得到认真执行，从而使劳动者的基本权益得到实质性的维护。目前诸如不与员工签订劳动合同，不给员工发加班工资，不给员工买社会保险等侵犯劳动者权益的事时有发生，大量劳动关系矛盾得不到有效解决，问题不在于没有规则，而是规则执行力度、监督力度不够。因此，政府首先要赋予劳动监察机构足够的权力，充实人员队伍，提高人员素质，完善劳动保障法律监督检查网络；不定期对用人单位进行劳动合同、社会保险、安全生产等方面的检查并公布结果；同时强化对劳动执法权力的监督和制约，建立强有力的行政监察和刚性的惩处制度，对执法不严、执法不公的现象严加惩治，对行政不作为建立问责和追究制度。

（三）人力资源市场的宏观调控者

作为一种社会经济关系，劳动关系中的诸多矛盾和冲突都与人力资源市场结构有密切关系，如人力资源市场不统一，可能导致劳动歧视行为。因此政府要扮演好人力资源市场的宏观调控者，包括人力资源市场供需调控和人力资源市场运行调控。首先，在人力资源市场供需调控方面：就中国现行的经济运行

---

① 这儿的“规则”是广泛意义和宏观意义上的，包括法律、法规、规章、制度等。

状况而言，政府要充分利用财政、货币等宏观经济手段来调节人力资源的需求；通过人力资源政策，包括创新户籍管理制度、人才流动管理制度，开展职业预测、职业培训和再培训，调节人力资源供给。逐步缓解人力资源市场供大于求的格局，改善人力资源市场供求结构不均衡的状态，进而力求实现充分就业条件下的人力资源供需均衡。其次，在人力资源市场运行调控方面，政府要通过调节工资政策、就业服务政策、社会保险制度、保证公平就业和公平报酬的反歧视政策和劳动保护等，保证劳动者的经济利益、就业权利和就业条件，从而保证人力资源市场的正常、协调、高效运行。①

（四）劳动争议的调停者

计划经济体制下我国劳动关系中的企业和职工双方都没有成为独立的利益主体，政府作为双方利益代表，是劳动关系中的重要利益主体，并通过行政管理直接负责劳动关系的调整。伴随我国市场经济体制的建立和不断完善，政府在劳动关系中的角色由原来的直接利益主体演变为企业和职工之间的“裁判”，成为企业与职工之外的中立方，“为了维持良好的劳动关系，政府通常作为中立的第三方提供调解和仲裁服务”。② 结合我国现行经济体制特征，政府要扮演好裁判与调停者必须重视三个方面：一是要实现政企分开，公正解决劳动争议；二是处理劳动争议时要避免政府受制于企业；三是在处理劳动争议时不能过分偏袒劳动者，同时要考虑作为劳动关系主体的企业方的合法权益。

（五）公共部门的雇佣者

作为社会公共事务的管理者，政府在劳动关系领域具有双重身份，既是劳动关系管理的主体，又是受劳动关系约束的客体。公共部门是相对私营部门而言的，公共部门雇员包括中央和地方政府的公务人员，在一些国家还包括公用事业部门的雇员，其规模和人数在各国不尽相同，但都占相当大的比重。政府作为公共部门的雇主，应该提供合法、合理的劳动条件，以模范雇主的身份参与和影响劳动关系，使之成为私营部门劳动关系的“样本”。

---

① 王贵军，李明昱．经济转型时期和谐劳动关系构建的问题与对策［J］．中国劳动关系学院学报，2006（06）：19.

② 丁胜如．论社会转型期政府在劳动关系中的职责［J］．中国劳动关系学院学报，2006（02）：7-14.

第二节　政府对劳动关系的管理

政府对劳动关系的管理范围以及管理力度要受经济、意识形态、政府治理理念等因素的影响，尤其在很大程度上直接或间接地受经济因素的影响。在经济全球化程度日益加深、社会转型的背景下，政府要对劳动关系建立阶段、存续阶段以及终止阶段进行有效管理，从而为经济和社会发展创造有利条件。

一、劳动关系建立阶段的政府管理

劳动关系建立是政府劳动关系管理的逻辑起点，劳动关系建立阶段的政府管理主要体现在就业以及劳动合同方面。

（一）就业方面的政府管理

就业是劳动关系的核心问题之一。就业问题不仅关系到劳动关系的稳定和社会的稳定，而且直接关系到执政党地位的巩固。政府在就业问题方面主要关注就业水平和就业模式。不同经济体制下就业水平和就业模式有所不同：计划经济体制下，劳动者就业主要是统包统配的政府行为，实现低工资高就业；市场经济体制下，就业模式主要是用人单位和劳动者双方在自愿基础上的自主就业，由于劳动力供需不平衡以及劳动者的个体差异，存在一定的失业率。19 世纪后期，市场经济体制在西方各国基本成立，自由放任主张由“看不见的手”引导经济活动，政府要少干预或不干预，表现在劳动关系领域就是本着自由放任精神，让劳资双方在契约原则的引导下自愿结成雇佣关系。20 世纪 30 年代，随着市场经济本身所固有的失业、贫富差距过大、周期性经济危机日趋严重等一系列弊端日渐显露，凯恩斯主义认为应该放弃自由放任，实行国家对经济生活的全面干预，表现在劳动关系领域就是要实现充分就业、社会公平和经济的持续增长作为政府的主要目标，为此西方各国相继实行支持充分就业政策。比如西班牙和葡萄牙两国政府在增加就业、减少失业方面采取了多种积极措施：发展支柱产业，创造就业岗位；制定保护政策，避免大量裁员；减免税收比率，倾斜就业工作；扶持青年企业，扩大就业规模；减少部分工时，增加就业机会；加大培训力度，提高就业能力。①

随着我国体制转轨进程的加快加深，以及劳动力市场的不断发展，就业问题日渐突出，主要表现为：劳动力供给总量大于需求；国企改制导致大量工人下岗失业；产业结构不合理导致就业结构不合理；农民工就业环境差；大学生就业难等。因此，政府的就业管理应注意以下几个方面：(1) 保持经济持续稳定增长，积极扩大就业；(2) 统筹城乡发展，推动农村劳动力转移就业；(3) 积极采取措施，做好高校毕业生就业工作；(4) 完善就业政策体系，加大对困难地区和困难群体的就业扶持力度。②

面对我国严峻的就业形势和不断增加的就业压力，十届全国人大常委会第二十九次会议 2007 年 8 月 30 日表决通过了《中华人民共和国就业促进法》(以下简称《就业促进法》)。社会各界普遍认为，这是一部促进就业、发展和谐劳动关系、推动经济发展与扩大就业良性互动、实现社会和谐稳定的重要法律。《就业促进法》规定，国家把扩大就业放在经济社会发展的突出位置，实施积极的就业政策，坚持劳动者自主择业、市场调节就业、政府促进就业方针，多渠道扩大就业。这部法律同时规定，国家鼓励、支持、引导非公有制经济发展，扩大就业，增加就业岗位。国家实行有利于促进就业的财政政策，加大资金投入，改善就业环境，扩大就业。县级以上人民政府应当根据就业状况和就业工作目标，在财政预算中安排就业专项资金用于促进就业工作。同时，《就业促进法》设专章对“公平就业”做出规定，各级人民政府应当创造公平就业的环境，消除就业歧视。用人单位招用人员、职业中介机构从事职业中介活动，应当向劳动者提供平等就业机会和公平就业条件，不得实施就业歧视。国家保障妇女享有与男子平等的劳动权利。用人单位招用人员，除国家规定的不适合妇女的工种或者岗位外，不得以性别为由拒绝录用妇女或者提高对妇女的录用标准。在就业援助方面，《就业促进法》规定，各级人民政府应当建立健全就业援助制度，采取税费减免、贷款贴息、社会保险补贴、岗位补贴等办法，通过公益性岗位安置等途径，对就业困难人员实行优先和重点帮助。劳动行政部门应对法律实施情况进行监督检查，建立举报制度，受理对违反《就业促进法》行为的举报，并及时予以核实、处理。

---

① 李子星．对西葡两国劳动关系的考察和思考［J］．天津市工会管理干部学院学报，1999(03)：14—15.

② 张彦宁，陈兰通．2006 中国企业劳动关系状况报告［M］．北京：企业管理出版社，2006：67.

（二）劳动合同方面的政府管理

劳动合同是确立劳动关系的凭证，是建立劳动关系的法律形式，同时也是维护双方合法权益的法律保障。劳动合同的订立就是劳动者和用人单位通过相互选择和平等协商，就劳动条款达成协议。订立劳动合同必须遵循合法原则、平等自愿原则、协商一致原则。

西方工业化国家的劳动合同经历了一个由民法到劳动法的过程。20 世纪以前，劳动合同被载入民法，完全适用契约自由原则。到 20 世纪初，出于国家干预劳动合同和协调劳动关系的需要，劳动合同由民法范围转入劳动法范围。比利时在 1900 年 3 月制定的《劳动契约法》开创了劳动立法的先河。

我国的劳动合同立法经历了较长的发展过程。中华人民共和国成立初期，劳动部制定的《失业技术员工登记介绍办法》（1950 年）、《关于各地招聘职工的暂行规定》（1951 年）等法规，都要求通过订立劳动合同来确立劳动关系。20 世纪 80 年代起，劳动合同立法有了突破性的发展。国务院发布的《中外合资经营企业劳动管理规定》（1980 年）要求合资企业职工的雇佣以及劳动关系的各项内容，都要通过订立劳动合同加以规定；1986 年国务院发布的《国营企业实行劳动合同制暂行规定》，要求全民所有制单位招用常年性工作岗位的工人，统一实行劳动合同制；在 1991 年发布的《全民所有制企业招用农民合同制工人的规定》，以及 1993 年发布的《关于股份制试点企业劳动工资管理暂行办法》等法规中，都要求把劳动合同作为缔结劳动关系的法律形式。1994 年 7 月颁布的《劳动法》，对劳动合同的定义和适用范围，劳动合同的订立、变更、解除、终止等主要问题做出专门规定，为统一和完善劳动合同制度奠定了法律基础，使劳动合同立法进入一个新的发展阶段。[①] 我国劳动合同管理的框架由行政管理、社会管理和用人单位内部管理构成，但以劳动行政部门的管理为主，其管理职责主要包括：制定关于劳动合同的规章和政策；指导用人单位实行劳动合同制度；实行劳动合同鉴证和备案；确认和处理无效劳动合同；监督劳动合同履行等。

二、劳动关系存续阶段的政府管理

劳动关系存续阶段的政府管理主要体现在工资、劳动安全、职业培训、社

① 王全兴．劳动法［M］．2 版．北京：法律出版社，2004：122.

会保险等方面。

（一）政府的工资管理

工资是指劳动关系中，劳动者因履行劳动义务而获得，由用人单位支付的劳动报酬。工资对劳动力总体布局、劳动力市场、国民收入分配、产业结构变化等都有直接或间接的作用，因此各国政府都高度重视工资管理。在现代市场经济条件下，国家拥有一定的工资管理权，这对保护劳动者的工资权和维护、制约企业的工资分配自主权，对实现工资分配的效率目标和公平目标都很有必要。国家的工资管理包括三个方面内容：

1. 对全社会工资的一般管理

主要是制定工资政策和法规，宏观调控工资总量①，确定最低工资标准，保障工资支付，尤其是保障欠薪支付②，协调不同地区、行业、职业之间的工资比例关系。

2. 对企业工资的间接管理

主要是对企业工资总额进行动态的、适度的宏观调控，指导企业选择和完善工资制度，监督企业在工资分配过程中遵守工资政策法规。

3. 对国家机关（包括部分事业单位和社会团体）工资的直接管理

主要是确定国家机关工资分配的制度和方案，根据经济发展状况并参照企业平均工资水平，确定和调整国家机关工资水平。

（二）政府对劳动安全的管理

劳动安全指劳动者在劳动过程中的安全和健康保护。目前世界上许多国家都制定了劳动安全方面的法律，如美国的《职业安全与卫生法》，日本的《劳动安全与卫生法》等。我国除了《劳动法》（1994 年）、《矿山安全法》（1992

---

① 所谓工资总量宏观调控，是指国家根据既定的宏观经济、社会目标，对地区、部门（产业）、单位工资总量的确定，综合运用经济、行政和法律等多种手段进行调节和控制，以实现资源优化配置和国民经济协调发展。其内容主要包括界定工资总额，通过弹性工资计划、工资指导线、工资控制线等措施调控地区、部门（行业）工资水平，调控用人单位工资总额。

② 深圳市大胆借鉴香港企业破产欠薪保障立法的做法和经验，结合市情，于 1996 年 10 月制定颁布了《深圳经济特区企业欠薪保障条例》，这是我国第一个有关欠薪保障的规定。

年）、《职业病防治法》（2001 年）、《安全生产法》（2002 年）外，还有许多有较大影响的劳动法规、规章。2002 年《中国的人权状况》白皮书显示，我国已制定有关职业安全卫生的国家标准多达 452 项。根据我国宪法规定，政府及其有关部门对劳动者的劳动安全和健康在宏观上负有以下职责：（1）制定劳动保护法规和劳动安全卫生标准，并监督用人单位执行。（2）政府职能部门要把劳动安全卫生管理和卫生工作纳入各自的日常职责范围；通过日常的审批、鉴定、考核、认证、事故查处职能活动等，督促用人单位做好劳动安全保护工作。（3）通过劳动保护监察活动，监督、检查用人单位遵守劳动保护法，制止、纠正并制裁劳动保护中的违法行为。

（三）政府对职业培训的管理

职业培训是指根据社会职业需求和劳动者从业的意愿及条件，按照一定标准对劳动者进行的旨在培养和提高其职业技能的教育训练活动。许多发达国家和发展中国家的经济发展史表明，通过职业培训来开发劳动力资源是决定社会生产力水平和经济发展的一个重要因素。因此各国都很重视职业培训。如：英国 1948 年制定《就业训练法》，1973 年颁布《雇佣培训法》；日本 1947 年制定《职业安定法》，1958 年制定、1969 年和 1978 年先后修订的《职业训练法》，1969 年制定《人力资源开发促进法》。

我国的职业培训始于国民经济恢复时期，计划经济时期是职业培训初步奠定阶段，十一届三中全会以来是职业培训的发展阶段。20 世纪 80 年代以来，国家制定了大量的职业培训法规，主要有：《劳动法》中关于职业培训的专章规定；《职业教育法》（1996 年）；劳动部（原劳动人事部）制定的《技工学校工作条例》（1986 年）、《工人考核条例》（1990 年）、《就业训练规定》（1994 年）、《职业资格证书规定》（1994 年）、《企业职工培训规定》（1996 年）等项规章。

我国的职业培训管理体系由劳动行政部门管理、教育行政部门管理和行业主管部门管理构成，其中劳动行政部门管理是综合性、全面性的职业培训管理。劳动行政部门对职业培训的管理职权和范围大致为：（1）制定职业培训的政策、规章、规则、标准等规范，统一制作有关证件和通用标准；（2）行使审批权，对职业培训实体的开办、职业技能鉴定机构的设立等进行审查和批准；（3）行使监督权，对整个培训活动实行全面监督，监督对象包括培训活动的开展，培训实体的设立和权益保护，培训合同的履行，培训经费的提取和使用，技能鉴定活动和发证工作；（4）组织和领导对培训实体的评估工作；（5）对培训中的违约、违法行为进行处理和处罚。①

（四）政府对社会保险的管理

社会保险是与劳动风险相对应的概念。当劳动者完全或部分丧失劳动力，暂时或永久丧失劳动机会，而不能劳动、不能正常劳动或暂时终止劳动的情形下，会面临失去主要生活来源的劳动风险。社会保险就是国家以法律法规形式规定保障劳动者在发生劳动风险的情况下获得社会性物质帮助。社会保险制度是历史发展的产物，起源于产业革命的欧洲，首先出现在德国，以后逐步扩展到全世界。1883 年德国颁布的《劳工疾病保险》是世界上第一部社会保险法律，而后德国于 1884 年又颁布了《劳动伤害保险法》、1889 年颁布了《残疾、老年和死亡保险法》②。继德国之后，奥、匈、瑞士、法、英等国也相继进行社会保险立法。在第二次世界大战前的资本主义国家中，有 49 个国家设有疾病保险，41 个国家设有养老保险，53 个国家设有残疾保险，还有许多国家设立了失业保险。③ 第二次世界大战以后，各资本主义国家普遍实行社会保险制度，并扩大了社会保险的项目、内容和实施范围。

我国的社会保险制度始建于 20 世纪 50 年代初，包括养老、工伤医疗、生育等保险项目，1986 年又建立了待业保险。随着经济体制改革的深化和我国人口老龄化的到来，原有的社会保险制度已难以适应经济社会发展的需要，1992 年以改革养老保险制度和建立、完善失业保险制度为突破口，并带动工伤、医疗保险制度的社会保险制度改革取得了重大发展。除了《劳动法》（1994 年）里对社会保险制度改革的目标模式做了原则性规定之外，在《劳动法》颁布前后，还制定了《国务院关于企业职工养老保险制度改革的决定》（1991 年）、《企业职工生育保险试行办法》（1994 年）、《企业职工工伤险暂行规定》（1996 年）、《失业保险条例》（1999 年）、《工伤保险条例》（2003 年）、《企业年金试行办法》（2004 年）等法律法规。

国家和政府负有发展社会保险事业的职责，对社会保险实行宏观管理。其主要内容有：（1）国务院和县级以上各级地方政府都设置社会保险主管机关，分别主管全国和本级行政区划内的社会保险工资；（2）建立统一的社会保险经办机构以及社会保险基金，制定统一的社会保险法规、政策及待遇标准；（3）

---

① 王全兴．劳动法［M］．2 版．北京：法律出版社，2004：308.

② 这三项法律在 1911 年合并基础上新增孤儿寡妇保险法，成为一部史称“帝国保险法”的著名社会保险法。

③ 王全兴．劳动法［M］．2 版．北京：法律出版社，2004：318.

制定社会保险发展规划，并将其纳入国民经济和社会发展规划；(4) 监督社会保险经办机构和有关机构的社会保险工作，制裁社会保险工作中的违法行为；(5) 裁决社会保险争议；(6) 对社会保险事业给予优惠和扶持。

三、劳动关系解除、终止阶段的政府管理

劳动关系的确立主要是劳动合同的订立，因此劳动关系的解除、终止也就是劳动合同的解除和终止。

劳动合同的解除是指合同当事人提前终止劳动合同的法律效力的行为，按照合同解除条件分为法定解除和约定解除；按照合同解除方式分为协议解除和单方解除（包括用人单位的单方解除和劳动者单方解除）。劳动合同的终止是指劳动关系由于一定的法律事实的出现而终结，劳动者和用人单位之间原有的权利和义务不复存在。政府对劳动关系解除、终止阶段的管理主要是通过法律、法规规定劳动关系解除和终止的条件、程序以及要承担的法律后果等，以保障劳动当事双方的合法权益，促进劳动力的自由流动。因此政府对这一阶段的管理主要关注这几个方面的问题：(1) 劳动关系解除、终止行为是否公平；(2) 劳动关系解除、终止行为是否履行法定程序；(3) 规定劳动关系解除、终止行为是否承担赔偿责任，以及确定赔偿标准。

第三节　中国政府的劳动关系管理探索

随着社会主义市场经济体制的建立和日趋深化，当前中国劳动关系在表现形式、建立方式、调节手段、利益分配方面发生了一些新变化，政府应结合这些变化制定正确的劳动关系管理目标，积极探索实现目标的有效途径。

一、中国当前劳动关系的新变化

（一）劳动关系的表现形式，从“同志式的互助合作关系”转变为“利益型的互利互惠关系”

传统的计划经济体制下，企业是国家的企业，无权自主用工，劳动者也没有择业自由。这反映在劳动关系上，就是企业内部没有劳方和资方的身份区

别，劳动关系并不体现企业和劳动者之间的经济利益关系，而更多的是反映国家和劳动者之间不存在利益差别大的分歧、冲突和矛盾的政治关系，即“同志式的互助合作关系”①。随着市场经济体制的建立和逐步完善，国家、企业、员工都变成了相互独立的利益主体，形成了各自不同的利益追求，特别是在股份制、股份合作制等企业中，由于产权和企业内部劳动力使用者与劳动者身份界限的明晰化，劳资双方为了追求各自的利益既有分歧，更有合作。劳动关系逐步走向“利益型的互利互惠关系”，在这种劳动关系下，员工作为劳动者通过劳动为企业创造价值而获得报酬；经营者代表企业行使企业经营管理并获取经营收入；国家作为资产所有者获取资产收益。

（二）劳动关系的建立方式从政府行政分配为主走向市场选择为主

传统计划经济体制下劳动关系是一种典型的劳动行政关系，国家通过“统包”包揽劳动者的就业，通过“统配”主宰企业的用工，通过下达国家招工计划指标在劳动者和企业之间建立劳动关系。经济体制的改革和转换，特别是《企业法》《劳动法》等法律法规的颁布和实施，劳动者的择业自主权和企业的用人自主权得到了确立。劳动者为了追求和谐的人际关系和宽松的劳动环境并取得最大化的劳动报酬，充分实现自身的价值，开始不断地变换工作岗位和工作单位，打破了过去一次分配定终身的格局；企业则为了提高劳动生产率和经济效益，降低人工成本，实现利润的最大化目标，打破了传统的劳动力资源行政配置方式，转向了主要通过市场交换来实现，因此劳动关系的建立也从行政分配走向了市场选择。②

（三）劳动关系的调节手段从行政调控为主转变为法律调控为主

传统计划经济体制下，劳动者的就业、岗位安排和调整，劳动者的工资福利、劳动保护和保险，国家、企业、员工三方利益的确立和分配等，都由国家运用行政手段来处理，企业和劳动者没有讨论、协商、变更的权利。随着企业从政府行政附属物转变成自主经营、自负盈亏的经济主体，劳动者从“国家人”转变成“企业人”，进而成为“社会人”。随着劳动关系的确立对劳动合同

① 王长城．中国劳动关系变化中的问题与改进对策［J］．中南财经政法大学学报，2006（01）：28.

② 王长城．中国劳动关系变化中的问题与改进对策［J］．中南财经政法大学学报，2006（01）：29.

制的引入，劳动关系的调控也随之发生了重大转变，表现在：劳动关系的调节主体由完全国家调节转变为国家宏观调控和市场自主调节相结合；劳动关系的调节手段由行政手段为主转变为法律手段为主。

（四）劳动关系中的利益分配由平均主义转变为分配差别化

传统的计划经济体制下，企业和员工的利益统统包容在国家利益之中，由国家来代表，经营者和一般员工创造的价值差别被分工不同所掩盖，因此利益分配表现出较强的平均主义、“大锅饭”特色。随着市场经济体制的确立和逐步完善，劳动关系中利益主体和利益分配也发生了重大变化，主要表现在：一是劳动关系的利益主体逐步明晰化，由过去国家单一主体转变成了国家、企业法人和个人多元主体；二是劳动关系员工主体方的利益分配出现差别化。企业成为独立的经营实体后，在处理劳动关系时的地位和权力不断增强，为了调动员工的工作积极性，最大限度地获取经济效益，采取根据员工贡献大小按多种形式进行分配的办法，从而使得员工之间的利益分配日益清晰化、差别化；三是劳动关系主体之间的利益分配差距日益扩大化。在日趋激烈的市场竞争中，不同利益主体的地位以及所起的作用不同，企业经营决策日显重要，因此许多企业建立了有别于一般员工工资制的年薪制、期权制，用高风险、高回报来对经营者进行激励和制约，从而使劳动关系主体之间的分配差距呈现扩大化趋势。

二、中国政府劳动关系管理的新目标

政府劳动关系管理的新目标是构建和谐稳定的劳动关系。党的十六届四中全会提出“构建社会主义和谐社会”，且把和谐社会的特征清晰的概括为：民主法制、公平正义、诚信友爱、充满活力、安定有序、人与自然和谐相处。实现社会和谐是人类的美好理想，也是一项复杂艰巨的巨大社会工程。劳动关系和谐是构建和谐社会的重要基石，严重不均衡的劳动关系状况会影响国家的经济发展和国际竞争力，甚至影响国家的政治稳定和社会发展。胡锦涛同志在2005年“五一”表彰全国劳模和先进工作者大会上讲：“要进一步建立健全劳动关系协调机制，完善劳动保护机制，切实维护和实现劳动关系和谐稳定，依法保障各方面劳动群众的权益。”2015年，中共中央国务院印发《关于构建和谐劳动关系的意见》，系统阐述了构建中国特色和谐劳动关系的重大意义、指导思想、基本原则、目标任务和政策措施。习近平总书记指出，努力构建中国特色和谐劳动关系，是坚持中国特色社会主义道路、贯彻中国特色社会主义理论体系、完善中国特色社会主义制度的重要组成部分，其经济、政治和社会意义十分重大而深远。目前中国的劳动关系在演进过程中受转型期新旧机制矛盾与冲撞的影响，出现了一些不和谐，主要表现为：就业歧视、就业不充分、强资本弱劳动，劳动关系的确立、变更、终止存在很大的随意性，劳动关系中的利益摩擦日益增多，国有企业产权变革使劳动就业领域的矛盾显性化，非正规组织在劳动关系协调中没有发挥作用等问题。

和谐劳动关系不是回避矛盾、否定利益差别，而是在承认和尊重各劳动关系主体的利益前提下，寻找利益均衡点、化解矛盾，在公平正义的法律、制度框架内平衡双方力量、规范双方行为，实现制度化的平等合作，实现发展中的共享和双赢。[①] 和谐劳动关系的构建需政府、企业组织、劳动者共同努力，但政府应该成为构建和谐劳动关系的主导者和倡导者。要构建和谐稳定劳动关系要注意以下几个方面：（1）国有大型企业里的劳动关系构建要注意合理的产权结构安排，解决经营者的双重身份[②]问题，解决劳动者与企业平等地位的问题；注意国有中小型企业产权明晰化和产权主体多元化，以及按劳分配与按股分配相结合的分配方式。（2）处理好非公有制经济里的劳资关系，破除劳资绝对对立观点，既不能“资产所有者本位”，也不能“劳动者本位”，要把鼓励和支持非公有制经济的发展同维护劳动者权益有机统一起来。（3）处理好社会不同群体的劳动关系，保护社会弱势群体的合法劳动权益。

三、中国政府劳动关系管理探索

（一）建立健全劳动法律法规

伴随我国劳动关系调节手段由行政手段为主转变为法律手段为主，劳动关系要依法纳入法律轨道，加强劳动法制建设，完善劳动法律法规尤为重要而迫切。2005年前我国劳动关系领域仅有《劳动法》《劳动争议处理条例》《劳动监察条例》《集体协商规定》《最低工资规定》等有限的几部法律、法规、规章

---

① 戴春．构建和谐劳动关系中几个值得思考的问题［J］．中国劳动关系学院学报，2006（02）：9—10.

② 这里的“双重身份”是指：一方面，国有企业的经营者是由行政系统任命的，其行为必须符合行政系统相应的规范要求；另一方面，由于经营者自身的位置，必须考虑市场提供的信号，倾向于按市场规律办事。

和国务院与劳动和社会保障部的一些政策性文件。目前我国劳动法制格局是《劳动法》统率个别行政法规、少量部门规章和一些地方性法规、规章和政策性文件，存在劳动法律内容不全面、规范效力较低以及相当多的领域缺乏明确和详细的规则等不足。随着《促进就业法》的出台，以及《劳动合同法》《劳动争议处理法》《社会保险法》《企业工资条例》陆续进入法律法规制定程序，加上《劳动法》《劳动监察条例》《安全生产法》等已有的法律、法规、规章和一些政策性文件，劳动法律法规的内容将被进一步细化和补充。建立健全劳动法律法规要注意几个方面：一是在补充和细化的同时要注意新的法律法规与现有劳动法的衔接，确保新旧劳动法律法规之间的协调性，做到劳动法律法规的系统性和完整性；二是劳动法律与政策的建设要吸纳改革成果，积极回应和主动预见新形势下已经出现和可能出现的新问题、新任务和新挑战，使法律法规具有一定的前瞻性；三是在劳动关系双方实质平等的基础上加强对劳动者权益的保护力度。[①]

（二）加大劳动监察力度

我国改革开放以来中央政府和地方政府虽然陆续出台了一系列保护劳动者权利的劳动法律法规，如《劳动法》《工伤保险条例》《工资支付条例》等。但当前拖欠工资，工伤、休假待遇得不到落实，劳动时间过长，节假日加班得不到法律规定的报酬，有劳动无合同，有合同而不履行合同或合同条件不对等，任意解除劳动合同，随意开除或辞退职工等违法违规现象仍大量存在。原因之一就在于政府及其职能部门没有依法办事、执法不严、违法不究，表现为：一些地方政府为保护地方利益不守法，甚至阻碍执法；劳动执法部门执法不严，执法不到位或执法不公。因此，政府及其职能部门必须将自己的角色定位回到保护劳动者权利的正确轨道上来，加大政府的劳动执法力度。这就要求政府：（1）转变执政理念，坚持以人为本的科学发展观，在施政过程中加大追求社会公平的分量，大力发展地方经济的同时重视社会公平，并正确认识发展经济与保护劳动者权益之间的密切关系；（2）进一步完善地方官员政绩考核指标，把劳动关系是否协调及社会公平作为考核政绩的重要指标，纠正地方经济的错误指导思想和地方保护主义，使各级地方政府重视并支持劳动关系协调工作；（3）改革现行的财政分担体制，减轻地方政府财税收入的压力，减弱他们偏袒

---

① 张彦宁，陈兰通．2006中国企业劳动关系状况报告［M］．北京：企业管理出版社，2006：21.

资方的动力；（4）大力支持劳动保障监察工作，加大劳动保障监察力度，尤其是养老保险费征缴、劳动合同的订立和解除、无故拖欠工资等方面的监察力度，规范用人单位的用工行为。[①]

（三）促进工会的组织建设

为规范劳动关系双方的行为和利益，除了依靠法律调整和仲裁以外，还必须在微观上建立起科学、合理的劳动关系协调机制，政府要大力促进工会的组织建设，推行工会代表职工与企业经营者进行协商谈判的制度，充分发挥工会在协调企业内部关系、处理劳动争议、维护职工合法权益方面的重要作用。在外商投资企业、私营企业和股份制企业积极推行集体协商（谈判）制度，在建立现代企业制度的国有企业要健全集体合同制度，重点完善内部民主协商的形式和程序，加大职工参与民主决策和民主管理力度，进一步发挥工会、职代会的作用。

（四）改进劳动争议处理体制

劳动争议处理“一调一裁两审”制在运行过程中表现出诸多不足：如，强制仲裁，违背了当事人自治原则，影响了当事人诉讼权的发挥；调解、仲裁、两审终审诸多环节程序过长，不利于及时处理劳动争议，增加了劳动双方的维权成本；仲裁和诉讼脱节，各自为政等。因此，劳动争议处理体制需从以下方面改进：（1）在原有企业劳动争议调解委员会的基础上调整其职能，全面建立劳动关系协调委员会或劳资协调委员会，形成经常性协商机制；（2）建立劳动争议民间调解机构，以便非正规组织和灵活就业人员进行调解，使企业内部调解与外部调解结合起来；（3）在劳动争议处理机构的组建中进一步贯彻落实三方原则；（4）积极探讨裁审分离，各自终局的劳动争议处理方式。可以参照《中华人民共和国仲裁法》中仲裁自愿原则的规定，确立劳动争议仲裁与诉讼相互独立的地位，考虑把我国现行的“先裁后审”的单轨制调整为“或裁或审”的分轨制。[②]

（五）建立健全三方劳动关系协调机制

通过政府、工会和企业经营者组织之间的协调和合作，共同促进劳动关系

---

① 舒建玲．政府在协调劳资关系中的作用［J］．商场现代化，2005（12）：190.

② 王长城．中国劳动关系变化中的问题与改进对策［J］．中南财经政法大学学报，2006（01）：32.

的和谐、健康发展是国际社会处理和协调劳动关系的通行做法。如澳大利亚的“国家劳资调解委员会”就是由联邦工作场所关系、就业及小企业部负责牵头，工会联合会与雇主联合会派代表参加的三方性机构，每年召开三次例会，在许多重大劳动问题上进行交流、沟通直至达成共识，从而有利于劳资相互合作。我国2001年起就注重建立政府、工会、企业三方劳动关系协调机制，确实在缓和、化解劳动关系问题上起到了积极作用。但是目前我国三方协调机制还存在三方机制组织体系建设有待深化、三方机制的法律地位仍不明确、三方的代表性需加强等问题。第十届全国人民代表大会第四次会议批准的《中华人民共和国国民经济和社会发展第十一个五年规划纲要》明确提出，“要积极推进协调劳动关系的机制建设，健全协调劳动关系三方机制”。为了增强三方协调劳动关系的针对性、实效性，充分发挥三方机制在促进社会公平正义、构建和谐劳动关系中的作用，根据我国劳动关系面临的形势，要从以下几个方面去健全三方机制：

（1）进一步加强三方协调机制的组织建设。巩固和完善省市一级三方协调机制，大力加强县（区）一级三方协调机制建设，在有条件的地区根据需要积极稳妥的向乡镇、街道、社区延伸。

（2）进一步明确三方协调机制的工作职责。国家和省一级的三方协调机制主要从宏观层面重点分析社会经济政策的影响，分析劳动关系的发展趋势，对事关全局的劳动关系问题进行协商研究，参与推动涉及劳动关系调整的有关立法，指导各地的三方机制工作。市、县（区）及以下的三方机制重点落实上级三方协商的决策意见，掌握本地区劳动关系状况，研究和解决本地区劳动关系重大问题。

（3）建立健全三方机制的制度化沟通渠道。采取多种沟通形式，保证沟通渠道的快捷、有效。

（4）明确三方机制的法律地位。政府推动和主导三方机制的地位、企联作为雇主组织代表的地位以及工会作为劳动者权利的代表的地位等均要以立法形式予以确认。

（5）增强三方代表性。尤其是工会要发挥组织优势，最大限度地把广大职工包括进城务工人员组织到工会中来，进一步增强工会组织的代表性，使三方机制在参与制定劳动法律法规、出台协调劳动关系政策措施中更好地了解民情、集中民智、表达民意、实现民愿。[①]

（六）发挥非正规组织在劳动关系协调中的作用

全日制、临时工、小时工、弹性工时等灵活就业模式必然会带来双重乃至多重的劳动关系，产生新的用人单位与劳动者的矛盾，其表现为：劳动关系主体及其权利义务关系的认定难度增加；劳动关系与其他关系如民事关系、经济关系相互交织在一起，使劳动协调难度增加；由于经济结构的调整和所有制结构的多样化使各种主体在短期内处于不断分化组合的变动之中，这种变动使劳动关系处于不稳定状态，容易引发劳动争议；错综复杂的各种劳动争议使现有的劳动法律难以作为争议处理依据，从而使法律适用问题成为“真空带”。鉴于我国劳动关系的复杂性，除了健全三方机制，还可以发挥非正规组织在劳动关系协调中的作用。可以考虑建立由多个主体组成的包括政府、工会、企业、仲裁机构、企业内部调解委员会，以及劳动法专家、学者、律师等社会工作者等多方协调机制。通过建立由政府主导的多方协调机制，把各种社会力量组织起来进行对话、谈判，有助于更加全面、专业、快捷地处理各种具体问题，把矛盾化解在基层、化解在萌芽状态。同时，也为建立长效的劳动关系协调机制提供强有力的社会基础。

复习思考题

一、名词解释

1. 新保守主义。
2. 正统多元主义。
3. 精英主义。
4. 工资管理。
5. 职业培训。
6. 社会保险。
7. 和谐劳动关系。

① 张彦宁，陈兰通．2006中国企业劳动关系状况报告［M］．北京：企业管理出版社，2006：106－107.

二、简答题

1. 简述政府在劳动关系中的角色。
2. 简述政府在劳动关系各阶段的职责。
3. 结合实际理解我国当前劳动关系变化的特点。
4. 结合实际理解我国构建和谐劳动关系的必要性。
5. 如何构建和谐劳动关系？

三、案例分析

【案例分析 1】

法国《首次雇佣合同》法案引发劳资冲突

为了鼓励企业雇佣年轻员工，降低居高不下的青年失业率，2005 年 1 月 16 日法国总理德维尔潘向议会提出一项名为《首次雇佣合同》的新劳动法案。根据法案规定，法国 20 人以上的企业在雇佣年龄不满 26 岁的年轻雇员时，可以在两年试用期内无条件的终止合同，而无须说明理由。同年 3 月 9 日，该法案在议会以 178 票赞成、127 票反对获得通过。按规定，《首次雇佣合同》法案应于 4 月 4 日正式生效。随着生效时间的日益临近，学生示威的规模也逐步扩大。3 月 7 日，法国学生发起了数十万人的全国大游行。3 月 8 日，法国各地 40 多所大学的学生开始同时罢课。3 月 14 日，数万名学生再次走上巴黎街头进行抗议活动。与此同时，法国铁路、公交、航空等行业发起了大规模罢工行动与学生抗议浪潮相呼应。3 月 30 日，法规最高裁决机构宪法委员会裁定，《首次雇佣合同》法案并没有违宪，3 月 31 日，希拉克总统正式颁布《首次雇佣合同》。由于学生提出的取消该法案的要求一再被拒绝，法国学生和工会宣布将举行更大规模的罢课罢工和游行示威活动。迫于学生和工会组织的强大压力，4 月 10 日，法国政府决定用《帮助困难青年就业机制》取代《首次雇佣合同》。4 月 12 日法国国民议会以 151 票赞成、93 票反对通过了新的就业措施。4 月 13 日这项新提案在法国参议院以 158 票赞成、123 票反对获得通过。

思考与讨论：

1. 结合材料分析政府在劳动关系中的角色。

2. 法国《首次雇佣合同》法案引发的劳资冲突对我国建设和谐劳动关系有什么启示?

资料来源:《劳动经济与劳动关系》2006年第5期,作者是《国外理论动态》记者。收入本书时做了改写。

【案例分析2】

政府在劳动关系中的角色定位

2009年3月,三亚海韵实业发展公司(甲方)和海南绿宝岛园林工程公司(乙方)签订合同,约定乙方承建甲方开发的三亚国际公馆2楼装修工程项目。当时合同的总造价是6000万元,工程于2009年4月正式开工,9月底基本竣工。施工期间,甲方向乙方按月支付工程款(含农民工工资)合计5030万元。这一部分工程款按照合同约定已经支付。但是,双方在增加的工程量方面产生了纠纷。乙方认为,甲方增加的工程量预估为6000万元。但甲方不承认增加这么大工程量。经查乙方账单,有甲方签字的工程量只有400万元。2009年10月底,乙方向甲方报送了工程竣工结算资料,根据报送资料中含附加工程部分所完成工程量来计算,甲方应向乙方支付工程进度款8400万元,其中包含农民工工资1253万元。但是甲方不承认增加的工程量并不愿意支付此工程款。此后,双方多次协调,但因为对所完成的工程量的认定存在较大的争议,一直未能解决问题。2月1日,三亚市市长王勇在获悉情况后,马上组织三亚市人力资源和社会保障局、住房与城乡建设局、公安局、总工会以及三亚海韵实业发展公司、海南绿宝岛园林工程公司的主要负责人,召开紧急协调会。协调会上,三亚海韵实业发展公司决定先期拿出1000万元,转入三亚市劳动保障监察支队账户,专门用于解决1000多名农民工的工资。

思考与讨论:

1. 在劳动关系中,政府的作用是如何体现的?

2. 结合“5P角色”相关知识,你认为本案例中政府所扮演的角色是什么?

3. 在新保守主义、管理主义、正统多元主义、自由改革主义和激进主义政府理论中，你更倾向于支持哪个？为什么？

第六章　劳动法

第一节　劳动法概述

一、劳动法的概念

对劳动法的概念通常有两种理解：即广义上的劳动法和狭义上的劳动法。

（一）广义上的劳动法

广义上的劳动法，是指调整特定劳动关系以及与劳动关系有密切联系的其他社会关系的法律规范的总称。可以从以下几方面来理解：

第一，劳动法研究的劳动是有偿的和基于特定劳动关系的社会劳动。

第二，劳动法调整的社会关系有两个部分，劳动关系和与劳动关系有密切联系的社会关系。

第三，广义上的劳动法，是法律规范的总称。它包括一切与劳动关系有关的规定、规章、法规和法律。

本书涉及的劳动法研究范围是广义上的劳动法。

（二）狭义上的劳动法

狭义上的劳动法，一般指国家最高立法机构制定颁布的全国性、综合性的劳动法。现今我国实施的《中华人民共和国劳动法》，就是人们一般理解的狭义上的劳动法。因为：第一，该法是由国家最高立法机关颁布的法律。中华人民共和国成立以来，在相当长的时间内，我国没有一部统一的、综合性的、法律效力较高的劳动法以调整劳动关系，而主要由大量的单行法规来实现。我国的劳动法经过多次的起草和修改工作，1994 年 7 月 5 日在第八届全国人民代表大会常务委员会第八次会议通过，1995 年 1 月 1 日开始实施，这是中华人民共和国成立后第一部综合性调整劳动关系的法律，共有 13 章 107 条。第二，该法适用于全国（不包括香港、澳门特别行政区及台湾地区）。第三，该法内容包括调整特定劳动关系以及与劳动关系有密切联系的各个方面，是一部全面而系统的法律。它是制定我国其他劳动法规和地方性劳动立法的基础。现在世界大多数国家都制定和颁布了这样的法典式的劳动法。

改革开放以来，我国劳动纠纷在总体上一直呈上升趋势，劳动关系双方都希望从仲裁、审判以及国家立法中获得利益。有些集体纠纷甚至使用了暴力，破坏了社会的安定，并且威胁到重要的社会公共服务，政府不得不加以干涉。因而劳动关系越来越多地受到法律的调整和监控。

二、劳动法的主要内容

劳动法调整的范围涉及劳动关系的方方面面，从法学理论上看，主要包括以下几方面：

（1）劳动管理方面的法律。主要是涉及劳动管理机构设置及其职权。

（2）劳动就业方面的法律。

（3）劳动关系协调方面的法律。这是调整劳动关系最基础的法律制度。主要是指《劳动合同法》《劳动协商法》和《集体合同法》。其目的是更好地保护劳动双方处于弱势地位一方的劳动者。

（4）劳动标准方面的法律。主要指国家指定的关于劳动者最基本劳动条件的法律法规，包括《最低工资法》《工作时间法》《劳动安全与卫生法》等。其目的是改善劳动条件，保障劳动者的基本生活，避免伤亡事故的发生。这一类法律属于强制性规范，用人单位必须遵守执行。

（5）社会保险方面的法律。主要是对劳动者基本生存条件的保障以及生活质量的提高进行规定，具体包括《养老保险法》《医疗保险法》《失业保险法》《生育保险法》《工伤保险法》和《遗属津贴》等。

（6）劳动权利保障与救济方面的法律制度。主要包括《劳动监察法》和《劳动争议处理法》

除以上根据法律内容为分类体系外，也有从不同角度的分类方法，如根据法律性质，有劳动实体法、劳动程序法、劳动监察法构成体系；根据法律职能由劳动标准法、劳动关系法、职业保障法构成体系。根据职业（行业）的不同，由企业劳动法、公务员劳动法、科技人员劳动法等构成。

三、劳动法的特征

（一）一个不断变革的过程

劳动法与其他法律不同的是，它随时间推移呈现出一种持续的、不明显的变动，劳动法的内容如工资、劳动保护、保险福利等更接近于现实的经济生活。因此，劳动法始终处于持续不断的变化中。

（二）劳动法的基本价值取向是侧重保护劳动者

劳动关系是一种不平等的关系，资本的巨大支配力很容易把劳动者变成它的附属。保护劳动者是劳动法与生俱来的使命。为使劳动者有尊严地劳动，就必须通过法律的强制性来弥补劳动者的弱势地位。当然为了建立稳定和谐的劳动关系，同时也保护用人单位的利益，如《公司法》《反不正当竞争法》《知识产权法》，等等。

（三）实体法和程序法相统一

实体法是指具体明确法定的权利和义务，制定某个问题的规则是什么，例如最低工资是多少。程序法则是指规定如何实现权利和义务，包括辩护、诉讼程序、提供证据、审判、裁决和上诉等方面的规则。劳动法既有实体的法律规范，也有程序性法律规范，这是由劳动法的特殊性决定的。通常我们更愿意了解实体法，但程序法也非常重要，有的案件就是因为违反程序而败诉的。

（四）遵循三方性原则

三方性原则是指在指定劳动法规、调整劳动关系、处理劳动争议和参加国际劳工会议方面，要有政府、工人和雇主三方代表参加。坚持三方性原则，有利于促进政、劳、资三方合作，共同改善劳动状况，坚持社会正义。

第二节　劳动法的产生与发展

一、劳动法的历史演进

劳动是人类社会产生与存在的基本条件。在人类社会发展的不同历史时期，人们在劳动中必然形成一定形式的社会劳动关系，即人们在劳动过程中的人与人之间的关系。人类的存在离不开劳动，但并不是有了劳动就有劳动法。只有社会劳动关系发展到一定阶段，才产生了劳动法。

19 世纪初期的“工厂立法”① 虽然适用范围很小，但这一立法标志着现代劳动法的产生。20 世纪初，在实行市场经济的西方国家，劳动法已成为一个独立的法律体系。现代意义上的劳动法，是在工业社会发展到一定阶段，国家为维护和保障劳动者的利益而制定的调整劳动关系的法律。虽然各国根据自己的社会背景制定的劳动法不尽相同，如德国劳动立法强调保障劳动者权利，美国劳动立法重视协调劳动关系，日本劳动立法侧重劳动标准，但世界各国均认为劳动法是保护劳动者合法权益和调整劳动关系的法律规范。劳动法以研究劳动权为基础，延伸到劳动保护、工资保障、集体谈判和产业行动、社会对话、民主参与管理、劳动争议处理和社会保险等。

二、我国劳动法的概况

中国劳动立法的历史经历了旧中国时期的劳动立法、革命根据地时期的劳动立法，直到中华人民共和国成立以后，劳动立法才不断完善。1995 年 1 月 1 日实施的《中华人民共和国劳动法》是中国历史上第一部综合性调整劳动关系的法律。该法的主要成就体现在：

第一，基本适应我国现阶段转型时期对劳动力市场的要求，如劳动合同制的实施，经济性裁员的规定等。

---

① 历史上出现最早的劳动法规，是 1802 年英国议会颁布的《学徒健康与道德法》。该法规定了英国纺织厂 18 岁以下工人每日工作时间不得超过 12 小时，禁止 18 岁以下工人晚上至翌日 5 时之间夜班工作。虽然这些规定的劳动条件现在看来仍然很苛刻，但当时英国工厂工作时间在 15 小时、16 小时情况下，以法律对工作时间进行规定，在某种程度上限制了雇主对工人的过度剥削。

第二，劳动法内容体系结构完整，囊括了涉及劳动关系双方权利义务的所有内容，并规范了解决争议的程序、法律责任、监督检查等内容。

第三，劳动法在原则上规范了最低工资、工时休假、职业安全与卫生、女工与未成年工的特殊保护、职工奖惩等重要劳动标准。

第四，劳动法为适应现阶段我国劳动就业的总体形势特点，在劳动合同、法律责任等项规定上，突出了对劳动者权利的保护。

《劳动法》颁布后，1994 年政府陆续颁布了 17 个配套规章。[①] 继上述 17 个配套法律规定后，1995 年国务院发布了《关于修改（国务院关于职工工作时间的规定）的决定》，1995 年国务院又发布了《关于深化企业职工养老保险制度改革的通知》，同年，劳动部发布了《（国务院关于职工工作时间的规定）的实施办法》《违反（劳动法）有关劳动合同规定的赔偿办法》和《关于贯彻执行（中华人民共和国劳动法）若干问题的意见》，并与国家经贸委联合发布了《现代企业制度试点企业劳动工资社会保险制度改革办法》，等等。特别是 1995 年以后又相继颁布了一些重要法律、法规，如 1999 年国务院颁布《失业保险条例》；2001 年 10 月 27 日全国人民代表大会常务委员会第二十四次会议通过了《中华人民共和国工会法》的修正案；同年，全国人大常务委员会又通过了《中华人民共和国职业病防治法》；2002 年全国人大常委会通过了《中华人民共和国安全生产法》；2003 年国务院颁布了《工伤保险条例》；2007 年 6 月 29 日由中华人民共和国第十届全国人民代表大会常务委员会第二十八次会议通过了《中华人民共和国劳动合同法》；2012 年 12 月 18 日第十一届全国人民代表大会常务委员会第三十次会议通过了《关于修改〈中华人民共和国劳动合同法〉的决定》；2018 年 12 月 29 日第十三届全国人民代表大会常务委员会第七次会议通过了《关于修改〈中华人民共和国劳动法〉等七部法律的决定》等。

至此在多年的努力下，中国劳动法制度建设基本上建立了适应市场经济体制的法律制度。主要体现在：

（1）基本形成了完整而系统的劳动法律体系。通过《劳动法》及其大量配

① 1994 年陆续颁布的 17 个配套规章即《关于实施最低工资保障制度的通知》《职业指导办法》《劳动监察员管理办法》《企业经济性裁减人员规定》《农村劳动力跨省流动就业管理暂行规定》《企业职工患病或非因公负伤医疗期规定》《违反和解除劳动合同的经济补偿办法》《集体合同规定》《工资支付暂行规定》《就业训练规定》《未成年工特殊保护规定》《企业实行不定时工作制和综合计算工时制的审批办法》《职业培训实体管理规定》《矿山安全监察员管理办法》《矿山建设工程安全监督实施办法》《企业职工生育保险试行办法》《违反（劳动法）处罚办法》。

套法规的颁布，形成了完整的内容体系。

(2) 劳动法的适用范围不断扩大，从原来只适用于国有企业的法规，逐步扩大到一切企业，包括外商投资企业、私营企业、个体经济组织、民办非企业单位组织，等等。

(3) 初步建立了最低劳动标准，为维护劳动者的各项基本权利在最低工资、每日工作时间、休息休假、安全卫生等方面建立了法定最低标准。

(4) 为适应市场经济体制的建立，在社会保障改革过程中，建立了法定的多层次的社会统筹与个人账户相结合的社会保险制度。在生育、养老、医疗、工伤、失业保险制度上，均有新的发展。

(5) 逐步普遍实行劳动合同与集体合同制度。劳动合同与集体合同法律制度的普遍实施，为稳定劳动关系、维护劳动力市场秩序发挥着重要作用。

(6) 不断完善解决劳动争议的程序法。为适应市场经济体制下劳动关系的多元化与复杂化，维护劳动关系当事人的合法权益，全国已建立起法定的处理劳动争议的程序和机构。

(7) 强化了劳动者在其所在的企业中参政议政（当家做主）的权力。用人单位在制定、修改或者决定有关劳动报酬、工作时间、休息休假、劳动安全卫生、保险福利、职工培训、劳动纪律以及劳动定额管理等直接涉及劳动者切身利益的规章制度或者重大事项时，应当经职工代表大会或者全体职工讨论，提出方案和意见，与工会或者职工代表平等协商确定。用人单位应当将直接涉及劳动者切身利益的规章制度和重大事项决定公示，或者告知劳动者。

三、劳动法与劳动关系

（一）劳动法律类型及主要法案

与劳动关系有关的法律类型主要有：

1. 宪法

宪法是法的最高形式，其他所有法律法规都必须与宪法的精神一致。世界各国在宪法中几乎都涉及了劳动问题。例如 1919 年德国的《魏玛宪法》率先规定了结社自由、就业保障、社会保险、劳动保护及照顾女工、童工等内容，提倡生存权、扶助弱者，成为 20 世纪各国宪法共同采取的原则。我国宪法对劳动问题的规定尤为详尽。宪法是劳动立法的最高法律根据，具有最高的适用效力。

2. 相关法律

全国人民代表大会的立法及其全国人大常委会制定或批准发布的规范性劳动法律文件，属于法律的范畴。如1994年的《劳动法》、1992年制定、2001年修订的《工会法》、2007年的《劳动合同法》等。

3. 劳动行政法规

由国务院制定、国务院总理签署发布的，以条例、规定、办法命名的有关劳动方面的规范性文件，如《女职工劳动保护的规定》《企业劳动争议处理条例》等。劳动行政法规是依据宪法、法律制定的，是劳动法律的具体化，是人民法院审理劳动案件的依据，属于“法”的范畴。

4. 地方性法规

由省、自治区、直辖市和较大的市（包括27个省会城市、18个经国务院批准的较大的市，4个经济特区所在的市）的人民代表大会及其常务委员会制定的规范性文件。地方性法规不能同宪法、法律、行政法规相抵触。

5. 行政规章

包括国务院各部委的部门规章和省级人民政府制定的规章、国务院各部委及省、自治区、直辖市人民政府制定的规范性文件，如劳动部2001年12月发布的《劳动力市场管理规定》，北京市人民政府2001年2月发布的《北京市基本医疗保险规定》等。人民法院审理劳动争议案件，对规章是“参照”，而不是“依照”。

6. 法律解释

有解释权的国家机关对劳动法律规范的含义以及所使用的概念、术语、定义所做的说明和解释，包括立法解释、司法解释和行政解释。如2013年2月1日起实施的《最高人民法院关于审理劳动争议案件适用法律若干问题的解释(四)》等。

7. 国际劳工公约和建议书

截至2001年6月，国际劳工组织共制定了184项国际劳工公约和192项建议书。截至2002年6月30日，我国已批准23项公约，其中批准的两个核心劳动公约是：1951年第100号《同酬公约》和1973年第138号《最低年龄公约》。同工同酬公约规定，对于男劳动力和女劳动力同等价值的劳动，应付给同等的报酬。最低就业年龄公约的目的是提高就业的最低年龄，保证有效废除童工。凡我国批准的劳工公约，即产生与国内法同等的法律效力。

（二）劳动关系的调整机制

1. 法律调整机制

劳动关系兼有平等关系和隶属关系的特征，又兼有人身关系和财产关系的性质。上述特征决定了劳动关系从表面上看是一种平等的契约关系，但是其实质却是用人单位天然的强者地位和劳动者的弱者身份。因而劳动关系调整并不能将劳动关系的双方当事人简单地看作平等的主体，而是必须通过倾斜立法使两者之间的力量对比达到平衡。

我国实施的《劳动法》确立了“保护劳动者”的原则，为我国的劳动关系调整定下了基调。各地在《劳动法》以及劳动部门有关规定的基础上，纷纷推出高于国家标准的地方法规，例如扩大无固定期限劳动合同的适用范围、放宽医疗期的长度、限制劳动关系的解除条件等。这些规定使法律的天平更加倾向于劳动者一方。但是随着我国社会主义市场经济体制的逐步确立，这些超过国家标准的部分逐步显现出其不合理，法律天平不再平衡了。因而在2000年以后，各地掀起了新一轮地方立法的浪潮来消除这种不平衡。各地显然采取了不同的立法思路，这一现状体现了对“利益平衡、倾斜立法”的不同理解。

2. 三方协商机制

三方协商机制中的三方分别是：政府、企业主（雇主）、职工（雇员）。它是国际通行的做法，也是国际劳工组织着重推行的基本原则。是因为在制定劳动法规、调整劳动关系、处理劳动争议和参与国际劳工会议方面，政府、雇主和雇员代表共同参与决定，相互影响和制衡，这是在调整劳动关系的实践中形成的有效机制。它要求明确政府、雇主和雇员在市场经济中的定位，规范三方主体的活动，确定三方的活动规则、活动范围和活动程序。三方协商机制基于一定的组织形式，协商劳动关系事务，通过社会对话，建立社会合作协议，创造和谐、稳定的社会生活秩序。1999年国家经贸委发布了《关于明确各地地方企业家协会代表企业参与劳动关系协调工作的通知》，明确了中国企业家协会作为企业方的代表参与劳动关系协调工作的地位，作为三方协调机制中的企业一方的代表，具体负责参与劳动立法、企业劳动争议的协调工作，其职责应是维护企业群体和整体利益，同时也要明确工会的市场定位，使工会形成三方原则中坚实的一方。确立政府协调劳动关系的法律地位，政府是三方中的一方，是协调人、仲裁人，而不是直接的管理者、命令者。

3. 多方协调机制

从劳动关系的发展趋势来看，我国劳动关系呈现出多层次性、复杂性，涉及多方主体，牵扯多方利益。仅仅依靠三方协商机制无法解决新形势下全部劳动关系问题，因此构建多层次的劳动关系协调机制就显得极为必要。尤其是我国的国情和体制与发达国家不同，这就决定了我们的协调机制不应局限于“三方”，我们应该探索有中国特色的劳动关系的多方协调机制。

多方协调机制的主体不仅包括政府、工会和雇主，更应该包括企业、监察、仲裁、法院等与劳动关系协调相关的各个部门。

4. 惯例调整

惯例是在长期的实践中形成的调整劳动关系的重要机制，如日本的“春斗”工资，“秋斗”劳动条件，被称为日本劳资关系保持相对稳定重要原因的终身雇佣制和年功序列制，也是企业界自然形成的惯例制度。

四、劳动法的功能

劳动关系方面的法律主要有三个功能：

第一，保护劳动关系双方的自愿安排并为之提供保护，如劳动合同、集体合同制度。

第二，解决纠纷。劳动法不仅赋予劳动者享有劳动权和保障权，而且还规定了保证这些权利实现的司法机制，这是民主法制的基本要求。

第三，确定基本劳动标准，如最低工资、最低就业年龄、工作时间和休息休假以及安全卫生标准等。

劳动法是通过平衡雇员和雇主双方之间的权利、义务关系达到调整劳动关系的目的，通过规定雇员和雇主双方的权利、义务关系，将其纳入法制的轨道。我国《劳动法》规定：劳动者享有平等就业和选择职业的权利、取得劳动报酬的权利、休息休假的权利、获得社会保险和福利的权利、提请劳动争议处理的权利以及法律规定的其他劳动权利。同时，劳动者应当完成劳动任务，提高职业技能，执行劳动安全卫生规程，遵守劳动纪律和职业道德。权利与义务是一致的、相对应的。劳动者的权利，即是用人单位的义务；反之，劳动者的义务，即是用人单位的权利。为了强调用人单位的义务，我国《劳动法》第四条特别规定："用人单位应当依法建立和完善规章制度，保障劳动者享有劳动权利和履行劳动义务。"

第三节　工资的法律保障

一、工资的法律制度

（一）工资的法律含义

在劳动法范畴，劳动报酬主要是通过工资形式表现的，我国《工资支付暂行规定》（劳部发〔1994〕489号）和《对（工资支付暂行规定）有关问题的补充规定》（劳部发〔1995〕226号）中规定："工资是指用人单位依据劳动合同规定，以各种形式支付给劳动者的工资报酬……工资应当以法定货币支付。不得以实物及有价证券替代货币支付。"1990年国家统计局公布的《关于工资总额组成的规定》规定，工资总额由以下部分组成：计时工资、计件工资、奖金、津贴和补贴、加班加点工资、特殊情况下支付的工资、劳动分红和劳动提成等。其中计时工资、计件工资是工资支付的基本形式，奖金、津贴和补贴、加班加点工资、特殊情况下支付的工资、劳动分红和劳动提成等是工资的辅助形式。

劳动者的工资与收入既有联系又有区别。工资指的是用人单位支付给本单位劳动者的货币报酬。收入是指用人单位在法律允许的范围内支付给本单位劳动者的各种形式的报酬，包括货币报酬和实物报酬。① 在我国现阶段，工资仍

① 1995年8月劳动部发布的《劳动部关于贯彻执行〈中华人民共和国劳动法〉若干问题的意见》第53条规定，劳动者的以下收入不属于工资范围：（1）单位支付给劳动者个人的社会保险福利费用，如丧葬抚恤救济费、生活困难补助费、计划生育补贴等；（2）劳动保护方面的费用，如用人单位支付给劳动者的工作服、解毒剂、清凉饮料费等；（3）按规定未列入工资总额的各种劳动报酬及其劳动收入，如根据国家规定发放的创造发明奖、国家星火奖、科学技术进步奖、合理化建议和技术改进奖、中华技能大奖等，以及稿费、讲课费和翻译费等。

然是劳动者及其家庭成员生活的主要来源。工资的给付水平直接决定了劳动力的成本，它是由劳动生产率、通货膨胀率和市场竞争强度决定的。在市场经济条件下，工资作为劳动合同的重要条款，是由雇员和雇主定期协商决定的。

【阅读材料】

社保费岂能当工资发

2005年，某外商投资收购了某公司，公司分别在与员工签订的劳动合同和工资发放表中明确写着，社会保险费包括在工资之中，由员工自行到社会保险经办机构参保缴费。2006年3月当地劳动保障监察大队在劳动保障专项执法检查中，检查劳动合同和工资发放情况时发现这一违法行为，随即进行了立案调查，依法责令该公司限期办理社会保险登记、申报，补缴社会保险费。该公司不但不按当地劳动保障局限期整改指令书进行整改，反而以种种理由软拖硬抗。

当地劳动保障局根据《劳动法》《社会保险费征缴暂行条例》《劳动保障监察条例》等法律法规，分别对该公司和有关责任人员发出了《行政处理决定书》和《行政处罚决定书》。

该企业不服向当地人民政府提出行政复议。复议申请书中称，我公司是招商引进的外资企业，属政府保护对象，同时企业是把社会保险费发给了职工，且签了合同，职工是签字同意了的，企业不存在违法行为，请求政府撤销当地劳动保障局的《行政处理决定书》和《行政处罚决定书》。

当地人民政府受理了该公司的复议申请，并按复议案件受理程序进行了调查审核、取证，认为当地劳动保障局做出的行政处理和行政处罚决定，事实清楚，证据确凿，适用依据正确，程序合法，内容适当，决定维持。

该公司把社会保险费作为工资发给职工个人的做法违反了劳动保障法律法规的规定。根据《劳动法》《社会保险费征缴暂行条例》的规定，用人单位及其劳动者都有依法参加社会保险，享受社会保险待遇的法定权利和义务。外商投资企业应当依法向当地社会保险经办机构办理社会保险登记、申报和缴纳社会保险费，职工个人应当缴纳的社会保险费，由企业从其本人工资中代扣代缴，不得以任何形式逃避。国家法律法规规定，对于不依法办理社会保险登记、申报、缴费的单位，劳动保障行政部门可以依据《劳动法》《社会保险费征缴暂行条例》《劳动保障监察条例》等有关规定，责令限期改正，情节严重的，给予缴费单位和其他有关责任人员处以罚款的行政处罚。对于未依法缴纳和代扣代缴社会保险费的单位，由劳动保障行政部门或社会保险征缴机关责令限期缴纳，逾期仍不缴纳的，除补缴欠缴数额外，从欠缴之日起，按日加收千分之二的滞纳金。

（二）工资的法律保障

1. 工资处理不受干涉

任何人不得限制和干涉雇员处理其工资的自由。雇主不得以任何方法要求甚至强迫雇员到雇主或者其他任何人的商店购买商品，也不得强迫工人接受雇主提供的劳动服务。任何限定工人工资的使用地点和方式的协议都是非法的、无效的。

2. 禁止克扣和无故拖欠劳动者工资

（1）工资不得扣除。任何组织和个人无正当理由不得克扣和拖欠劳动者的工资。克扣和拖欠劳动者工资，是一种侵权行为。我国《劳动法》第五十条规定，“不得克扣或者无故拖欠劳动者工资”。所谓克扣劳动者的工资，是指在正常情况下，劳动者依法律或者合同规定完成了生产工作任务，用人单位未能足额支付规定的报酬，或借故不支付劳动者的全部工资。所谓拖欠劳动者工资，是指用人单位在规定时间内未支付劳动者工资。通常，劳动者和用人单位在一个工资支付周期内会事先商量具体付薪时间，并形成制度，超过商定付薪时间未能支付工资，即为拖欠工资。拖欠原因，有的是用人单位生产经营困难，资金周转受到影响，暂时不能支付，有的则是故意延期支付。

（2）扣除工资的限制。为保证雇员最低生活水平，各国法律都规定对工资的扣除要有一定的比例，或者规定工资的扣除要保持在一定限度内，低于一定限度的工资不得扣除。我国《工资支付暂行规定》指出，因劳动者原因给用人单位造成经济损失的，用人单位可按照劳动合同的约定要求赔偿经济损失。经济损失的赔偿，可从劳动者本人的工资中扣除，但每月扣除部分不得超出劳动者当月工资的20%。若扣除后的剩余工资部分低于当月最低工资标准，则按最低工资标准支付。

（3）代扣工资的限制。用人单位可以代扣劳动者工资的情形主要是：用人单位代扣代缴个人所得税；用人单位代扣代缴应由劳动者个人负担的各项社会保险费用；法院判决、裁定中要求代扣的抚养费、赡养费；法律、法规规定从劳动者工资中扣除的其他费用。

3. 特别情况下工资的支付

（1）加班加点工资。根据《工资支付暂行规定》对加班加点做出的具体的规定是：

①用人单位依法安排劳动者在日法定标准工作时间以外延长工作时间的，按照不低于劳动合同规定的劳动者本人小时工资标准的150％支付劳动者工资；

②用人单位依法安排劳动者在休息日工作，而又不能安排补休的，按照不低于劳动合同规定的劳动者本人日或小时工资标准的200％支付劳动者工资；

③用人单位依法安排劳动者在法定休假节日工作的，按照不低于劳动合同规定的劳动者本人日或小时工资标准的300％支付劳动者工资。实行计件工资的劳动者，在完成计件定额任务后，由用人单位安排延长工作时间的，应根据上述规定的原则，分别按照不低于其本人法定工作时间计件单价的150％、200％、300％支付其工资。

（2）履行国家和社会义务期间的工资。劳动者在法定工作时间内依法参加社会活动期间，用人单位应视同其提供了正常劳动而支付工资。社会活动包括：依法行使选举权或被选举权；当选代表出席乡（镇）、区以上政府、党派、工会、青年团、妇女联合会等组织召开的会议；出任人民法庭证明人；出席劳动模范、先进工作者大会；《工会法》规定的不脱产工会基层委员会委员因工作活动占用的生产或工作时间；其他依法参加的社会活动。

（3）年休假、探亲假、婚假、丧假期间工资。劳动者依法享受年休假、探亲假、婚假、丧假期间，用人单位应按劳动合同规定的标准支付劳动者工资。

（4）停工、停产期间的工资。非因劳动者原因造成单位停工、停产在一个工资支付周期内的，用人单位应按劳动合同规定的标准支付劳动者工资。超过一个工资支付周期的，若劳动者提供了正常劳动，则支付给劳动者的劳动报酬不得低于当地的最低工资标准；若劳动者没有提供正常劳动，应按国家有关规定办理。

（5）试用期的工资。新的《劳动合同法》为此对试用期工资待遇上做出了严格限定：“第二十条　劳动者在试用期的工资不得低于本单位相同岗位最低档工资或者劳动合同约定工资的百分之八十，并不得低于用人单位所在地的最低工资标准。”和“第二十一条　在试用期中，除劳动者有本法第三十九条和第四十条第一项、第二项规定的情形外，用人单位不得解除劳动合同。用人单位在试用期解除劳动合同的，应当向劳动者说明理由。”违反试用规定的处罚：“第八十三条　用人单位违反本法规定与劳动者约定试用期的，由劳动行政部门责令改正；违法约定的试用期已经履行的，由用人单位以劳动者试用期满月工资为标准，按已经履行的超过法定试用期的期间向劳动者支付赔偿金。”

（6）破产时工资清偿权。根据《工资支付暂行规定》，用人单位依法破产时，劳动者有权获得其工资。2007 年 6 月 1 日实施的《企业破产法》重新界定了企业破产清偿顺序。该法颁布后，破产人将优先清偿企业担保人，职工工资和其他福利仅能从未担保财产中清偿。

（7）提出“非全日制”工的概念。新的《劳动合同法》对社会上一些小时工做出约定。如“第七十条　非全日制用工双方当事人不得约定试用期”“第七十二条　非全日制用工小时计酬标准不得低于用人单位所在地人民政府规定的最低小时工资标准。非全日制用工劳动报酬结算支付周期最长不得超过十五日。”

（8）工资的诉讼保护。对用人单位非法扣除劳动者工资或拖欠支付应发工资的，劳动者可依法向有关部门提出申诉或起诉，用人单位对此不得采取报复措施，拒绝支付工资、减发工资或开除劳动者。劳动保障行政部门有权监察用人单位工资支付情况。用人单位有下列侵害劳动者合法权益行为的，由劳动行政部门责令其支付劳动者工资和经济补偿，并可责令其支付赔偿金：

①克扣或者无故拖欠劳动者工资的；

②拒不支付劳动者延长工作时间工资的；

③低于当地最低工资标准支付劳动者工资的。

劳动者与用人单位因工资支付发生劳动争议的，当事人可依法向劳动争议仲裁机关申请仲裁。对仲裁裁决不服的，可以向人民法院提起诉讼。

二、工资支付的原则

根据我国《劳动法》和《工资支付暂行规定》等法规，用人单位的支付行为必须遵循下列规则：

（1）货币支付规则。工资应当以法定货币支付。不得以实物及有价证券替代货币支付。

（2）直接支付规则。用人单位应将工资支付给劳动者本人。劳动者本人因故不能领取工资时，可由其亲属或委托他人代领。用人单位可委托银行代发工资。用人单位必须书面记录支付劳动者工资的数额、时间、领取者的姓名以及签字，并保存两年以上备查。用人单位在支付工资时应向劳动者提供一份其个人的工资清单。

（3）全额支付规则。即法定和约定应当支付给劳动者的工资项目和工资额，必须全部支付，不得克扣。正是基于此规则，国家规定用人单位在支付工资时应当向劳动者提供一份个人工资清单。

（4）定期支付规则。工资必须在用人单位与劳动者约定的日期支付。如遇节假日或休息日，则应提前在最近的工作日支付。工资至少每月支付一次，实行周、日、小时工资制的可按周、日、小时支付工资。对完成一次性临时劳动或某项具体工作的劳动者，用人单位应按有关协议或合同规定在其完成劳动任务后即支付工资。劳动关系双方依法解除或终止劳动合同时，用人单位应在解除或终止劳动合同时一次付清劳动者工资。凡拖欠工资的，应当按拖欠日期和拖欠工资额向劳动者赔偿损失。

（5）紧急支付规则。即在劳动者因遇有紧急情况下不能维持生活时，用人单位必须向该劳动者预支其可得工资的相当部分。

三、最低工资法律制度

（一）最低工资的法律含义

最低工资指劳动者在法定工作时间内提供了正常劳动的前提下，其所在企业应支付的最低劳动报酬。法定工作时间是指国家规定的工作时间；正常劳动指劳动者按照劳动合同的有关规定，在法定工作时间内从事的劳动。从最低工资的含义出发，根据法律规定，以下各项不作为最低工资的组成部分：

（1）加班加点工资。

（2）中班、夜班、高温、低温、井下、有毒有害等特殊工作环境、条件下的津贴。

（3）国家法律、法规和政策规定的劳动者保险、福利待遇。

（4）用人单位通过伙食、住房贴补等支付给劳动者的非货币性收入。

（二）最低工资标准的确定与发布

根据我国《劳动法》第四十八条规定，“最低工资的具体标准由省、自治区、直辖市人民政府规定，报国务院备案。用人单位支付劳动者的工资不得低于当地最低工资标准。”[①] 我国根据《劳动法》第四十九条规定，“确定和调整最低工资标准应当综合参考下列因素：(1) 劳动者本人及平均赡养人口的最低生活费用；(2) 社会平均工资水平；(3) 劳动生产率；(4) 就业状况；(5) 地区之间经济发展水平的差异。”

最低工资标准的发布。省、自治区、直辖市人民政府劳动行政主管部门将确定的最低工资标准及其依据、详细说明和最低工资范围报国务院劳动行政主管部门备案。国务院劳动行政主管部门在收到备案后，应召集全国总工会，全国企业家协会共同研究。如其报送的最低工资率及其适用范围不妥的，有权提出变更意见，并在 15 天之内书面形式给予回复。省、自治区、直辖市人民政府劳动行政主管部门在 25 天之内未收到国务院劳动行政主管部门提出变更意见的，或接到变更意见对原确定的最低工资率及其适用范围做出修订后，应当将本地区最低工资及其适用范围报省、自治区、直辖市人民政府批准，并且在批准 7 日内发布。省、自治区、直辖市最低工资率及其适用范围应当在当地政府公报上和至少一种全地区的报纸上发布。

（三）违反最低工资的法律责任

违反最低工资的法律责任是对最低工资制度的有力保障。根据我国《最低工资规定》（劳动和社会保障部令第 21 号）规定，用人单位支付劳动者的工资低于当地最低工资标准的，由劳动保障行政部门责令其限期补发所欠劳动者工资，并可责令其按所欠工资的 1～5 倍支付劳动者赔偿金。

---

① 我国关于最低工资的立法，早在 1984 年，就出文宣布承认国际劳工组织的《约定最低工资办法》。1993 年由劳动部以行政规章的形式制定了《企业最低工资规定》。1994 年劳动部颁布了《企业最低工资规定》，第一次将最低工资列入法律保障的范围之内。2004 年 3 月 1 日，我国劳动和社会保障部颁布并实施了《最低工资规定》，最终以国家立法的形式确立了我国的最低工资保障制度。新的规定扩大了原《规定》的适用范围，明确出台了小时工资标准，规定调整期限缩短。这些措施将更加有效地保障劳动者的合法权益。

第四节　工作时间

一、工作时间立法

（一）工作时间的概念

工作时间是指劳动者根据国家的法律规定，在一个昼夜或一周之内从事本职工作而消耗的时间。作为法律范畴，工作时间既包括劳动者实际完成工作的时间，也包括劳动者从事生产和工作所必需的准备和结束的时间，从事连续性有害健康的间歇时间、工艺中断时间、女职工哺乳未满一岁婴儿的哺乳时间以及因公外出等法律规定限度内消耗的其他时间。工作时间可以按小时、日、周、月、季和年来计算，用人单位必须按规定支付劳动者的劳动报酬。

工作时间是最重要的劳动条件之一，工作时间制度是否优良，不仅影响劳动者工作权益的保障，也高度影响企业的日常经营活动，甚至企业的竞争力。全球化时代的来临，高新技术的普遍应用，以及知识经济的发展，对落实劳动者权益的保障提出了新的要求，工时制度弹性化的调整是国际发展潮流，也是主要发达国家工时制度改革的发展趋势。

（二）工作时间法规

1. 标准工作时间

标准工作时间是指根据法律规定正常情况下的工作时间，分为标准工作日和标准工作周。1995 年 5 月 1 日实施的《国务院关于职工工作时间的规定》中规定："职工每日工作 8 小时，每周工作 40 小时"[①]，实行国家统一标准。

① 1949 年中华人民共和国成立以后，我国的标准工作时间为每天工作 8 小时，每周工作 48 小时。随着生产力水平的提高，1994 年颁布的《劳动法》和《国务院关于职工工作时间的规定》将其修改为："职工每日工作 8 小时，每周工作 44 小时。"1995 年 3 月 25 日，国务院又修改了《国务院关于职工工作时间的规定》，其中第三条规定："职工每日工作 8 小时，每周工作 40 小时。"从 1995 年 5 月 1 日起施行，也即此后我国实行五天工作制，劳动者每周有两个休息日，用人单位必须严格遵守这项规定。

2. 非标准工作时间

非标准工作时间是指在特殊情形下适用的不同于标准工作时间的工作时间。根据《劳动法》的规定，企业因生产特点不能实行标准工作时间的，经劳动行政部门批准，可以实行其他工作时间和休息办法。根据目前我国法律法规的规定，我国的非标准工作时间可以分为以下几种：缩短工作时间、① 不定时工作时间、② 综合计算工作时间③和计件工作时间④。

二、加班加点

（一）加班加点的概念

加班加点，即延长劳动时间，是指劳动者的工作时数超过法定的标准时间。加班，是指劳动者在法定节日或公休假日从事生产或工作。加点，是指劳动者在标准工作日以外继续从事劳动或工作。为维护劳动者的身体健康和合法权益，国家法律、法规严格限制加班加点。我国《劳动法》第四十三条规定："用人单位不得违反本法规定延长劳动者的工作时间。"

---

① 缩短工作时间是指法律规定特殊条件和特殊情况下少于标准工作时间。我国实行缩短工作时间的情况主要有：（1）从事矿山井下、高山、有毒有害、特别繁重体力劳动的劳动者；（2）夜班工作；（3）哺乳期工作的女职工。

② 不定时工作时间又称不定时工作制，是指根据法律规定在特殊条件下实行的，每日无固定工作时间，是适用于因生产特点、工作特点需要或职责范围的关系，无法按标准工作时间衡量或需要机动作业的劳动者的一种工作时间安排。根据目前的规定，主要适用于以下人员：（1）企业中的高级管理人员、外勤人员、推销人员、部分值班人员和其他因工作无法按标准工作时间衡量的职工；（2）企业中的长途运输人员、出租汽车司机和铁路、港口、仓库的部分装卸人员以及因工作性质特殊，需机动作业的职工；（3）其他因生产特点、工作特殊需要或职责范围的关系，适合实行不定时工作制的职工。

③ 综合计算工作时间，也称为综合计算工作制，是指分别以周、月、季、年等为周期，综合计算工作时间，但其平均日工作时间和平均周工作时间应与法定标准工作时间基本相同。综合计算工作时间目前主要适用于以下人员：（1）交通、铁路、邮电、水运、航空、渔业等行业中因工作性质特殊，需连续作业的职工；（2）地质及资源勘探、建筑、制盐、制糖、旅游等受季节和自然条件限制的行业的部分职工；（3）其他适合实行综合计算工作时间的职工。

④ 对实行计件工作的劳动者，用人单位应当根据《劳动法》第三十六条规定（标准工时制度）的工时制度合理确定其劳动定额和计件报酬标准。

（二）加班加点的条件和限制

1. 一般条件

用人单位由于生产经营需要，可以延长工作时间。《劳动法》第四十一条规定明确了加班加点的条件："用人单位由于生产经营需要，经与工会和劳动者协商后可以延长工作时间，一般每日不得超过一小时；因特殊原因需要延长工作时间的，在保障劳动者身体健康的条件下延长工作时间每日不得超过三小时，但是每月不得超过三十六小时。"此外，《劳动法》第九十条还规定："用人单位违反本法规定，延长劳动者工作时间的，由劳动行政部门给予警告，责令改正，并可以处以罚款。"2004 年《劳动保障监察条例》第二十五条规定，用人单位违反劳动保障法律、法规或者规章延长劳动者工作时间的，由劳动保障行政部门给予警告，责令限期改正，并可以按照受侵害的劳动者每人 100 元以上 500 元以下的标准计算，处以罚款。

2. 特殊条件

当出现特殊情况或紧急事件时，如救灾、抢险或威胁公共利益时，用人单位延长劳动时间不受《劳动法》第四十一条的限制，而《劳动法》第四十二条规定"有下列情形之一的，延长工作时间不受本法第四十一条的限制：(1) 发生自然灾害、事故或者因其他原因，威胁劳动者生命健康和财产安全，需要紧急处理的；(2) 生产设备、交通运输线路、公共设施发生故障，影响生产和公众利益，必须及时抢修的；(3) 法律、行政法规规定的其他情形。"所谓"其他情形"是指：在法定节日和公休假日内工作不能间断，必须连续生产、运输或营业的；必须利用法定节日和公休假日的停产期间进行设备检修、保养的；为完成国防紧急任务的，为完成国家下达的其他紧急生产任务的。

（三）加班加点的工资支付

根据《劳动法》的规定：企业支付劳动者加班加点工资有下列三种情形的，用人单位应当按照下列标准支付高于劳动者正常工作时间工资的工资报酬：

第一，安排劳动者延长工作时间的，支付不低于工资的 150％的工资报酬；

第二，休息日安排劳动者工作又不能安排补休的，支付不低于工资的

200%的工资报酬；

第三，法定休假日安排劳动者工作的，支付不低于工资的300%的工资报酬。

休息日安排劳动者加班工作的，应先按同等时间安排其补休，不能安排补休的应按法律规定支付劳动者延长工作时间的工资报酬；法定节假日（元旦、春节、清明节、劳动节、端午节、中秋节和国庆节）安排劳动者加班工作的，应按规定支付劳动者延长工作时间的报酬，一般不安排补休。

【阅读材料】

节日加班不能“只补休不发钱”

某商厦有限公司在法定节日期间安排职工加班，后来只安排了补休，但未支付加班工资，这一违反劳动法的做法后被纠正。

某商厦有限公司2006年10月1日至3日安排职工加班后只给予职工补休，并没有依法支付加班工资。

据劳动保障部门有关人士介绍，根据《中华人民共和国劳动法》相关规定，休息日安排劳动者工作又不能安排补休的，支付不低于工资的200%的工资报酬；法定休假日安排劳动者工作的，支付不低于工资的300%的工资报酬。某商厦有限公司在国庆假日期间安排员工加班后只给予补休、而没有支付加班工资，是错误的行为。

经劳动保障监察人员对某商厦有限公司进行劳动保障法律法规的宣传教育，该公司对存在的问题进行了整改。根据自身服务零售行业的特殊性，某商厦有限公司调整了职工的上班班次，取消原来10月1日至3日加班的补休制度，对已经加班的职工依法给予补休及支付加班费。

三、休息休假

（一）休息休假的概念

休息休假是指劳动者在国家规定的法定工作时间以外自行支配的时间。休息休假是劳动者休息权的体现。世界各国普遍在宪法或劳动法中明文规定了休息权。我国《宪法》第四十三条规定：“中华人民共和国劳动者有休息的权利……国家发展劳动者休息和休养的设施，规定职工的工作时间和休假制度。”

（二）休息休假的种类

根据《劳动法》及其相关法规规定，劳动者的休息时间有：

（1）工作日内的间歇时间，即一个工作日内给予劳动者休息和用膳的时间。

（2）两个工作日之间的休息时间，即一个工作日结束后至下一个工作日开始前的休息时间。

（3）公休假日，工作满一个工作周以后的休息时间。我国劳动者的公休假日为两天，一般安排在周六和周日。

（4）法定休息日，即国家法律统一规定的用于开展庆祝、纪念活动的休息时间。我国法律规定属于全体劳动者的法定休假日共 11 天。根据 2019 年 8 月 2 日人社部发布的《我国法定年节假日等休假相关标准》规定了全体公民放假的节日：新年，放假 1 天（1 月 1 日）；春节，放假 3 天（农历正月初一、初二、初三）；清明节，放假 1 天（农历清明当日）；劳动节，放假 1 天（5 月 1 日）；端午节，放假 1 天（农历端午当日）；中秋节，放假 1 天（农历中秋当日）；国庆节，放假 3 天（10 月 1 日、2 日、3 日）。此外，还有法律、法规规定的其他休假节日。

5. 年休假，即法律规定的劳动者工作满一定年限后，每年享有的保留工作带薪连续休假。《劳动法》第四十五条规定：“国家实行带薪年休假制度。劳动者连续工作一年以上的，享受带薪年休假。具体办法由国务院规定。”

6. 探亲假，即劳动者享有的探望自己分居两地的配偶和父母的休息时间。探望配偶的，每年给予一方探亲假一次，假期 30 天。未婚职工探望父母的，原则上每年给假一次，假期 20 天；两年探亲一次的，假期 45 天；已婚职工探望父母的，每四年给假一次，假期 20 天。

第五节　劳动安全和卫生

一、工作场所

《劳动法》对劳动者工作场所的要求，主要通过与劳动安全和卫生制度有关的专章规定体现出来。此外，还有一系列与《劳动法》配套的劳动安全卫生法规和安全卫生的国家标准，如国务院 1991 年发布的《企业职工伤亡事故报告和处理规定》，1992 年全国人大通过的《矿山安全法》，劳动部 1994 年颁布的《矿山安全监察员管理办法》，2002 年全国人大通过的《中华人民共和国安全生产法》等。其主要内容有：

（一）劳动安全卫生管理法规

为保障劳动者在劳动过程中的安全和健康，用人单位应根据国家有关规定，结合本单位实际指定有关劳动安全卫生管理的制度。《劳动法》第五十二条规定："用人单位必须建立、健全劳动安全卫生制度，严格执行国家劳动安全卫生规程和标准，对劳动者进行劳动安全卫生教育，防止劳动过程中的事故，减少职业危害。"

（二）劳动安全技术规程

劳动安全技术规程，是防止和消除生产过程中的伤亡事故，保障劳动者生命安全和减轻繁重体力劳动强度，维护生产设备安全运行的法律规范。《劳动法》第五十三条规定："劳动安全卫生设施必须符合国家规定的标准。新建、改建、扩建工程的劳动安全卫生设施必须与主体工程同时设计、同时施工、同时投入生产和使用。"

（三）伤亡事故报告和处理制度

伤亡事故报告和处理制度是对劳动者在劳动过程中发生的伤亡事故进行统计、报告、调查、分析和处理的制度。《劳动法》第五十七条规定："国家建立伤亡事故和职业病统计报告和处理制度。县级以上各级人民政府劳动行政部门、有关部门和用人单位应当依法对劳动者在劳动过程中发生的伤亡事故和劳动者的职业病状况，进行统计、报告和处理。"

（四）劳动者的权利和义务

《劳动法》第五十六条规定："劳动者在劳动过程中必须遵守安全操作规程。劳动者对用人单位管理人员违章指挥、强令冒险作业，有权拒绝执行；对危害生命安全和身体健康的行为，有权提出批评、检举和控告。"《劳动法》第五十四条规定："用人单位必须为劳动者提供符合国家规定的劳动安全卫生条件和必要的劳动防护用品，对从事有职业危害作业的劳动者应当定期进行健康检查。”

二、女工保护标准

根据妇女的生理特点，对妇女劳动者在劳动过程和劳动市场中实施特殊保护，是保护人类健康繁衍生存和劳动力再生产质量的大事。国际劳工组织先后制定了对女职工进行特殊保护的公约和建议书。① 我国也制定了一系列关于女职工特别保护的法律、法规，如 1992 年 4 月全国人大通过的《妇女权益保障法》、1988 年 7 月国务院发布的《女职工劳动保护规定》、1990 年劳动部颁布的《女职工禁忌劳动范围的规定》以及 1980 年批准的联合国《消除对妇女一切形式歧视公约》等。其主要内容包括：

（一）就业权利保障

我国劳动法律规定，妇女享有同男子平等的就业权利。凡适合妇女从事劳动的工作，不得以性别为由拒绝录用妇女或者提高对妇女的录用标准；不得以结婚、怀孕、产假、哺乳等为由辞退女职工或者单方面解除劳动合同；男女同工同酬，同等劳动应领取同等报酬，不得因女工怀孕、生育、哺乳而降低其基本工资。女职工生育期间，享有法律规定的产假和医疗待遇，产假期间应由所在单位照发工资。

（二）女职工禁忌从事的劳动

禁止女职工从事不利于身体健康的工作。《劳动法》第五十九条规定：“禁止安排女职工从事矿山井下、国家规定的第四级体力劳动强度的劳动和其他禁忌从事的劳动。”《女职工禁忌劳动范围的规定》明确了女职工禁忌从事以下范围的劳动：（1）矿山井下作业；（2）森林业伐木、归楞及流放作业；（3）《体力劳动强度分级》标准中第四级体力劳动强度的作业；（4）建筑业脚手架的组装和拆除作业，以及电力、电信行业的高处架线作业；（5）连续负重每次超过 20 千克，间断负重每次超过 25 千克的作业。

（三）四期保护

女职工“四期”保护，是指女职工在经期、孕期、产期、哺乳期的保护。

---

① 国际劳工组织先后制定了对女职工进行特殊保护的公约和建议书，如 1919 年第 4 号建议书、1921 年第 13 号公约、1935 年第 45 号公约、1960 年第 114 号建议书、1967 年第 172 号公约等。

1. 经期保护

《劳动法》第六十条规定："不得安排女职工在经期从事高处、低温、冷水作业和国家规定的第三级体力劳动强度的劳动。"

2. 孕期保护

《劳动法》第六十一条规定："不得安排女职工在怀孕期间从事国家规定的第三级体力劳动强度的劳动和孕期禁忌从事的劳动。对怀孕七个月以上的女职工，不得安排其延长工作时间和夜班劳动。"

3. 产期保护

女职工生育享受98天+30天（晚育）+15天（难产）+15天（每多生一个婴儿）+15天（有独生子女证）休假。

4. 哺乳期保护

《劳动法》第六十三条规定："不得安排女职工在哺乳未满一周岁的婴儿期间从事国家规定的第三级体力劳动强度的劳动和哺乳期禁忌从事的其他劳动，不得安排其延长工作时间和夜班劳动。"

【阅读材料】

山东女职工劳动保护办法细化女职工特殊时期劳动保护措施

山东省政府发布的《山东省女职工劳动保护办法》就女职工劳动保护范围、责任主体、细化劳动保护措施、强化防止性骚扰和卫生保健措施、损害女职工权益的权利救济途径等五个方面做出规定，自2019年3月1日起施行。

办法首先明确了女职工劳动保护的范围，将山东省行政区域内的国家机关、企业、事业单位、社会团体、个体经济组织、民办非企业单位以及其他社会组织中的女职工统一纳入保护范围，实现了对女性职业群体的全覆盖。办法明确了县级以上人力资源社会保障、应急管理、卫生、医疗保障、工会、妇女联合会等部门和机构的法定职责，重点明确了用人单位对女职工劳动保护的各项义务和限制性规定。用人单位应当建立健全女职工劳动保护制度，采取措施改善女职工劳动安全卫生条件，对女职工进行劳动安全、职业卫生、心理健康等知识培训。应当遵守国家有关女职工禁忌从事的劳动范围规定，书面告知女职工本单位属于女职工禁忌从事的劳动范围的岗位、在劳动过程中可能产生的职业危害及其后果，并落实职业危害防护措施和待遇。

办法细化了女职工特殊时期劳动保护措施。在产假方面，明确女职工生育享受98天产假，其中产前可以休假15天；难产的增加产假15天；生育多胞胎的，每多生育1个婴儿，增加产假15天。符合法律、法规规定生育子女的夫妻，依法增加女职工产假60天、给予男方护理假7天。女职工怀孕未满4个月流产的，享受15天产假；怀孕满4个月流产的，享受42天产假。

办法要求，对经期女职工给予保护，不安排国家规定的经期禁忌从事的劳动；长久站立、行走劳动的，适当安排其工间休息；经医疗机构诊断证明痛经或者月经过多，申请休息的，按照国家有关病假的规定执行。待孕女职工提出申请，用人单位可以按照国家规定的孕期禁忌从事的劳动范围给予保护。女职工经医疗机构诊断为围绝经期综合征不能适应原安排的劳动，申请调整工作岗位的，用人单位应当安排其能够适应的其他劳动。

办法强化防止性骚扰和卫生保健措施。规定有关单位在处理对女职工的性骚扰事件时，应当依法保护女职工的个人隐私；规定用人单位应当每1至2年组织一次女职工妇科检查；鼓励用人单位定期组织女职工进行乳腺癌、宫颈癌筛查，为女职工提供健康知识讲座、心理咨询等服务，向女职工发放必要的卫生用品。

办法明确了损害女职工权益的权利救济途径。用人单位违反《办法》规定，侵害女职工合法权益的，女职工可以依法向有关机关和组织投诉、举报、申诉或者申请调解、仲裁。企业不履行集体合同或者女职工权益保护专项集体合同，侵害女职工合法权益的，其工会组织应当及时向有关部门反映情况，依法要求企业承担责任；因履行集体合同或者女职工权益保护专项集体合同发生争议，经协商无法解决的，其工会组织可以依法申请调解仲裁、提起诉讼。

（资料来源：央广网 https：//mr. baidu. com/jhucfaw？ f=cp 有删改）

三、未成年工保护标准

未成年工，指年满16周岁未满18周岁的劳动者。对未成年工，国际劳工公约最早是从不同行业的就业年龄分别制定标准，涉及的公约有近20个。1984年，中国政府批准了国际劳工组织《确定准许使用儿童从事工业劳动的最低年龄公约》。我国劳动法律对未成年工的特殊保护做了专门规定，主要内容包括：①最低就业年龄的规定。禁止用人单位招用未满16周岁的未成年人，文艺、体育部门需招收未满16周岁的未成年人的，必须严格依照法律规定办理。禁止任何单位使用童工或为未满16周岁的少年、儿童介绍职业。②禁止未成年工从事有害健康的工作。不得安排未成年工从事矿山井下，有毒有害，国家规定的第四级体力劳动强度的劳动和其他禁忌从事的劳动。③定期体检。用人单位应当对未成年工定期进行健康检查。④实行登记制度。用人单位招收使用未成年工，除符合一般用工要求外，还须向所在地的县以上劳动行政部门办理登记。

复习思考题

一、名词解释

1. 劳动法。
2. 最低工资。
3. 工资支付。
4. 标准工时制。
5. 工作时间。
6. 休息休假。
7. 劳动安全卫生条件。
8. 女职工特殊保护。
9. 未成年工特殊保护。

二、简答题

1. 试述劳动法的概念。
2. 试述劳动法的本质、特征和功能。

3. 劳动法如何调整劳动关系。
4. 试述劳动法的调整机制。
5. 我国最低工资保障制度的主要内容有哪些?
6. 我国工资支付的原则是什么?
7. 工作时间分类有哪些?
8. 女职工特别保护的主要内容有哪些?
9. 未成年工特别保护的主要内容有哪些?

三、案例分析

【案例分析】

2012年5月下旬，28岁的平某与上海某人力资源有限公司签订劳动合同，受委派至某制药公司的上级公司工作。同年12月1日，平某又与该制药公司签订了期限从2012年12月1日起至2015年11月30日止的劳动合同。该合同约定：平某在该公司担任客户经理，试用期为6个月，每月工资为2.2万元。同日，平某还签收了新员工入职培训须知，约定平某作为公司员工应在入职后，四个月内完成公司要求新员工须完成的系列课程，否则将被视为试用期间不符合公司录用条件。2013年4月，平某工资被调整为2.42万元。

2013年4月22日，制药公司向平某送达了《员工试用期评估报告》，称因平某合规课程不能按时完成，不能按时交付工作、与相关业务部门合作欠佳、不能按质量完成交付的工作等为由，认定平某未能通过试用期评估。同年5月6日，公司又以平某试用期不符合录用条件，解除了双方劳动合同。

2013年10月末，平某与该制药公司用工纠纷未获劳动仲裁支持后起诉至法院，称她于2012年5月23日经某人力资源公司派遣至该制药公司的上级公司工作，后于同年12月1日与上级公司的关联企业即现制药公司签订了劳动合同，合同从2012年12月1日起，任公司客户经理，试用期为6个月。2013年5月6日，经检查她发现怀孕，即在次日上班前告知领导。岂料当日就接到公司人事主管的通知，以她在试用期不符合录用条件为由解除了劳动合同。平某认为从上级公司转入该制药公司不应存在试用期，声称两公司属关联企业，自己遭解聘属违法，请求判令恢复劳动合同，支付解聘时至恢复前工资。

问题：

女工试用期不符考评且怀孕可解雇吗？

第七章　劳动合同

第一节　劳动合同概述

一、劳动合同的概念和特征

（一）劳动合同的概念

劳动合同，又称“劳动契约”“劳动协议”。是指劳动者与用人单位确立劳动关系、明确双方权利和义务，并经过协商达成的书面协议。我国《劳动法》第十六条规定：“建立劳动关系应当订立劳动合同。”《劳动合同法》第十条规定：“建立劳动关系应当订立书面劳动合同。”这表明，根据协议，劳动者加入某一用人单位，承担某一工作和任务，遵守单位内部的劳动规则和其他规章制度，用人单位有义务按照劳动者的劳动数量和质量支付劳动报酬，并根据劳动法律、法规和双方的协议，提供各种劳动条件，保证劳动者享有本单位成员的各种权利和福利待遇。同时，劳动合同应当以书面形式订立。

（二）劳动合同的特征

劳动合同作为契约的一种，除具有普通合同的一般特征外，还具有以下法律特征：

1. 劳动合同的双方主体的特定性

劳动合同的主体一方是劳动者，除国家规定的特殊行业外，必须是能够提供劳动力的年满 16 周岁的自然人，而另一方则必须是具备法定资格的用人单位。劳动合同的当事人不可能同时是单位，也不可能同时是劳动者。

2. 劳动合同中劳动者地位的特殊性

劳动者与用人单位在签订合同时地位平等，双方也可以就合同的内容进行协商，但在劳动合同履行的过程中，双方当事人在职责上具有身份上的从属关系。劳动者必须服从用人单位的管理，遵守用人单位的劳动纪律和规章制度。

3. 劳动合同的不自由性

虽然劳动合同的双方当事人都有选择相对人的自由，而且就具体的劳动合同内容，可在合法的前提下协商一致，同时双方当事人还可以在自愿的情况下，按法定程序解除劳动关系。但在劳动合同中，劳动者必须遵循亲自履行原则，因此劳动者不能委托他人代理自己履行义务，同时用人单位不能任意与劳动者约定超越法律之外的条款。

4. 劳动合同可能涉及第三人的物质利益

这一特征是由劳动力本身再生产的特点决定的。在特定条件下，劳动合同内容往往不仅限于当事人的权利和义务，有时还需涉及劳动者的直系亲属在一定条件下享受的物质帮助权，如劳动者的直系亲属的入托、入学、疾病保险等问题。

二、劳动合同的作用

劳动合同作为确立劳动关系的法律形式，即组织社会劳动，合理配置劳动力资源，稳定劳动关系，促进社会生产力发展的重要手段。在社会主义市场经济条件下，劳动合同的作用主要有：

（一）劳动合同是建立劳动关系的基本形式

以劳动合同作为建立劳动关系的基本形式，是世界各国普遍的做法，也是建立和完善我国社会主义市场经济体制的客观要求。这是由于劳动过程是非常复杂，也是千变万化的，不同行业、不同单位和不同劳动者在劳动过程中的权利义务各不相同，国家法律、法规只能对共同性问题做出原则性的规定，而不可能对当事人的权利义务进行具体规定。这就要求双方当事人依法签订劳动合同，明确相互的权利和义务。

（二）劳动合同是促进劳动力资源合理配置的重要手段

用人单位可以根据生产经营或工作需要确定招收录用劳动者的时间、条件、方式和数量，并且通过与劳动者签订不同类型、不同期限的劳动合同，发挥劳动者的专长，合理使用劳动力。劳动合同主体双方享有依法订立、变更、解除、终止劳动合同的自主权，使得双方既可确立相对稳定的劳动关系，又可促使劳动力流动，从而达到促进劳动力资源合理配置的目的，进而达到提高劳动生产率，促进社会生产力发展的根本目的。

（三）劳动合同有利于避免或减少劳动争议

劳动合同明确规定劳动者和用人单位之间的劳动权利、义务和责任，这对合同主体双方既是一种保障，又是一种约束，有助于提高双方履行合同的自觉性，促使双方正确地行使权利，严格地履行义务。因此劳动合同的订立和履行，有利于避免和减少劳动争议的发生，有利于稳定劳动关系。同时，即使发生劳动争议。也可以以合同条款为依据进行处理，有利于争议的解决。

第二节　劳动合同的订立

一、劳动合同订立的原则

《劳动合同法》第三条规定："订立劳动合同，应当遵循合法、公平、平等自愿、协商一致、诚实信用的原则。"

（一）合法原则

1. 形式合法

我国《劳动法》第十九条规定："劳动合同应当以书面形式订立。"《劳动合同法》第十条、第八十二条分别规定："建立劳动关系，应当订立书面劳动合同。已建立劳动关系，未同时订立书面劳动合同的，应当自用工之日起一个月内订立书面劳动合同"，"用人单位自用工之日起超过一个月不满一年未与劳动者订立书面劳动合同的，应当向劳动者每月支付二倍的工资"。《劳动合同法》把订立书面劳动合同规定为用人单位的一项法定义务，否则，用人单位要承担一定的法律后果。

2. 主体合法

劳动双方当事人必须具有劳动权利和劳动行为能力，都能履行劳动合同规定的义务。比如用人单位必须具有法人资格，能够依法支付工资，缴纳社会保险费，提供劳动保护条件，并能够承担相应的民事责任等。劳动者必须年满16岁，国家禁止使用童工。

3. 内容合法

劳动合同的内容是劳动合同的核心部分。用人单位与劳动者订立一份有法律效力的劳动合同，不但在形式上、主体上合法，更重要的是内容上合法。在内容上要详细说明劳动合同期限、工作内容、劳动保护和劳动条件、劳动报酬、劳动纪律、劳动合同终止的条件、违反劳动合同的责任等必备条款，另外还有协商约定的条款。

订立劳动合同，用人单位不得要求劳动者提供担保，不得以担保为名向劳动者收取抵押金、抵押物、保证金、定金及其他费用，也不得扣押劳动者的身份证及其他证件。

（二）公平原则

公平原则是指劳动合同的内容应当公平、合理。反映在合同关系上，表现为当事人的权利义务对等，任何一方当事人既享有权利，也承担义务，且双方当事人之间权利义务分配大体上平衡。用人单位不能滥用经济上的优势地位，迫使劳动者订立不公平的合同。

（三）平等原则

平等原则是指劳动合同的当事人在合同关系中的法律地位平等。主要体现在以下几点：(1) 在订立合同时双方当事人法律地位平等，劳动合同主体平等地享有权利与承担义务，对劳动合同内容的约定必须经过劳动合同双方当事人反复磋商，才能订立。(2) 在履行劳动合同时，劳动合同的任何一方当事人不得擅自变更或解除劳动合同。在一般情况下，如果遇到特殊情况需要变更或者解除劳动合同的，必须经过双方当事人协商一致。(3) 在承担劳动合同责任时，任何一方不履行劳动合同规定的义务，都应承担法律责任。对违反其他法律法规的劳动合同的当事人需要追究其他形式的法律责任的，还应依法追究其他责任的法律责任。

（四）自愿原则

自愿原则是合同的精髓。自愿就是合同当事人意思表示的合意，只要劳动合同不违反劳动法和其他法律的规定，不违反社会公共利益，劳动合同的当事人就享有合同自由。“自愿原则”包含：(1) 劳动合同的双方当事人有权依照自己的意志自主地决定订立或不订立劳动合同。劳动合同的权利可以由劳动合同的当事人在法定范围内依自己的意志取得，任何人不得强迫、干涉。用人单位或者劳动者一方当事人可以有权自主决定是否与另一方当事人订立劳动合同。(2) 劳动合同的双方当事人有权自由决定同谁订立劳动合同。用人单位可以根据本单位的需要自主选择劳动者，劳动者也可以按照自己的意愿选择用人单位。(3) 劳动合同的双方当事人有权决定劳动合同的内容。劳动合同的当事人在符合法律规定的情况下，劳动合同的双方当事人可以自主约定劳动合同的部分内容。(4) 在法律规定的范围内劳动合同的当事人有变更和解除劳动合同的自由。用人单位与劳动者有权按照法律的规定、法律规定的程序变更与解除劳动合同。(5) 劳动合同的当事人有权选择劳动法或劳动合同法规定的劳动合同的形式。

自愿原则与平等原则密切相关，相辅相成。没有平等不能做到真正的自愿，没有自愿也谈不上平等。只有保障劳动合同的当事人法律地位平等，劳动合同当事人才能在平等的基础上自愿地协商劳动合同的有关事宜；只有当劳动合同当事人自主自愿地决定劳动合同的内容时，劳动合同当事人的法律地位才能算是平等的。

（五）协商一致原则

订立劳动合同的“协商一致”是指劳动合同双方当事人就劳动合同的各项条款，经过反复磋商，取得完全一致的意见的过程，是劳动合同双方当事人意思表示一致的过程。“协商一致”也必须是在当事人平等、自愿的基础上，没有当事人的法律地位的平等，意思表示的真实、自愿，订立的劳动合同不可能体现劳动合同双方当事人的“协商一致”。

（六）诚实信用原则

诚实信用要求当事人在合同签订、履行以及合同终止后的全过程，都要心怀善意，讲诚实、讲信用，相互协作。《劳动合同法》第八条规定：“用人单位招用劳动者时，应当如实告知劳动者工作内容、工作条件、工作地点、职业危害、安全生产状况、劳动报酬，以及劳动者要求了解的其他情况；用人单位有权了解劳动者与劳动合同直接相关的基本情况，劳动者应当如实说明。”《劳动合同法》通过引入诚实信用原则，使劳动者和用人单位在劳动关系缔结前、劳动关系存续期间以及劳动关系终止后的各个阶段都有相应的约束和保障，有利于维护和发展和谐、稳定、公平的劳动关系。

【阅读材料】

签订劳动合同千万要小心

湖南农村青年王某，15 岁就随老乡到北京一建筑工地打工。用人单位和王某订立了劳动合同：每天工作 12 小时，出现工伤事故责任自负。一天，王某在工作时砸伤了一只脚，要求工伤赔偿却遭拒绝。用人单位认为依据双方合同，小王的工伤责任应自负。

法律规定，在订立劳动合同时应符合订立合同的基本条件。基本条件是：1. 合法：(1) 主体合法，劳动者必须达到法定年龄；(2) 内容合法，双方在合同中设定的权利和义务必须符合法律法规规定；(3) 意思表达真实，即合同双方处于真实的意思而不是在欺诈或迫于压力的情况下签订合同；(4) 约定工作中出现伤亡事故后，责任自负是不合法的。2. 平等自愿，很显然，小王与该用人单位所签的合同不满足上述“基本条件”。该单位还涉嫌雇佣童工。

二、劳动合同订立的程序

劳动合同的订立程序，是指订立劳动合同，建立劳动法律关系所必须遵守的步骤，订立程序应符合法律规定，而且还要用书面的形式予以确认。根据我国《劳动法》的有关规定以及订立劳动合同的实践，签订劳动合同的程序一般为：

（一）用人单位提出合同

劳动合同一般由用人单位提出、征求应招的新职工的意见。用人单位应向被招的新职工如实地、详细地介绍本单位的情况，拟订劳动合同的条款内容、涉及的有关情况以及签订劳动合同的要求。被招聘人员应该仔细阅读了解合同内容。用人单位还有义务回答被招聘的新职工的询问、意见和要求。

（二）双方协商一致，签订劳动合同

用人单位与被招聘的新职工依法就劳动合同的条款经过协商，在合同的内容上，求职者一定要先确认自己签订的劳动合同是否具备产生法律约束力的条件，包括：用人单位应是依法成立的劳动组织，能够依法支付工资、缴纳社会保险费、提供劳动保护条件，并能承担相应的民事责任等。取得一致意见后[①]，达成协议，填写劳动合同书，并签名盖章。劳动合同即告成立。合同应一式两份，双方各执一份。

（三）双方还应鉴证劳动合同

工会对录用新的职工实行必要的监督。用人单位录用新职工时，应当通知基层工会。基层工会如发现录用新职工违反政府法令时，有权于 3 日内提出异议。这样做可以防止个别用人单位不顾生产需要，乱用职工，使企业受到不应有的损失。同时，也可以维护新职工的合法权益。劳动合同签订后，应当到当地劳动行政机关申请鉴证，并向其主管部门和当地劳动部门备案。

【阅读材料】

不得变相收取押金

小王是法学专业的应届毕业生，被某地产公司录用后，在办理入职手续时，一自称公司行政经理的人称：该公司系房地产经纪公司，因行业的特殊性，按照行业相关主管部门的要求必须先参加培训，培训合格取得证

---

① 从某个角度看，用人单位处于优势地位，而劳动者处于相对弱势地位。就我国现实看，初次就业或者重新就业与用人单位签订劳动合同时，能够就劳动合同的内容，主要条款与用人单位真正地做到“协商一致”的情况非常少，劳动者急于找到一份工作，往往很难做到就劳动合同的内容与用人单位进行反复协商，进而取得双方当事人的意思表示的一致。劳动合同往往是由用人单位事先拟订的。有些劳动合同是由用人单位事先拟定的“格式劳动合同”，劳动者为了获得工作可能根本没有看清劳动合同的内容、劳动合同的条款，就匆匆地与用人单位签订了劳动合同。劳动者与用人单位在这种情况下签订的劳动合同所达到“协商一致”往往是表面的协商一致。

书后方可正式工作。培训需先收取每人600元费用作为培训费，待培训合格后公司可予以全额报销。小王当时觉得很有道理，后来听朋友说：好多人都被这种形式骗了，上网一查才知道，很多人交了钱，公司再以各种方式拒绝录用，但已交的钱公司不退，求职者也没有任何书面证据证明其向公司交了钱，只能自认倒霉。

实践中，很多单位以培训费、服装费、保证金、押金等各种名义向求职者收取费用，还冠以各种看似合理的理由甚至承诺离职时予以返还。有的单位给出收取款项的凭证，有的单位收取款项后仅以口头方式承诺离职时返还。但无论如何以上行为都是违法的，《劳动合同法》第九条明确规定：用人单位招用劳动者，不得要求劳动者提供担保或者以其他名义向劳动者收取财物。同时本法第八十四条规定用人单位违反本法规定，以担保或者其他名义向劳动者收取财物的，由劳动行政部门责令限期退还劳动者本人，并以每人五百元以上二千元以下的标准处以罚款；给劳动者造成损害的，应当承担赔偿责任。

第三节　劳动合同的内容

劳动合同的内容，是指劳动者和用人单位双方经过协商达成的关于劳动权利、义务的具体规定，具体表现为劳动条款。在现实劳动过程复杂的情况下，劳动合同的内容不可能一成不变。而只能由用人单位根据劳动过程的特点和单位的实际与劳动者协商确定，本节仅就合同的主要条款加以阐述，其内容包括法定条款和约定条款两大部分。

一、法定条款

法定条款，是指依照法律规定劳动合同应当具备的条款。根据《劳动合同法》第十七条第一款规定，劳动合同应具备以下主要条款。

（一）用人单位的基本情况

用人单位的基本情况包括用人单位的名称、住所和法定代表人或者主要负责人。用人单位的名称应当按照营业执照上确定的名称填写，不能缩写。住所为其主要办事机构所在地。

（二）劳动者的基本情况

劳动者的基本情况包括劳动者的姓名、住址和居民身份证或者其他有效身份证件号码。

（三）劳动合同的期限

劳动合同的期限是双方当事人所订立的劳动合同起始和终止的时间，也是劳动关系具有法律效力的时间。《劳动合同法》第十二条规定了劳动合同的期限可以为固定期限、无固定期限和以完成一定的任务的期限，由双方当事人协商选择具体采用哪一种合同期限。同时，为了保障劳动者的权益，《劳动合同法》十四条第二款规定：“用人单位与劳动者协商一致，可以订立无固定期限劳动合同。有下列情形之一，劳动者提出或者同意续订、订立劳动合同的，除劳动者提出订立固定期限劳动合同外，应当订立无固定期限劳动合同：（一）劳动者在该用人单位连续工作满十年的；（二）用人单位初次实行劳动合同制度或者国有企业改制重新订立劳动合同时，劳动者在该用人单位连续工作满十年且距法定退休年龄不足十年的；（三）连续订立二次固定期限劳动合同，且劳动者没有本法第三十九条和第四十条第一款、第二款规定的情形，续订劳动合同的。”第三款补充规定：“用人单位自用工之日起满一年不与劳动者订立书面劳动合同的，视为用人单位与劳动者已订立无固定期限劳动合同。”

《劳动合同法》关于无固定期限劳动合同的规定与《劳动法》中的相关规定有以下几点区别：

（1）《劳动合同法》增加了必须签订无固定期限劳动合同的情形。

（2）在是否签订无固定期限劳动合同方面，《劳动合同法》赋予了劳动者主动权。《劳动法》二十条第二款规定“劳动者在同一用人单位连续工作满十年以上，当事人双方同意续延劳动合同的，如果劳动者提出订立无固定期限的劳动合同，应当订立无固定期限的劳动合同。”而《劳动合同法》将“当事人双方同意”变为“劳动者提出或同意”，从而取消了用人单位在订立无固定期限劳动合同制度方面的自主权，即在符合条件的情况下，只要劳动者提出，就必须签订，而不管用人单位是否同意续签。

（3）《劳动合同法》确定了劳动者订立无固定期限劳动合同的意愿推定原则。根据《劳动法》的规定，劳动者应该主动提出订立无固定期限劳动合同，即劳动者如果没有主动提出，那么用人单位签订固定期限劳动合同也是可以的。而《劳动合同法》采取了推定的方式，即除劳动者提出订立固定劳动合同外，应当订立无固定期限劳动合同 。

《劳动法》并没有规定用人单位违法不签订无固定期限劳动合同的后果是什么，而在《劳动合同法》第八十二条第二款则明确了用人单位违法不签订无固定期限劳动合同的后果，是自应订立无固定期限劳动合同之日起向劳动者每月支付二倍的工资。用人单位违法不签订无固定期限劳动合同的法律及经济成本大大增加，劳动者签订无固定期限劳动合同有了更大的保障。

【阅读材料】

不签订无固定期限劳动合同违法①

唐某自2001年1月10日开始在北京某机械厂工作，单位的劳动合同一年一签，到2013年1月10日唐某的劳动合同又要到期了，唐某认为自己在公司工作已经10年多了，想与单位签无固定期限的劳动合同，问单位明年1月合同到期后能不能和他签订无固定期限的劳动合同。单位的答复是：续订无固定期限劳动合同的条件是“双方同意续订合同”，我们明年1月不打算和你续订合同了，所以，你不能续订无固定期限的劳动合同。

问题：

单位的说法正确吗？

案例来源：北京劳动就业报

（四）工作内容和工作地点

这是劳动者履行劳动合同的主要义务，需在合同中加以明确规定。合同中应规定工作岗位、工作责任以及工作数量和质量要求。也可以把有关工作责任制度（如岗位责任书等）纳入劳动合同中，作为合同附件形式加以规定。工作内容方面的规定是确定劳动者是否胜任工作的重要依据，因此应尽量细化为好。另外，工作内容条款事后可以变更，但需经双方协商一致，否则即构成单

① 北京市人力资源和社会保障局．在同一单位工作满十年单位必须续订无固定期限劳动合同吗？http：//www.bjld.gov.cn/tszl/ldzcalydp/201001/t20100120_17787.html.

方违约。但当劳动者不能胜任工作时，用人单位对其进行调整，则属于用人单位用人自主权范围。工作地点是劳动合同的履行地，即劳动者从事劳动合同中所规定的工作内容的地点。劳动者有权在与用人单位建立劳动关系时知悉自己的工作地点。

为了防止用人单位利用其强势地位直接或间接损害劳动者权益，《劳动合同法》将工作地点也确定为劳动合同的必备条款。根据立法的本意和基本原则，用人单位对于工作地点的约定应当是明确的。

【阅读材料】

工作地点该如何约定？①

2012年，王某与广州一家公司签订了劳动合同，由于该公司在全国有多家分公司，为了方便公司整体工作安排和人员调配，公司在合同中约定，工作地点由公司根据具体情况决定。半年后，公司人事经理通知王某，公司决定将她调往肇庆市的分公司工作，王某不同意。公司认为，根据劳动合同的规定，王某已经自愿服从公司对工作地点的安排。

本案中，劳动合同约定“工作地点由公司根据具体情况而定”这种约定是显然违反立法本意的，没有法律根据，因此，王某有权拒绝公司对工作地点的变更。

（五）工作时间和休息休假

工作时间是劳动者完成其所负担的工作任务的时间。工作时间包括工作时间长短、工作时间方式的确定。工作时间作为法律范畴，既包括劳动者实际完成本职工作的时间，也包括劳动者某些非实际工作的时间。如工作前的准备时间，下班前的交接时间。休息休假是劳动者按规定不必进行工作而可以自行支配的时间。休息权是我国宪法赋予劳动者的一项基本权利。用人单位在与劳动者约定休息休假事项时应当遵守劳动法及相关法律法规的规定。

根据《劳动法》和《国务院关于职工工作时间的规定》，我国目前实行劳动者每日工作8小时，每周工作40小时这一标准工时制。为了保护劳动者权

---

① 周丽霞．HR全程法律顾问：企业人力资源管理高效工作指南［M］．北京：中国法制出版社，2011：24.

益，若劳动者超过法定标准工作时间或企业规定的工作时间进行工作——即通常说的加班加点，法律有明确规定进行限制。《劳动法》规定，一般每日延长不得超过 1 小时；因特殊原因需要延长的，每日不得超过 3 小时，但每月不得超过 36 小时。企业安排员工延时加班的，应当支付不低于工资 150％的报酬。而企业安排劳动者休息日工作又不能安排补休的，支付不低于工资 200％的加班报酬；安排劳动者在法定节假日工作的，支付不低于工资 300％的加班报酬。

我国《劳动法》规定，用人单位应当保证劳动者每周至少休息 1 日，并且，在法定节假日期间应当安排劳动者休假。

（六）劳动报酬

依法和按约定向劳动者支付报酬，是用人单位的一项基本义务。协商约定劳动者的工资额（含试用期工资）、工资调整的权限、发放时间、报酬的构成和变更，对生产型企业还可以有最低工资条款。劳动关系双方在约定劳动报酬时，不得违反国家法律、法规的规定，如工资不得低于当地政府规定的最低工资标准，工资支付形式和期限也不得违反有关的法律、法规和政策。

（七）社会保险

社会保险是国家通过立法筹集专门资金用于保障具有一定劳动关系的劳动者在年老、患病、工伤、失业、生育等丧失或部分丧失劳动能力的情况下基本生活需求的一种社会保障制度。社会保险由国家强制实施，因此成为劳动合同不可缺少的内容。

《社会保险法》第十条规定：“职工应当参加基本养老保险，由用人单位和职工共同缴纳基本养老保险费。”本法第二十三条规定：“职工应当参加职工基本医疗保险，由用人单位和职工按照国家规定共同缴纳基本医疗保险费。”本法第三十三条规定：“职工应当参加工伤保险，由用人单位缴纳工伤保险费，职工不缴纳工伤保险费。”本法第四十四条规定：“职工应当参加失业保险，由用人单位和职工按照国家规定共同缴纳失业保险费。”本法第五十三条规定：“职工应当参加生育保险，由用人单位按照国家规定缴纳生育保险费，职工不缴纳生育保险费。”同时，本法第八十六条规定：“用人单位未按时足额缴纳社会保险费的，由社会保险费征收机构责令限期缴纳或者补足，并自欠缴之日起，按日加收万分之五的滞纳金；逾期仍不缴纳的，由有关行政部门处欠缴数额一倍以上三倍以下的罚款。”并且，根据《劳动合同法》的规定，员工可以以企业未依法缴纳社会保险费为由，随时通知企业解除劳动合同，并要求企业支付经济补偿金。

（八）劳动保护、劳动条件和职业危害防护

劳动保护，广义是指对劳动者各个方面合法权益的保护；其狭义仅指对劳动者在劳动过程中的安全和健康的保护，又称“劳动安全卫生”或“职业安全卫生”。在劳动法领域主要使用狭义的劳动保护，主要包括以下三个方面：

（1）劳动基准，即工作时间及休息休假制度。

（2）职业安全卫生，即安全生产和职业病的防治。

（3）女职工和未成年工的保护，即对相对弱势的劳动者群体的保护。

由于工作时间及休息休假已单独列出，因此这里的劳动保护主要包括职业安全卫生，即安全生产和职业病的防治；女职工和未成年工的保护，即对相对弱势的劳动者群体的保护。

劳动条件包括劳动者为完成合同规定的工作内容所必需的物质条件以及劳动安全卫生设备和措施。我国《劳动法》第五十四条规定：“用人单位必须为劳动者提供符合国家规定的劳动安全卫生条件和必要的劳动防护用品，对从事有职业危害作业的劳动者应当定期进行健康检查。”用人单位劳动保护方面不得低于有关劳动法规规定的标准。

我国《劳动法》第五十二条规定：“用人单位必须建立健全劳动安全卫生制度，严格执行国家劳动安全卫生规程和标准，对劳动者进行劳动安全卫生教育，防止劳动过程中的事故，减少职业危害。”

这些必备条款由于法规已规定得很具体，属于强制执行的规定，因而合同书没有必要再规定这些内容，但都必须严格执行。

【阅读材料】

劳动合同欠缺必备条款，企业是否承担法律责任？①

2011年3月，陈某与某公司订立为期两年的劳动合同。劳动合同约定了合同期限、工资标准和工作任务等，但没有休息休假和社会保险等条

① 找法网．劳动合同必备条款不可忽视［EB/OL］http：//china.findlaw.cn/laodongfa/ldhtxl/bbtk/15900.html，2009－11－28.

款。2011 年 8 月，陈某以与企业订立的劳动合同条款未具备《劳动合同法》规定的必备条款为由，向劳动争议仲裁委员会申请仲裁，请求确认此劳动合同无效，应视同未订立劳动合同，故要求企业支付 3 月至 7 月的双倍工资。劳动仲裁委员会经审理认为，企业并不是没有与陈某订立书面劳动合同，而是订立的书面劳动合同条款未完全具备《劳动合同法》规定的必备条款，这种情况并不等于未订立书面劳动合同，因此驳回了陈某的全部诉讼请求。根据《劳动合同法》第八十一条规定，用人单位的劳动合同文本中未载明必备条款，由劳动行政部门责令改正，给劳动者造成损害的，应该承担赔偿责任。因此，陈某可以要求企业承担相应的赔偿责任。

案例来源：找法网 http：//china. findlaw. cn/laodongfa/ldhtxl/bbtk/15900. html

二、约定条款

协商约定条款，是指劳动者和用人单位在法定条款之外，根据双方的具体情况，经过协商认为需要约定的条款。《劳动合同法》第十七条第二款规定：“劳动合同除前款规定的必备条款外，用人单位与劳动者可以约定试用期、培训、保守秘密、补充保险和福利待遇等其他事项。”约定条款的内容只要不违反法律、法规的规定，同法定条款一样，对当事人具有法律约束力。一般常见的约定条款有：

（一）试用期

劳动合同试用期，是指用人单位对新录用的劳动者进行试用的期限，它是劳动者和用人单位的磨合期。试用期包括在合同期限内，劳动合同仅约定试用期的，试用期不成立，该期限为劳动合同期限。同一用人单位与同一劳动者就同一岗位只能约定一次试用期，也就是说试用期一般对初次就业或者再就业的劳动者可以约定，适用于初次就业或再次就业时改变劳动岗位或工种的劳动者，对工作岗位没有发生变化的劳动者，不能再次规定试用期。试用期最高不能超过 6 个月，《劳动合同法》的十九条规定：“劳动合同期限三个月以上不满一年的，试用期不得超过一个月；劳动合同期限一年以上不满三年的，试用期不得超过二个月；三年以上固定期限和无固定期限的劳动合同，试用期不得超过六个月。”

【阅读材料】

莫让试用期变成“白用期”[①]

2008年6月，小张与某科贸公司签订了为期一年的劳动合同，约定试用期为三个月，试用期期间工资每月2500元；试用期期满后工资每月3000元。入职三个月后，小张被公司辞退。后小张向仲裁提起申诉，要求公司支付超过期间约定试用期的工资差额。仲裁支持了小张的申诉请求。该公司不服向法院提起诉讼。经过审理，法院认为用人单位违法约定试用期，应该按照正式职工待遇支付劳动者工作期间的劳动报酬。本案中，科贸公司与小张在一年期的劳动合同中约定了期限为三个月的试用期违法，公司应该按照3000元的工资标准补足小张2008年8月工资差额500元。

（二）服务期

用人单位为劳动者提供专业培训费用，对其进行专业技术培训的，可以与该劳动者订立协议，约定服务期。劳动者违反服务期协议的，应当按照约定向用人单位支付违约金。违约金的数额不得超过用人单位提供的培训费用。用人单位要求劳动者支付的违约金不得超过服务期尚未履行部分所应分摊的培训费用。用人单位与劳动者约定服务期的，不影响按照正常的工资调整机制提高劳动者在服务期期间的劳动报酬。

【阅读材料】

服务期超出了劳动合同期限怎么办?[②]

某公司与下属的职业经理陈某签订了为期3年的劳动合同，在劳动合同履行期间，公司出钱让其参加了某名牌大学的EMBA班的培训学习，

① 光明网．莫让试用期变成“白用期”“贱用期”．http：//court.gmw.cn/html/article/201104/19/3498.shtml. 2011－04－19

② 法律快车．服务期与劳动合同的例子．http：//anli.lawtime.cn/mfldhtf/2011092917390.html. 2011－09－29

学习完成之后，公司与其签订了为期3年的服务协议，期限自培训结束之日起算。但依据双方签订的劳动合同，还有1年零3个月就到期。那么服务期比劳动合同期限长，是否需要变更劳动合同期限？劳动合同期满，公司可否单方终止劳动合同？

签订劳动合同后，又签订了服务期协议，且服务期协议中关于服务年限的约定超出了劳动合同的期限，视为双方关于服务年限的重新约定，不需要再变更劳动合同的期限。劳动合同到期后，若没有及时续订劳动合同，因为有服务期协议的存在，直接视为劳动合同的顺延，顺延的期限为尚未履行的服务期。

但是，因为服务期约定，主要是基于用人单位在员工身上支出了相应的培训成本后，附加给员工的一项服务年限的单方义务，属于对员工的一种单方的约束。若劳动合同期满，服务期未满，用人单位根据员工的表现以及单位的用工需要，若想继续聘用，则可以续订劳动合同。若不想聘用，则可以单方终止劳动合同，结束双方之间的雇佣关系。

（三）商业秘密

商业秘密是市场经济发展的产物，是知识产权的重要组成部分，也是用人单位重要的无形资产，它对用人单位在市场竞争中的生存和发展有重要影响。根据我国《反不正当竞争法》《刑法》的规定，商业秘密是指不为公众所知悉，能为权利人带来经济利益，具有实用性并经权利人采取保密措施的技术信息和经营信息。技术和经营信息包括设计、程序、产品配方、制作工艺、制作方法、管理诀窍、客户名单、货源情报、产销策略、招投标中的标底及标书内容等信息。

商业秘密的构成要件有三：一是该信息不为公众所知悉。即该信息是不能从公开渠道直接获取的；二是该信息能为权利人带来经济利益，具有实用性；三是权利人对该信息采取了保密措施。概括地说，商业秘密就是不能从公开渠道直接获取的，能为权利人带来经济利益，具有实用性，并经权利人采取保密措施的信息。

《劳动法》第二十二条规定：“劳动合同当事人可以在劳动合同中约定保守用人单位商业秘密的有关事项。”《劳动合同法》第二十三条第一款规定：“用人单位与劳动者可以在劳动合同中约定保守用人单位的商业秘密和与知识产权相关的保密事项。”违反劳动合同中约定的保密事项，给用人单位造成经济损失的，应当依法承担赔偿责任。

如果掌握商业秘密的员工在离职后将企业的商业秘密带走或向外泄露，则会使企业为员工的离职付出无可估量的成本。因此，企业应重视高级人才的离职，切实做好保护商业秘密的工作。

首先，企业应制定保密规章制度。这是能证明企业对自己认定为商业秘密的信息和资料采取保密措施的凭据，也是保护商业秘密的重要措施。该规章制度的主要内容包括：确定本单位所拥有的商业秘密的范围、种类、保密级别、保密期限、保密方法、泄密责任等。

其次，可在劳动合同中约定商业秘密条款，也可签订保密协议，以专项协议形式作为劳动合同的附件存在。双方约定的内容一般有两种：一是竞业限制的内容；二是脱密期的内容，即掌握商业秘密的员工在劳动合同终止前或该员工提出解除劳动合同后的一定时间内（最长不超过 6 个月），企业可将其调整到非商业秘密的工作岗位，变更合同相关内容，逐步使其淡忘所知道的一些商业秘密。待此期间届满，员工方可办理离职手续。①

（四）补充保险和福利待遇

补充保险是指除了基本社会保险以外，用人单位根据自身的实际情况为劳动者建立的一种社会保险。这种保险的水平因用人单位经济实力的不同而不同，用人单位可以根据自身情况决定是否建立以及数额的高低。

福利待遇是用人单位为提高劳动者及其亲属的生活质量而提供的工资以外的津贴、设施和服务，它也是根据用人单位自身的经济效益情况而自主决定的。

用人单位和劳动者可以就补充保险和福利待遇等事项在劳动合同中做出约定，如取暖补贴、防暑降温费、提供健康检查等。如相关内容约定在合同中则用人单位必须遵守。

（五）竞业限制

竞业限制是指用人单位的职员（尤其是高级职员）在其任职期间不得兼职与原单位有竞争关系的用人单位或兼营竞争性业务，在其离职后的特定时期和

① 周丽霞．HR 全程法律顾问：企业人力资源管理高效工作指南［M］．北京：中国法制出版社，2011：58—72．

地区内也不得从业于与原单位有竞争关系的用人单位或进行竞争性营业活动。竞业限制的主要目的是为了保护原单位的商业秘密不会随着职员的流动流向竞争性的用人单位，保持原单位在竞争中的优势地位。我国《劳动合同法》第二十三、二十四条对竞业限制做了较为全面的规定。第二十三条规定："对负有保密义务的劳动者，用人单位可以在劳动合同或者保密协议中与劳动者约定竞业限制条款，并约定在解除或者终止劳动合同后，在竞业限制期限内按月给予劳动者经济补偿。劳动者违反竞业限制约定的，应当按照约定向用人单位支付违约金。"第二十四条规定："竞业限制的人员限于用人单位的高级管理人员、高级技术人员和其他负有保密义务的人员。竞业限制的范围、地域、期限由用人单位与劳动者约定，竞业限制的约定不得违反法律、法规的规定。在解除或者终止劳动合同后，前款规定的人员到与本单位生产或者经营同类产品、从事同类业务的有竞争关系的其他用人单位，或者自己开业生产或者经营同类产品、从事同类业务的竞业限制期限，不得超过二年。"

因此，有效的竞业限制协议（条款）应具备以下几个条件：

（1）竞业限制的主体。根据《劳动合同法》，竞业限制的义务主体一般应限于公司的高级管理人员、高级技术人员和其他负有保密义务的人员。但在实务中，很多企业却不论劳动者所在岗位、知识技能以及是否能接触企业的商业秘密，一律都与之签订竞业限制协议。这种做法是对企业资源的浪费，更是对人才流动产生了不利影响。同时在诉讼中，法院一般认定与只具有普通技能且未接触单位商业秘密的雇员签订的竞业限制协议原则上无效。

（2）竞业限制的内容。竞业限制的主要内容就是对员工离职后从事职业种类的限制。故协议中应明确企业商业秘密的具体范围（企业必须具有现实的商业秘密存在），不能把一般的商业信息、知识技能或经验划入商业秘密；同时，还应明确限制员工从事的具体业务范围、地域范围以及限制期限（根据法律规定，最长不得超过 3 年），防止企业对离职员工提出过高的要求。

（3）协议双方的权利和义务。包括补偿费的数额及支付方式、违约责任等。对于补偿费用和支付方式，企业可关注其所在地的地方政府是否颁布有相关的地方法规，约定补偿费少于当地规定标准或者没有约定补偿费的，补偿费按照该员工离开企业前最后十二个月月平均工资的二分之一计算；竞业限制补偿费应当在员工离开企业后按月支付。用人单位未按月支付的，劳动者自用人单位违反约定之日起三十日内，可以要求用人单位一次性支付尚未支付的经济补偿，并继续履行协议；劳动者未在三十日内要求一次性支付的，可以通知用人单位解除竞业限制协议。除上述必备的条款外，用人单位与劳动者还可在竞业限制协议中对与该协议发生争议时的争议解决方式、或在某些条件满足时协议自动终止，企业依法合并、分立或者终止时，保密协议、竞业限制协议由变更后的当事人承担或者分别承担。[①]

（六）违约金和赔偿金

根据《劳动合同法》的规定，对劳动者违约金的约定限于服务期、竞业限制、商业秘密三种情况。当出现劳动合同依法被确认无效，给对方造成损害；劳动者违法解除劳动合同，劳动者违反劳动合同中约定的保密义务或竞业限制，给用人单位造成损失等情况时，违约方要承担支付赔偿金的责任。

此外，劳动过程中发生的情况非常复杂，当事人双方的具体要求也是千差万别，只要双方约定的内容不违反国家的法律、法规和规章，一经双方商定，均为合法有效而对双方当事人产生法律约束力的合同内容。

第四节　劳动合同的履行、变更与终止

一、劳动合同的履行

劳动合同从签订到最终完成包括许多程序，劳动合同的履行虽只是其中的一个环节，但它在整个劳动合同中却居于核心地位。我国《劳动法》第七十二条第二款规定："劳动合同依法订立即具有法律效力，当事人必须履行劳动合同规定的义务。"《劳动合同法》第二十九条进一步重申："用人单位与劳动者应当按照劳动合同的约定，全面履行各自的义务。"

（一）劳动合同履行的原则

1. 亲自履行原则

亲自履行是指劳动合同双方当事人必须自己履行劳动合同规定的义务，而不能由第三人代替履行。劳动法律关系是劳动者与用人单位依法形成的权利义

① 周丽霞．HR 全程法律顾问：企业人力资源管理高效工作指南［M］．北京：中国法制出版社，2011：58－72.

务关系。劳动者提供劳动力，用人单位使用劳动力的特点，决定劳动合同双方当事人享有的权利必须亲自享受而不得转让，义务必须亲自履行而不得代行或转移。这与合同法中规定的合同双方当事人履行其债权债务可以转让或代替不同。因此劳动合同双方当事人必须亲自履行劳动合同规定的义务。

2. 全面履行原则

履行劳动合同的依据是劳动合同规定的内容，即合同条款。这些条款具有内在联系，是不可割裂的权利义务统一整体，双方当事人中任何一方不得分割履行某些条款规定的义务或不按劳动合同约定履行。双方当事人必须按照劳动合同约定的条件、时间、地点和方式，全面履行劳动合同规定的各项义务。只有双方当事人按约全面履行自己的义务才能保证劳动合同得以全面、正确履行，才能使各自所享有的全部权利实现。

3. 协作履行原则

协作履行是当事人一方履行其义务，另一方当事人予以相互配合、相互协作，只有这样才能共同完成劳动合同规定的义务。劳动法律关系的客体是劳动行为，它是双方当事人的权利义务必须共同指向的同一对象，其具有单一性的特点，这就决定双方当事人只有协作履行，才能共同完成劳动合同规定的任务，也是劳动合同履行的必然要求。

（二）劳动合同履行的规定

《劳动合同法》第三十至三十四条对劳动合同的履行做了具体的规定：

（1）用人单位应当按照劳动合同约定和国家规定，向劳动者及时足额支付劳动报酬。用人单位拖欠或者未足额支付劳动报酬的，劳动者可以依法向当地人民法院申请支付令，人民法院应当依法发出支付令。

（2）用人单位应当严格执行劳动定额标准，不得强迫或者变相强迫劳动者加班。用人单位安排加班的，应当按照国家有关规定向劳动者支付加班费。

（3）劳动者拒绝用人单位管理人员违章指挥、强令冒险作业的，不视为违反劳动合同。劳动者对危害生命安全和身体健康的劳动条件，有权对用人单位提出批评、检举和控告。

（4）用人单位变更名称、法定代表人、主要负责人或者投资人等事项，不影响劳动合同的履行。

（5）用人单位发生合并或者分立等情况，原劳动合同继续有效，劳动合同由承继其权利和义务的用人单位继续履行。

二、劳动合同的变更

劳动合同的变更是指劳动合同双方当事人就已经订立的合同条款进行修改或补充协议的法律行为。一般来讲，劳动合同签订以后，双方当事人应该遵守合同，不能轻易更改，但由于现实中面临的主客观情况的多变性，原来拟订的合同继续履行有一定困难，则允许依法变更劳动合同。

劳动合同的变更有多方面的原因：有用人单位方面的原因，如生产转产、生产任务调整、产生严重亏损或发生重大事故等；也有劳动者方面的原因，如学习掌握了新技术、新能力或因病丧失劳动能力要求调整工作岗位或职务，因家庭困难要求变换工作地点等；还有订立劳动合同时所依据的法律已经修改，使原订合同无法全面履行，如工时休假规定，最低工资标准规定等。

劳动合同是依法定程序而订立的，变更时同样应当依据法定程序进行。变更应注意的问题：（1）劳动合同变更只能是变更合同内容的一部分而非全部；（2）劳动合同的变更是指对合同内容的变更，并不涉及合同的主体，即主体不变；（3）劳动合同变更后，变更的效力只限于被变更的合同内容，未变更的内容依然有效；（4）劳动合同的变更必须是在合同的有效期间内，即合同生效后至有效期届满前；（5）变更劳动合同，应当采用书面形式。变更后的劳动合同文本由用人单位和劳动者各执一份。

【阅读材料】

合同中约定的可调岗条款是否能作为对员工岗位调整的依据？[①]

秦某，2009 年 3 月到深圳某饮料公司应聘文员工作，公司要求其签订为期一年的劳动合同，其中合同中有如下约定："公司有权根据经营情况调整秦某的工作岗位，秦某应予以配合，否则视为严重违纪，公司有权立即辞退。"秦某为求工作心切，并未过多的研究合同内容，仅简单的看了薪酬待遇等条款后便匆匆签约。

① 钟燕军．调整工作岗位案．http：//blog. sina. com. cn/s/blog _ 67d1ee490100im56. html. 2010－05－18.

2009 年 10 月份，公司因业务扩展，公司决定安排 3 名员工到惠州销售部驻点工作，主要从事产品推销工作，原福利待遇不变。其中被派驻员工中包括秦某。当月，公司便将前述派驻决定向相关员工下发了到岗通知。秦某收到该通知后立即找上级主管反映情况，称其因自己近期将举办婚礼，且已在深圳买房居住，故如长期在惠州驻点工作将十分不便，希望公司能变更派驻人员。公司对秦某的要求未予理睬，坚持要求秦某按期到派驻点报到，否则将对其按严重违纪处理，双方未能对此协商一致，就此产生争议。

问题：

公司的做法是否正确？

三、劳动合同的终止

劳动合同的终止，是指劳动合同的法律效力依法被消灭，即劳动关系由于一定法律事实的出现而终结，劳动者与用人单位之间原有的权利义务不再存在。根据我国《劳动法》第二十三条规定：“劳动合同期满或者当事人约定的劳动合同终止条件出现，劳动合同即行终止。”《劳动合同法》第四十四条进一步明确规定：“有下列情形之一的，劳动合同终止：（一）劳动合同期满的；（二）劳动者开始依法享受基本养老保险待遇的；（三）劳动者死亡，或者被人民法院宣告死亡或者宣告失踪的；（四）用人单位被依法宣告破产的；（五）用人单位被吊销营业执照、责令关闭、撤销或者用人单位决定提前解散的；（六）法律、行政法规规定的其他情形。”

需要注意的是，《劳动合同法》赋予劳动者在劳动关系终止时一定条件下的经济补偿请求权。如固定期限劳动合同期满终止时的经济补偿。劳动合同期满，劳动关系终止，是否续签劳动合同，本应取决于双方自愿。但《劳动合同法》在此对劳动者进行特别保护，《劳动合同法》四十六条规定，除用人单位维持或者提高劳动合同约定条件续订劳动合同，劳动者不同意续订的情况外，依照《劳动合同法》第四十四条第一款规定终止固定期限劳动合同的，用人单位应当向劳动者支付经济补偿。

第五节　劳动合同的解除

劳动合同的解除，是指劳动合同订立后尚未全部履行之前，由于某种原因导致劳动合同一方或双方当事人提前消灭劳动关系的法律行为。《劳动法》从第二十四条到第三十二条，《劳动合同法》从第三十六条到第四十二条，对解除劳动合同的条件、程序①和法律后果等做了详细的规定。

劳动合同的解除可分为两大类型：双方解除和单方解除。双方解除，即协商解除或协议解除，是指劳动合同当事人通过协商达成协议解除劳动合同，法律不加以限制。单方解除，即劳动合同当事人一方通过行使解除权而解除劳动合同，不以对方当事人是否同意为转移。单方解除不当有可能破坏劳动合同的效力和尊严，损害对方的合法权益。

一、双方协商解除劳动合同

《劳动法》第二十四条和《劳动合同法》第三十六条都规定，经劳动合同当事人协商一致，劳动合同可以解除。劳动合同是双方当事人在自愿的基础上订立的，当然也允许自愿协商解除。只要一方提出解除的要求，另一方表示同意即可。

一般来讲，经双方协商解除劳动合同的，双方当事人之间便不会发生劳动争议。但用人单位应注意按法律、法规的规定，给劳动者办理劳动合同的解除手续和社会保险的手续。在用人单位向劳动者提出解除合同并与劳动者协商一致解除合同的情况下，用人单位应当按照国家有关规定给予劳动者一定的经济补偿。

二、单方解除劳动合同

根据我国《劳动法》《劳动合同法》的规定，劳动合同的单方解除又可分

① 在解除劳动合同时不注重程序，很多单位在与劳动者解除合同时，不按照法定程序及时通知工会，有的单位甚至不以书面的形式通知劳动者或者不采取合适的送达方式通知劳动者，这些程序上的问题都直接影响解除劳动合同决定的效力。

为：用人单位解除劳动合同和劳动者解除劳动合同。

（一）用人单位单方解除劳动合同

1. 即时解除

即时解除是指用人单位可以不必依法提前告知或者额外支付一个月工资而立即解除合同的行为。根据《劳动合同法》第三十九条规定："劳动者有下列情形之一的，用人单位可以解除劳动合同：（一）在试用期间被证明不符合录用条件的；（二）严重违反用人单位的规章制度的；（三）严重失职，营私舞弊，给用人单位造成重大损害的；（四）劳动者同时与其他用人单位建立劳动关系，对完成本单位的工作任务造成严重影响，或者经用人单位提出，拒不改正的；（五）因本法第二十六条第一款第一项规定的情形致使劳动合同无效的；（六）被依法追究刑事责任的。"在以上六种情况下，用人单位可以随时提出解除劳动合同，无须以任何形式提前告知也无须支付补偿金。

2. 预告或支付补偿金解除

预告或支付补偿金解除是在劳动者无过错，但因主客观情况变化而导致合同无法履行的情形。《劳动合同法》第四十条规定："有下列情形之一的，用人单位提前三十日以书面形式通知劳动者本人或者额外支付劳动者一个月工资后，可以解除劳动合同：（一）劳动者患病或者非因工负伤，在规定的医疗期满后不能从事原工作，也不能从事由用人单位另行安排的工作的；（二）劳动者不能胜任工作，经过培训或者调整工作岗位，仍不能胜任工作的；（三）劳动合同订立时所依据的客观情况发生重大变化，致使劳动合同无法履行，经用人单位与劳动者协商，未能就变更劳动合同内容达成协议的。"与《劳动法》对预告解除的规定相比，《劳动合同法》增加了"或者额外支付劳动者 1 个月工资后，可以解除合同"，即用人单位可以选择"提前 30 天书面通知"或者"额外支付 1 个月工资"作为解除合同的前提。

3. 经济性裁员

所谓经济性裁员，是指用人单位在濒临破产进行法定整顿期间或生产经营状况发生严重困难情况下，为改善生产经营状况而裁剪成批人员的制度。

（1）经济性裁员解除劳动合同的情形：

①依照企业破产法规定进行重整的；

②生产经营发生严重困难的；

③企业转产、重大技术革新或者经营方式调整，经变更劳动合同后，仍需裁减人员的；

④其他因劳动合同订立时所依据的客观经济情况发生重大变化，致使劳动合同无法履行的。

（2）经济性裁员解除劳动合同的人数要求。

经济性裁员属于劳动合同的成批量解除，因此必须满足一定的人数限制，即需要裁剪人员 20 人以上或者裁剪不足 20 人但占企业职工总数 10%以上的，才能使用经济性裁员，否则只能按一般解除劳动合同的方式进行。

（3）经济性裁员解除劳动合同的适用范围。

《劳动合同法》第四十二条规定，劳动者有下列情形之一的，用人单位不得依照本法第四十一条规定解除劳动合同，即不得使用经济裁员解除劳动合同：

①从事接触职业病危害作业的劳动者未进行离岗前健康检查，或者疑似职业病病人在诊断或者医学观察期间的；

②在本单位患职业病或因工负伤并被确认丧失或者部分丧失劳动能力的；

③患病或非因工负伤，在规定的医疗期内的；

④女职工在孕期、产期、哺乳期的；

⑤在本单位连续工作满十五年，且距法定退休年龄不足五年的；

⑥法律、行政法规规定的其他情形。

（4）经济性裁员解除劳动合同的程序。

由于涉及劳动合同的批量解除，因此经济性裁员解除劳动合同应当遵循更为严格的法定程序，否则将构成违法裁员。

①企业必须提前 30 天向工会或者全体职工说明情况。应当说明的情况包括裁员的理由、程序、人数和范围以及对被裁减人员的经济补偿等。

②企业应认真听取职工或工会的意见。

③企业应向劳动行政部门报告裁员方案，裁员方案包括被裁减人员名单、裁减时间、实施步骤、依据的法律法规规定、经济补偿办法等。

由用人单位正式公布裁减人员方案，与被裁减人员办理解除劳动合同手续，按照有关规定向被裁减人员本人支付经济补偿金。另外，《劳动合同法》还规定用人单位在裁减人员后，在 6 个月内又重新招用人员的，应当通知被裁减的人员，并在同等条件下优先招用被裁减的人员。[1]

【阅读材料】

经济性裁员，可以随时通知员工走人吗？

张某等人是某公司的员工，2008年下半年起，受国际金融危机的影响，公司经营发生严重困难，决定采取裁员措施，拟裁减员工30人，公司领导内部确定裁员名单后，由人力资源部统一在2008年12月20日向张某等人发出书面裁员通知，要求张某等被裁减人员在收到通知之日起最迟三日内办理完工作交接和劳动合同解除手续。该通知发出后，便在公司引起了轩然大波，张某等人找到公司，问为什么没有提前一个月通知，公司解释道，由于此次裁员受金融危机影响，属于"经济性裁员"，所以公司可以不按照以往的规定提前告知。张某等人遂向当地劳动监察大队举报，请求纠正该公司的违法解除行为。劳动监察大队接到举报后，经调查，查明该公司在进行经济性裁员时违反了法律规定的程序，因此，其单方解除张某等人的劳动合同的行为违法，责令该公司限期改正，恢复与张某等人的劳动关系。[2]

4. 对预告或支付补偿金解除和经济性裁员的限制

为保护劳动者的合法权益，正确处理劳动关系，劳动法和劳动合同法规定了不得解除劳动合同的情形。

《劳动法》第二十九条规定："劳动者有下列情形之一的，用人单位不得依据本法第二十六条、第二十七条的规定解除劳动合同：（一）患职业病或者因工负伤并被确认丧失或者部分丧失劳动能力的；（二）患病或者负伤，在规定的医疗期内的；（三）女职工在孕期、产期、哺乳期内的；（四）法律、行政法规规定的其他情形。"《劳动合同法》第四十二条在以上情形的基础上增加了两条：（1）从事接触职业病危害作业的劳动者未进行离岗前职业健康检查，或者疑似职业病病人在诊断或者医学观察期间的；（2）在本单位连续工作满十五年，且距法定退休年龄不足五年的。

---

① 周丽霞．HR全程法律顾问：企业人力资源管理高效工作指南［M］．北京：中国法制出版社，2011：180.

② 李欣．员工如何对抗"经济性裁员"．http：//www. rxyj. org/html/2010/0124/440564. php.

需要注意的是：（1）发生以上六种情形用人单位不能解除合同只是对预告或支付补偿金解除和经济性裁员的限制，在即时解除的情形下，以上六种情形不能对抗用人单位的即时解除权。（2）在本单位连续工作满十五年，且距法定退休年龄不足五年的，这两个条件要同时满足才能对抗用人单位的预告解除或经济性裁员。

5. 工会职权

我国《劳动法》第三十条、《劳动合同法》第四十三条规定了工会对于用人单位解除合同的介入权：（1）用人单位单方解除劳动合同，应当事先将理由通知工会；工会认为不适当的，有权提出意见。（2）如果用人单位违反法律、法规或者劳动合同，工会有权要求重新处理；用人单位应当研究工会的意见，并将处理结果书面通知工会。（3）劳动者申请仲裁或者提起诉讼的，工会应当依法给予支持和帮助。

（二）劳动者单方解除劳动合同

1. 即时辞职

《劳动法》第三十二条规定："有下列情形之一的，劳动者可以随时通知用人单位解除劳动合同：（一）在试用期内的；（二）用人单位以暴力、威胁或者非法限制人身自由的手段强迫劳动的；（三）用人单位未按照劳动合同约定支付劳动报酬或者提供劳动条件的。"《劳动合同法》第三十八条规定："用人单位有下列情形之一的，劳动者可以解除劳动合同：（一）未按照劳动合同约定提供劳动保护或者劳动条件的；（二）未及时足额支付劳动报酬的；（三）未依法为劳动者缴纳社会保险费的；（四）用人单位的规章制度违反法律、法规的规定，损害劳动者权益的；（五）因本法第二十六条第一款规定的情形致使劳动合同无效的。"

以上是劳动者因正当理由而解除合同的情形，劳动者可以立即解除劳动合同，不需要事先告知用人单位。

2. 预告辞职

《劳动法》第三十一条规定："劳动者解除劳动合同，应当提前三十日以书面形式通知用人单位。"该条充分体现了劳动者的辞职权。《劳动合同法》第三十七条还规定："劳动者提前三十日以书面形式通知用人单位，可以解除劳动合同。劳动者在试用期内提前三日通知用人单位，可以解除劳动合同。”这一规定保护了劳动者的辞职权，维护了劳动者的自由择业权，有利于劳动力合理流动，优化劳动力资源配置。

四、解除劳动合同的经济补偿

所谓经济补偿金是指解除劳动合同后，用人单位依法一次性给予劳动者经济上的补助费用，使劳动者在短期内得到救济。从本质上看，解除劳动合同的经济补偿制度是为了使劳动者在被解除劳动合同以后，寻找新的工作以前，其基本生活开支或者继续治疗疾病等有必要的费用保障。因解除劳动合同可能使劳动者处于失业和生活来源、医疗费用无着落的状态，基于宪法、劳动法对公民生存权和劳动权保护的需要，国家要求用人单位在解除劳动合同时，必须给予劳动者一定的经济补偿，以保障劳动者的合法权益。

根据《劳动合同法》第二十三条、第四十六条等规定，有下列情形之一的，用人单位应当按照规定向劳动者支付经济补偿金：

（1）对负有保密义务的劳动者，用人单位可以在劳动合同或者保密协议中与劳动者约定竞业限制条款，并约定在解除或者终止劳动合同后，在竞业限制期限内按月给予劳动者经济补偿。

（2）用人单位未按照劳动合同约定提供劳动保护或者劳动条件，劳动者解除合同的。

（3）用人单位未及时足额支付劳动报酬的。

（4）未依法为劳动者缴纳社会保险费的。

（5）用人单位的规章制度违反法律、法规的规定，损害劳动者权益的。

（6）以欺诈、胁迫的手段或者乘人之危，使对方在违背真实意思的情况下订立或者变更劳动合同，致使劳动合同无效的。

（7）用人单位向劳动者提出解除劳动合同并与劳动者协商一致解除劳动合同的。

（8）劳动者患病或者非因工负伤，在规定的医疗期满后不能从事原工作，也不能从事由用人单位另行安排的工作，用人单位解除合同的。

（9）劳动者不能胜任工作，经过培训或者调整工作岗位，仍不能胜任工作，用人单位解除合同的。

（10）劳动合同订立时所依据的客观情况发生重大变化，致使劳动合同无法履行，经用人单位与劳动者协商，未能就变更劳动合同内容达成协议，用人单位解除合同的。

（11）用人单位依照企业破产法规定进行重整而解除合同。

（12）除用人单位维持或者提高劳动合同约定条件续订劳动合同，劳动者不同意续订的情形外，劳动合同期满的，劳动合同终止的。

（13）用人单位被依法宣告破产导致劳动合同终止的。

（14）用人单位被吊销营业执照、责令关闭、撤销或者用人单位决定提前解散导致劳动合同终止的。

（15）法律、行政法规规定的其他情形。

《劳动合同法》第四十七条还进一步规定：经济补偿按劳动者在本单位工作的年限，每满一年支付一个月工资的标准向劳动者支付。六个月以上不满一年的，按一年计算；不满六个月的，向劳动者支付半个月工资的经济补偿。劳动者月工资高于用人单位所在直辖市、设区的市级人民政府公布的本地区上年度职工月平均工资三倍的，向其支付经济补偿的标准按职工月平均工资三倍的数额支付，向其支付经济补偿的年限最高不超过十二年。本条所称月工资是指劳动者在劳动合同解除或者终止前十二个月的平均工资。

【阅读材料】

能否单方解除劳动合同？

2009年元旦刚过，王某所在的保安队由于公司业务的需要，有五名保安员被派往了另外一个岗点。这五位保安员原驻守在一家金融单位，工资待遇，包括环境都要好于一般的保安驻点单位。但是这次调动，却是将他们调到一家工地单位，环境不好且不说，待遇上也要比原岗点差了很多。因此被调走的五名保安员一直要闹着离开保安公司，并且有一名队员已经找好了工作。

因为缺人，会使保安公司丢失一个刚刚争取来的客户，保安队长拿着三年的劳动合同，要求大家留下安心工作，否则会认为队员违反了合同。可五名保安员却说，是公司违反了劳动合同，劳动合同是无效的。

根据《劳动合同法》第二十六条的规定劳动合同无效的情形是：（1）以欺诈、胁迫的手段或者乘人之危，使对方在违背真实意思的情况下订立或者变更劳动合同的；（2）用人单位免除自己的法定责任、排除劳动者权利的；（3）违反法律、行政法规强制性规定的。对劳动合同的无效或者部分无效有争议的，由劳动争议仲裁机构或者人民法院确认。由以上规定可知，劳动合同的无效，应由劳动争议仲裁委员会或者人民法院确认。其他任何组织、个人或当事人双方均无权决定劳动合同全部或部分无效。单位临时调整合同的内容不是劳动合同无效的情形。因此，劳动合同仍然是有效力的。

根据《劳动合同法》规定，劳动者应当提前三十日以书面形式通知用人单位。因为五名保安员的缺岗，使得保安公司在经济上造成一定的损失，那么五名保安员很有可能要承担法律上的责任。如果保安员按照法律的规定提前三十日通知，则可以解除劳动合同，并不会承担法律上的责任。

第六节　违反劳动合同的法律责任

违反劳动合同的法律责任，是指一方当事人违反劳动合同给对方当事人造成损失时，应承担法律后果。承担违约责任的方式主要有支付违约金、赔偿损失或采取其他补救措施。

一、用人单位违反劳动合同的法律责任

（1）用人单位直接涉及劳动者切身利益的规章制度，违反法律、法规规定的，由劳动行政部门责令改正，给予警告；给劳动者造成损害的，应当承担赔偿责任。

（2）用人单位提供的劳动合同文本未载明《劳动合同法》规定的劳动合同必备条款或者用人单位未将劳动合同文本交付劳动者的，由劳动行政部门责令改正；给劳动者造成损害的，应当承担赔偿责任。

（3）用人单位自用工之日起超过一个月不满一年未与劳动者订立书面劳动合同的，应当向劳动者每月支付两倍的工资。用人单位违反本法规定不与劳动者订立无固定期限劳动合同的，应自当订立无固定期限劳动合同之日起向劳动者每月支付两倍的工资。

（4）用人单位违反《劳动合同法》规定与劳动者约定试用期的，由劳动行

政部门责令改正；违法约定的试用期已经履行的，由用人单位以劳动者试用期满月工资为标准，按已经履行的超过法定试用期的期间向劳动者支付赔偿金。

（5）用人单位违反《劳动合同法》规定，扣押劳动者居民身份证等证件的，由劳动行政部门责令限期退还劳动者本人，并依照有关法律规定给予处罚。用人单位违反《劳动合同法》规定，以担保或者其他名义向劳动者收取财物的，由劳动行政部门责令限期退还劳动者本人，并以每人五百元以上二千元以下的标准处以罚款；给劳动者造成损害的，应当承担赔偿责任。劳动者依法解除或者终止劳动合同，用人单位扣押劳动者档案或者其他物品的，由劳动行政部门责令限期退还劳动者本人，并以每人五百元以上二千元以下的标准处以罚款；给劳动者造成损害的，应当承担赔偿责任。

（6）用人单位有下列情形之一的，由劳动行政部门责令限期支付劳动报酬、加班费或者经济补偿；劳动报酬低于当地最低工资标准的，应当支付其差额部分；逾期不支付的，责令用人单位按应付金额百分之五十以上、百分之一百以下的标准向劳动者加付赔偿金：①未按照劳动合同的约定或者国家规定及时足额支付劳动者劳动报酬的；②低于当地最低工资标准支付劳动者工资的；③安排加班不支付加班费的；④解除或者终止劳动合同，未依照本法规定向劳动者支付经济补偿的。

（7）劳动合同依照《劳动合同法》第二十六条规定被确认无效，给对方造成损害的，有过错的一方应当承担赔偿责任。

（8）用人单位违反《劳动合同法》规定解除或者终止劳动合同的，应当依照本法第四十七条规定的经济补偿标准的两倍向劳动者支付赔偿金。

（9）用人单位有下列情形之一的，依法给予行政处罚；构成犯罪的，依法追究刑事责任；给劳动者造成损害的，应当承担赔偿责任：①以暴力、威胁或者非法限制人身自由的手段强迫劳动的；②违章指挥或者强令冒险作业危及劳动者人身安全的；③侮辱、体罚、殴打、非法搜查或者拘禁劳动者的；④劳动条件恶劣、环境污染严重，给劳动者身心健康造成严重损害的。

（10）用人单位违反《劳动合同法》规定未向劳动者出具解除或者终止劳动合同的书面证明，由劳动行政部门责令改正；给劳动者造成损害的，应当承担赔偿责任。

（11）用人单位招用与其他用人单位尚未解除或者终止劳动合同的劳动者，给其他用人单位造成损失的，应当承担连带赔偿责任。

（12）劳务派遣单位违反《劳动合同法》规定的，由劳动行政部门和其他有关主管部门责令改正；情节严重的，以每人一千元以上五千元以下的标准处以罚款，并由工商行政管理部门吊销营业执照；给被派遣劳动者造成损害的，劳务派遣单位与用工单位承担连带赔偿责任。

（13）对不具备合法经营资格的用人单位的违法犯罪行为，依法追究法律责任；劳动者已经付出劳动的，该单位或者其出资人应当依照本法有关规定向劳动者支付劳动报酬、经济补偿、赔偿金；给劳动者造成损害的，应当承担赔偿责任。

（14）个人承包经营违反本法规定招用劳动者，给劳动者造成损害的，发包组织与个人承包经营者承担连带赔偿责任。

二、劳动者违反劳动合同规定的赔偿责任

依据我国《劳动合同法》的规定，劳动者违反劳动合同的赔偿责任主要有以下几种形式：

（1）用人单位为劳动者提供专项培训费用，对其进行专业技术培训的，可以与该劳动者订立协议，约定服务期。劳动者违反服务期约定的，应当按照约定向用人单位支付违约金。违约金的数额不得超过用人单位提供的培训费用。用人单位要求劳动者支付的违约金不得超过服务期尚未履行部分所应分摊的培训费用。

（2）对负有保密义务的劳动者，用人单位可以在劳动合同或者保密协议中与劳动者约定竞业限制条款，并约定在解除或者终止劳动合同后，在竞业限制期限内按月给予劳动者经济补偿。劳动者违反竞业限制约定的，应当按照约定向用人单位支付违约金。

（3）劳动者违反《劳动合同法》规定解除劳动合同，或者违反劳动合同中约定的保密义务或者竞业限制，给用人单位造成损失的，应当承担赔偿责任。

三、第三人违反劳动合同的法律责任

劳动行政部门和其他有关主管部门及其工作人员玩忽职守、不履行法定职责，或者违法行使职权，给劳动者或者用人单位造成损害的，应当承担赔偿责任；对直接负责的主管人员和其他直接责任人员，依法给予行政处分；构成犯罪的，依法追究刑事责任。

附一：关于《劳动合同法》

（一）《劳动合同法》的出台背景

1994年7月4日颁布，1995年1月1日施行的《中华人民共和国劳动法》（以下简称《劳动法》）是中华人民共和国成立以来第一部调整劳动关系的法律。10多年来我国的劳动关系已经发生了很大变化，劳动关系的法律规制复杂化，劳动者择业自由呼声日益高涨，劳动者权益的维护需求迫切，然而现行《劳动法》严重滞后于现实的需要。

制定《劳动合同法》，是调整劳动关系的必然，是建立和发展和谐社会的必然，也是中国政治、经济发展的必然。劳工权益维护，社会和谐发展，提升立法的科学技术水平，社会进步和文明的要求，都在呼唤《劳动合同法》的出台。

（二）《劳动合同法》的立法过程

2005年1月，劳动和社会保障部将其起草的《劳动合同法（草案送审稿）》报请国务院审议。国务院法制办公室会同劳动和社会保障部、中华全国总工会经过广泛征求意见，并修改形成了《中华人民共和国劳动合同法（草案）》（以下简称《草案》）。2005年10月28日国务院第110次常务会议讨论通过后报送全国人大常委会。2005年12月24日第十届人大常委会第十九次会议对《草案》进行了第一次审议。2006年3月20日开始在全国公开征求意见。在一审后的这一年时间里，全国人大有关机构曾多次召开座谈会，进行调研，听取各方意见。2006年12月24日提交第十届全国人大常委会第二十五次会议继续审议。[①] 第十届全国人大常委会第二十八次会议于2007年6月29日通过、公布了《中华人民共和国劳动合同法》，自2008年1月1日起施行，使劳动合同制度的立法更臻于完善。[②]

（三）《劳动合同法》的新内容

我国的《劳动合同法》共8章98条，为调整劳动关系以及与劳动关系相关的关系规定了准则。与《劳动法》的内容相比，其新内容具体体现为：

---

① 叶静漪．劳动合同法十二讲［M］．北京：中国法制出版社，2008：9.

② 关怀．劳动法［M］．北京：中国人民大学出版社，2008：132.

(1) 扩大了适用范围，将民办非企业单位等组织纳入调整范围；

(2) 明确了企业制定规章制度的民主程序，企业在制定规章制度或者决定重大事项时，需经职工代表大会或者全体职工讨论，提出方案和意见，与工会或者职工代表平等协商确定；

(3) 强调劳动合同要以书面形式订立，并规定惩罚措施；

(4) 明确规定必须签订无固定期限劳动合同的三种情形；

(5) 以劳动合同的期限来确定试用期的最长期限；

(6) 对培训补偿和竞业限制作了具体的规定；

(7) 对经济性裁员做了进一步的规定，并列举了优先留用的三类人员；

(8) 规范劳务派遣，明确用工责任，保护劳动者的合法权益。

附二：从“华为辞工事件”分析《劳动合同法》处理劳资平衡问题的争议

华为公司是中国最大的通信设备制造商之一，2007 年 10 月，该公司开始实施一项员工辞职方案。根据该方案，7000 多名员工先辞职再竞岗（包括创始人、总裁任正非在内的所有工龄 8 年以上的员工需先辞职，同时获得补偿，再竞争上岗）此举引发无数争议，舆论普遍认为，华为的这一做法是为了规避于 2008 年 1 月 1 日实施的劳动合同法中关于工作满十年必须签订无固定期限合同的规定。

该事件的出现反映了《劳动合同法》在制定和生效实施过程中一直存在的“关于无固定期限劳动合同的规定是否干涉了企业的用工自主权”，“《劳动合同法》对劳动者倾斜保护的度”等争议。

争论焦点一：关于无固定期限劳动合同的规定是否干涉了企业的用工自主权

有学者认为，劳动合同法中关于无固定期限劳动合同的规定是“干涉了企业的用工自主权”“重新捡回了过去的‘铁饭碗’”，等等。

事实上，劳动合同法关于无固定期限劳动合同的规定，是针对我国出现的劳动合同短期化，影响了劳动关系的稳定而制定的。有关调查显示，目前，全国劳动合同期限以短期合同为主，签订 3 年以下的占 60%左右；签订无固定期限的仅占 20%，辽宁、天津、山西、山东、江西等 5 省都在 10%以下[①]。无

① 焦利. 完善劳动合同立法 促进劳动关系和谐稳定——劳动与社会保障部副部长步正方访谈录[J]. 国家行政学院报，2006 (03).

固定期限劳动合同鼓励无固定期限劳动合同的使用，鼓励建立长期稳定的劳动关系，限制企业仅使用劳动者的黄金年龄，要求企业承担一定的社会责任。同时，签订无固定期限劳动合同并不等于“铁饭碗”，解除无固定期限劳动合同与解除固定期限劳动合同没有本质不同。因此，《劳动合同法》并没有使企业丧失用人自主权。

争论焦点二：《劳动合同法》对劳动者倾斜保护的度

由于劳动者在劳资关系中处于弱势，因此，目前学界通说认为，劳动法属于社会法系，劳动法的立法宗旨是保护劳动者的利益，在劳资相关法律中要实现对劳动者的倾斜保护，但同时劳动立法又必须在劳资双方主体之间寻找结合点，寻求劳资双方主体之间的利益平衡，既要凸显保护劳动者的权益，又不能过分扩大劳动者的权益，影响企业的市场竞争力。《劳动合同法》关于强制用人单位签订无固定期限劳动合同的前提是：1. 劳动者在该用人单位连续工作满十年的；2. 用人单位初次实行劳动合同制度或者国有企业改制重新订立劳动合同时，劳动者在该用人单位连续工作满十年且距法定退休年龄不足十年的；3. 连续订立二次固定期限劳动合同，且劳动者没有本法第三十九条和第四十条第一项、第二项规定的情形，续订劳动合同的。劳动者必须具有以上条件之一才能要求用人单位与其签订无固定期限劳动合同，这既体现了对劳动者的倾斜保护，也没有过分扩大对权益的保护力度。同时，它也是符合国际惯例的。法国、俄罗斯、韩国等国均有类似规定，如果固定期限劳动合同期满后，劳动关系实际上仍旧延续，且任何一方都没有提出终止劳动合同，则认为合同已延续为无固定期限劳动合同。

复习思考题

一、名词解释

1. 劳动合同。
2. 劳动合同的变更。
3. 劳动合同的解除。
4. 劳动合同的终止。
5. 法定条款。
6. 约定条款。

二、问答题

1. 试述劳动合同的概念、特点。
2. 实行劳动合同制度有何意义?
3. 订立劳动合同的原则是什么?
4. 劳动合同的内容有哪些?
5. 履行劳动合同的原则是什么?
6. 《劳动合同法》规定的劳动合同终止的条件?
7. 试述《劳动合同法》对用人单位单方解除劳动合同的几种情形。
8. 试述用人单位违反劳动合同的法律责任。

第八章 员工民主参与

第一节 员工民主参与管理概述

一、员工民主参与管理的概念

员工民主参与管理，也称为员工参与管理，或者简称员工参与，是指在不同程度上让员工参加企业组织中的决策过程及各级管理工作，让下级、员工与企业的高层领导者处于比较平等的地位来研究和讨论企业组织中的重大事务。

二、员工民主参与管理的程度

员工民主参与管理的程度可以在无参与到员工完全控制范围内变化。具体分为：

（一）无参与

员工不参与任何决策或者监管任何企业事务。雇主可采用两种方法处理决策信息：一是事先向员工提供决策的有关信息；二是不向员工透露有关决策的信息。

（二）协商恳谈

依据参与的程度又可细分为两种情况：一是雇主先就相关问题向员工解释，并征求员工意见，然后独立的做出决定；二是雇主不但征求员工意见，而且在决策时充分体现员工意见。

（三）联合决策

雇主和员工就有关问题共同进行分析，共同做出决策。这种民主参与管理模式下，员工对最终决策有很大的影响力。

（四）员工完全控制

员工在自己的工作领域内，或者企业的某个范围、层次内完全拥有决策的权利，雇主只检查、验收其工作结果。

三、员工民主参与管理的方式

（1）自愿参与和被迫参与。自愿参与是雇主允许或者要求员工参与民主管理，员工自愿参与此项事务或者自愿接受雇主的安排。

（2）非正式参与和正式参与。非正式参与是基于雇主和员工之间的个人协定；正式参与是指企业内存在员工参与管理的组织机构，比如有雇主和员工组成的企业委员会。

（3）间接参与和直接参与。间接参与是员工选出员工代表，由员工代表去参加管理、决策；直接参与是参与民主管理的员工都会参与共同决策、企业管理。

四、员工民主参与管理的内容

（1）工作层次上的参与，是对工作方法、工作目的、工作速度、工作器械安放、工作安全、工作设计等工作条件问题进行决策。

（2）管理层次的参与，是对雇佣和解雇、工资发放、工作纪律和工作评估、激励和培训、意外事故处理等问题进行决策。

（3）企业层次的参与，是对利润分配、财务计划、产品开发、营销、资本投入、分红、管理者评价和任用等问题进行决策①。

① 程延园．劳动关系［M］．北京：中国人民大学出版社，2002：219.

五、员工民主参与管理的必要性

（一）员工民主参与管理是国家经济基础的要求

我国正在实施社会主义市场经济，必须牢记资本主义劳资冲突方面的经验教训，必须使市场经济体制能够平衡地兼顾各个社会阶层的利益，把经济民主作为市场经济体制的内在需求与核心内容。

经济民主从容量上可划分为整体经济民主和局部经济民主两方面的内容。局部经济民主，也即微观经济民主指企业内的经济民主。企业内的经济民主在劳动关系方面的作用就是防止“雇主专制”“雇主独裁”“股东利益至上”，维护员工利益。为达到该目的，必须调整公司管理模式，引入员工民主参与管理，实现劳资双方的共同决策，使企业的发展方向和具体运营符合雇佣双方的利益而不是只在短期内满足雇主的利益需求、损坏劳方的利益需求，从而使雇佣双方实现双赢而不是单赢。单赢的雇佣关系不可能获得持续的良好发展，往往最终导致两败俱伤。但不少雇主有投机心理，总是期望在短期内通过掠夺获得暴利，没有长远打算，这就会导致“逆淘汰”现象和不正当竞争。因此，必须立法，创造公平的竞争条件，建立包含员工民主参与管理机制的公司管理模式，普遍实施于各种企业。

（二）员工民主参与管理是企业社会责任的体现方式

当今的发达国家普遍认为，企业必须承担相应的社会责任，并采取立法措施，推动企业履行社会责任。企业的社会责任，是指企业不能仅仅对雇主的利润最大化追求负责，还同时必须对各种非资方利益相关者的合理利益负责。非资方利益相关者包括员工、债权人、供应商等各种社会关系。其中，员工是与企业关系最密切的利益相关者，企业的运营不能仅仅满足雇主的利益及要求，还必须恰当地考虑员工的利益及要求。欧洲国家现在普遍通过员工参与公司管理制度来维护员工的利益。我国与欧洲国家的法律制度比较相近，又在长期的计划经济体制下形成了员工民主参与管理的优良传统，因此，比较适合通过员工民主参与管理的制度设计来确保企业对员工履行社会责任。

（三）员工民主参与管理是现代企业的内在要求

现代企业是人力资本和物质资本的结合体，雇主对企业有物质资本的投入，员工对企业有人力资本的投入，物质资本和人力资本对企业利润都有贡献。因此，企业的利润不应当由雇主独占，而应当由雇佣双方分享。雇主投入物质资本，员工投入人力资本，都承担了企业的经营风险。如果企业经营不善，雇主会损失物质资本投入，员工也同时会被迫接受更低的工资和福利，甚至不得不失业，损失人力资本投入。既然雇佣双方都承担着企业的经营风险，企业控制权就应该由劳资双方共享才合理、科学，因此，必须在传统的公司管理模式中融入员工民主参与管理机制，使企业行为兼顾双方的利益，才能形成更加有效的公司管理模式，使公司兴旺发达。

从微观层面上看，雇主也应该认识到员工民主参与管理对企业有诸多好处：

首先，员工民主参与管理有利于缓和劳资关系，增强企业的凝聚力。事实表明，员工参与管理的理论汲取了支持关系理论、领导参与模式等理论的要素，凭借员工建议制、企业委员会制、董事会员工代表制、集体谈判制和自我管理制等各种参与管理的形式，实现了雇佣双方的沟通，调和了劳方和雇主之间的矛盾，增强了企业的凝聚力，从而调动了员工的积极性，提高了企业的生产效率。

其次，员工民主参与管理有利于激发员工的工作积极性、主动性和创造性。员工参与企业管理，不仅可以提高企业的决策水平，而且还可以使更多的员工参与企业决策过程，使他们了解信息、增长知识、提高参与管理的能力，从而激发员工的创造性，调动员工的工作积极性、主动性，提高工作效率。如果雇主懂得运用这一管理艺术，哪怕是一些形式上、务虚的东西，都会令员工感到很大的宽慰，若能再加入一些实质性的内容，如有效建议措施可以得到奖励，则可使员工在参与管理中获得精神与物质上的双重满足，若在此基础上成立管理检查组等，其对员工的激发效果和影响就更重大了。

【阅读材料】

民主参与激发了员工的积极性

重庆市某三线建设时内迁的国营内燃机配件制造厂连续三年出现亏损，厂长等高层管理人员走马灯一样的更换，仍然不能摆脱亏损的困境。

迫于无奈，决策层提出两种解决方案：甲方案是将亏损生产的配件业务转包出去给别的厂做，这意味从事相关生产的几百名员工必须待岗或者分流；乙方案是让全体员工参与，在一个月内提出有效的改善成本和节约方案。该信息一经传达和确认，员工们自发地组建了生产、技术、监察、外协等小团队，每个小团队都鼓励员工多提有效建议，然后筛选分类上报决策层。决策层看到员工如此大的积极性，最终决定采用乙方案，结果员工积极性高涨，劳动生产率大大提高，该厂在三个月内扭亏为盈。

最后，员工民主参与管理有利于提高劳动生产率。员工参与管理不仅对制定决策有利，而且对执行决策也非常有益。众所周知，企业管理者的权威往往在很大程度上取决于员工的接受态度。一方面，担任纯粹执行职能的企业员工在企业经营活动中对企业领导者制定的决策并不总是积极响应的，有时还会抵制。另一方面，员工通常乐意接受自己参与制定的企业决策。在企业的某项决策中，即使最终没有采纳某位员工的意见，但只要该员工的意见在制定决策时得到了表达，该员工也可能会以积极的态度去执行这项决策。

【阅读材料】

群策群力与通用电气

“群策群力”讨论会是通用电气公司一种日常性的活动，随时都可以根据需要举行，参与人员也从员工扩大到顾客、用户和供应商。“群策群力”讨论会不仅带来了明显的经济效益，而且能让员工广泛参与管理，从而大大提高了员工的工作热情，进而提高劳动生产率。1987 年通用电气公司制造一台燃烧室喷气发动机上的关键部件，需要 30 周，通过开展“群策群力”活动，1991 年初，这一产品生产周期缩短到 8 周，如今只需 4 周。负责制造加工这一产品的员工们还商讨 10 天内完成任务的可能性。

六、增强员工的民主参与管理意识

一个优秀的领导者应该引导员工认识到：每个员工都是企业团队中的一员，如果他们都能像资方和高层管理者那样为企业发展尽心尽力、时刻关心公司的成长，心往一处想，劲往一处使，这样的企业肯定会成为高效的团队，最终获得双赢的结果。调查显示，大多数员工都希望深入到企业经营核心，能够及时快速地了解企业经营动向和决策，没有人愿意成为对企业运作一无所知的局外人。这就要求企业内部管理更加透明，建立通畅的内部沟通渠道。更重要的是，企业应制定规范的、有章可循的管理制度，以制度管人而非以人管人。企业如果敢于放手用人，给予他们施展才华的舞台与机会，就可以使员工经常产生自豪感与成就感，充分体现员工在企业中的位置和自我价值，这会极大地激发员工的工作积极性。因此，一个优秀的企业和优秀的管理者应着眼于发展战略规划和员工培养这一类大问题，应选择优秀员工，给予他们足够的施展才能的权力和空间，让企业尽量成为优秀员工发挥才能的舞台。研究表明，授权是企业家重视、信任员工的最佳方式，企业家要善于通过授权激励员工。流行的企业文化热，其实质就是引导员工更多地关心和参与企业管理，增强员工的主人翁意识，从而激发员工积极性，达到为企业发展拼搏的目的。

【阅读材料】

微软公司努力增强员工参与意识

微软公司发现，要使员工为公司努力工作，公司必须增强员工的参与意识，让员工感觉自己是微软的主人。微软公司一个越来越被普遍采用的激励员工的方法是送他们参加各种软件工程会议。微软还发起主办大量的业内研讨会和研习班，让微软员工更多了解该行业其他地方和其他公司最新的观念、工具及技术发展情况。实践证明这些都是行之有效的好方法。

研究表明，吸收一些在工作中爱发牢骚的员工加入决策组织后，他们不仅会改变爱发牢骚的毛病，还会积极热心地投身工作。这是因为参与管理唤起了他们的主人翁意识和创造精神，对员工来说，这和被动地执行别人的计划是迥异的感受。

而在一些排斥员工民主参与管理的企业里，大部分员工工作都很被动，心里也充满了挫折感和不安全感。在这样的企业中，员工缺乏参与意识，不能和企业同心同德，因此这样的企业是经不起风吹草动的。如果企业让员工参与管理，员工就会感到自己承担着一份责任，即便公司面临困境，也会群策群力，共渡难关。

第二节 员工民主参与管理的组织形式

目前，世界各国企业员工民主参与管理的组织形式主要有以下几种。

一、集体谈判制

集体谈判制度是发达资本主义国家企业员工参与管理的一种较为盛行的传统方式。美国1935年颁布《瓦格纳法》以后，工会便有了代表工会会员和雇主就工资、工时和其他雇佣条件进行谈判和签订合同的权力。经过几十年的发展演变，集体谈判制日益灵活多样，谈判的内容更加广泛，一般说来，比较完善的集体谈判制主要包括以下几方面内容：

(1) 企业财务，包括工资占企业开支的比例，退休金开支管理，福利基金的提留和管理等。

(2) 人事管理，包括员工的晋升办法、员工规模、雇工原则、调换班次、调换工作、临时解雇和复职的程序、解职费用、劳动纪律和工作考核等。

(3) 生产政策，包括扩大和限制生产的政策等。

(4) 技术改造、生产定额、调整工作内容等。

目前，在发达资本主义国家企业集体谈判有两个特点：从集体谈判的范围和层次上看，许多西方国家已从全国或产业一级的集体谈判趋向于企业一级的集体谈判；从集体谈判的内容上看，现在集体谈判的内容不再局限于工资和劳动条件，还有人事、企业技改、企业搬迁等更广范围的内容。

二、协同管理制

协同管理制度是20世纪80年代初出现在美国的一种管理形式。它允许企业的下层工作人员，以高层管理者助理的角色参与整个企业管理。

三、董事会、监事会员工代表制

董事会、监事会员工代表制，也称员工董事、员工监事制，这一制度允许少量员工代表参加，出席企业董事会、监事会，代表员工参加决策并予以监督，同时反映员工的意愿和要求；董事会中的员工代表称员工董事，监事会中的员工代表称员工监事，参加的员工代表人数不等，少则 1 人，多则约占董事会、监事会人数的 1/4。员工董事和员工监事一般拥有与资方董事、监事相同的权利和义务。

四、员工建议制

员工建议制度的核心在于动员企业员工在提高管理水平、优化产品设计、改进工艺流程、降低产品成本、提高产品质量、开拓产品市场、为企业树立良好形象等方面献计献策。目前很多企业都采用这一管理方式。

五、企业委员会制

企业委员会制度是企业员工民主参与管理的一种主要而又最为普遍的形式。从组织结构来看，它是由企业经营者代表和员工代表组成，是一种劳资联合会议。它既不是工会，也不是企业管理机构，而是企业全体职工的合法代表机构。它与工会的最大区别在于，企业委员会只是企业全体职工选举产生的代表机构，在企业内不具有罢工权。企业委员会在下列方面有参与决定权：工作时间，工资报酬，休假，职业教育，福利设施的形式、设置和管理，企业规章制度，员工就职期间的住房，劳动保护，企业分红等。在下列几方面有协商和咨询权：人事计划，招工和解雇，岗位调动，工厂的新建、改建和扩建计划，企业变动等。

六、自我管理制

自我管理制度注重发挥人的因素，努力调动员工的积极性、主动性、创造性，是一种新型的比较高级形态的管理方式，其核心理念是将企业内的管理部门减少到最低限度，把一向属于经理部门的许多管理权下放给普通员工，让员工自己管理。目前，运用于企业的具有代表性的自我管理组织形式有：

（1）自我管理小组。这种小组的人数 3～20 人不等。它依照企业有关部门规定的生产计划制定小组的生产指标，员工自主决定完成任务的进度和方式，达到工作目标后企业给予相应的奖励。

（2）劳动生产质量小组。它通常由 3～8 名生产人员或管理人员自愿组成。

这种小组只在具体生产部门开展工作，在技术顾问的帮助下，专门研究和解决工作中遇到的实际问题，该小组在解决问题时，一般要先向企业管理部门提出报告，经批准后方可施行。另外，该小组还关注员工劳动过程中的精神状态。

七、员工持股

员工持股制度使员工与公司的利益融为一体，提高了员工的积极性，增强了企业的凝聚力和员工归属感。因为从资本的角度来看，持股员工已经是企业的所有者，这使得员工能够与公司风雨同舟，荣辱与共。在美国、德国、法国、英国等都有员工持股制度，这些国家在企业中建立员工持股制度，目的是为了缓和劳资矛盾、稳定职工队伍、留住人才、为企业发展筹集资金、防止公司恶意被收购等，也为员工参与管理提供了又一条有效途径。国内很多企业都在实施员工持股计划，其中，华为公司作为员工持股制度的努力践行者，已经获得了很大的成功。

在我国，职工代表大会是国有企业实行企业民主的基本形式，其工作机构——企业工会是员工民主参与管理的具体组织机构。我国《全民所有制工业企业职工代表大会条例》明确规定，企业必须建立和完善职工代表大会制度和其他民主管理制度，保障工会组织和员工代表在维护员工合法利益、参与制定企业决策、监督领导等方面的权利。通过职工代表大会，员工可以审议企业重大改革方案，审议企业重大经营决策，参与决策员工福利待遇，对决策层进行民主评议。

经营现代国有企业，必须进一步落实和完善以职工代表大会制度为基础的员工民主参与管理制度，强化工会职能，加强管理层和员工的联系，维护员工的合法利益，激发员工积极性，增强企业凝聚力、生产力。

此外，还有很多行之有效的组织形式可供我国坚持和发展员工民主参与制度参考，比如定期的对话沟通，恳谈会，厂务公开等。不同的企业应该根据自身的具体情况，精心选择员工民主参与的形式，策划参与的领域、内容、程度，并认真施行。这样，有利于挖掘企业潜力，促进企业进步，长期而稳定地提高企业经济效益。

第三节　我国企业员工民主参与管理

民主管理是我国的基本政治制度，也是企业员工实现民主权利的基本途径。工会是企业民主管理制度实现的组织机构，全国总工会提出“哪里有企业、有职工，就要在哪里组建工会”，在修订完善的《工会法》中，也对我国私营企业建立工会的工作做了明确要求。因此，研究在私营企业中如何建立民主管理制度，如何维护员工合法权益，如何调动员工积极性与企业共发展，促进私营经济健康发展这一课题是非常必要的。

一、国有企业员工民主参与管理

（一）职工代表大会

职工代表大会，即企业民主管理制度，是我国国有企业实行企业民主的最基本的形式，是员工行使民主参与管理权力的机构，它是由民主选举的员工代表组成。我国《全民所有制工业企业职工代表大会条例》中规定，企业实行厂长负责制的同时，必须建立和健全职工代表大会制度和其他民主管理制度，保障与发挥工会组织与员工代表在审议企业重大决策、监督行政领导、维护员工合法权益等方面的权力和作用。职工代表大会制度对保障员工权益、充分发挥员工的积极性和主动性、提高劳动生产率、建立和谐的劳动关系、稳定社会秩序具有重大意义。

（二）工人董事、工人监事制度

工人董事、工人监事制度是市场经济条件下公司发展的产物，是指由员工民主选举一定数量的员工代表进入公司董事会、监事会，代表员工参与决策、监督的制度。在我国，工人董事、工人监事是一个新的制度，是职工代表大会制度的延伸，是完善我国公司法人治理结构的重要内容，由于国有企业大都实行公司制，同时也是国有企业实行民主参与管理的重要形式。董事会中的员工代表成为工人董事，监事会中的员工代表称为工人监事。工人董事、工人监事制度使得员工代表对公司决策进行监督，及时反映员工的意愿和要求；平衡与投资者、管理者的关系；能够把员工利益和公司利益结合在一起，共同承担风险、承担责任、共享利益；在促进公司发展、协调劳资关系方面起到了重要作用。

（三）厂务公开制度

厂务公开制度，是我国企业，特别是国有企业大力推行民主管理的重要形式。厂务公开民主，不仅可以搭建职工知情、参与、监督的平台，让广大职工充分参政议政、共建共享和谐，同时可以为企业铺就科学发展的道路。厂务公开制度的建设，可以从厂务公开的原则、范围、内容、形式、程序和职责等方面考虑。企业性质的不同，公开制度的内容、形式等也不同。总体而言，可以通过公开栏、专题会议等多种形式，做到重大决策公开、制度管理公开、经营绩效公开、人事调整公开等。企业的实践证明，厂务公开制度有利于形成和谐合作、互利双赢的员工关系。厂务公开，能够调动员工的积极性、主动性和创造性，提高企业的经济效益，促进企业健康持续地发展。

二、私营企业员工民主参与管理

（一）私营企业劳动关系的基本状况

1. 私营企业劳动关系从性质上讲是雇佣关系

我国改革开放以来，私营企业发展初期，其劳动关系基本是乡村化、家庭化模式，雇佣关系性质不太明显。随着私营企业规模扩大，其员工基本从劳动力市场上招聘来，雇佣关系性质凸显。

2. 雇主在劳动关系中占绝对控制地位

目前国内的有限责任公司、独资、合伙企业等，无一例外，绝大多数由主要投资者直接参与企业管理，相应控制企业的决策权、管理权。小型私营企业中家族氛围浓厚，其家族制管理模式更进一步强化了雇主在企业劳动关系中的绝对权威，使得雇主在企业劳动关系中处于绝对控制地位。员工通过劳动仅仅能领取一份相应的工资，在企业管理中员工完全是被动地接受，也没有其他福利、权利可言。

3. 劳动关系管理不规范

私营企业里劳动关系的管理很难有序化、规范化和法制化。这种无序的企业劳动关系管理在私营企业规模较小时可能便于企业内部的合作。但从发展的角度来看，这种企业劳动关系的不规范管理最终不利于企业劳动关系的正常发展，劳动者的合法权益在这种劳动关系下难以得到保证。

【阅读材料】

进城务工，有劳动没关系

2017 年，某市市总工会和法制委员会对进城务工人员情况展开问卷调查，调查报告中的有关数字清楚说明非公有制企业中，劳动者合法权益难以得到保障，具体表现在：一是劳动时间较长，企业主随意延长劳动者的工作时间，超时工作且不支付加班工资。调查发现，进城务工人员的工作时间普遍超过《劳动法》的规定。对 5000 名外来进城务工人员的问卷调查中，每周工作 40～45 小时的人占 19.4%；45～50 小时的占 23.4%；50～55 小时的占 11.7%；55 小时以上的占 30.5%。二是劳动者的工资低，而且时常被拖欠、克扣，养老保险等社保也得不到保障。劳动者月平均工资在 1000 元以下的占 18.2%；1001～1500 元的占 28.1%；1501～2000 元的占 22.3%。他们中有 92.4%的人被拖欠过工资。三是很少签订任何书面劳动合同，大多数是口头承诺。

（二）私营企业建立民主管理制度的重要性和必要性

1. 私营企业民主管理是市场经济发展的内在要求

民主管理是社会化大生产条件下，劳动者依照法律或制度，通过一定的组织形式参与本单位及社会事务的管理。私营企业民主管理必然将随着生产力的发展而不断发展，根据其形式和内容，可分为三个发展阶段：

第一，在对抗中产生民主管理阶段。

这一时期的参与管理权是以对抗手段获得的，资方让出部分企业管理权是被迫的，员工参与企业决策在内容上仅限于涉及劳动者切身利益的问题。

第二，制度化发展阶段。

随着智力因素在生产和管理中占有越来越重要的地位，企业更加需要发挥劳动者的内在主动性，员工参与企业管理成为普遍现象。

第三，自觉深化发展阶段。

资方认识到质量管理的重要性，认识到质量与员工自觉意识之间的有力联系，认识到员工参与管理已经成为资本实现利润最大化目标的关键手段，因此自觉地把员工引入企业管理中来。

2. 民主参与管理是私营企业发展的必然要求

在我国私营企业中，运转和发展时面临的许多问题都与人有关。只有对企业运行、发展规律进行认真分析，才能找到解决这些问题的办法。

首先，从管理主体上看，在信息化时代，员工素质普遍较高，他们希望通过民主管理来展现自身的才华，并不断促进自身的全面发展。

其次，从管理途径上看，自上而下的企业管理容易形成主观、错误的命令，同时束缚员工积极性与创造性的发挥。而自下而上的民主管理，可以帮助决策层处理好复杂、细密的工作，提高企业的决策水平，同时让每个员工都能全身心地从事自己的工作。

其三，从管理模式上看，企业管理侧重制度管理，是“硬管理”；而民主管理注重人的因素，是“软管理”，它的目的是使你“做得更好”。制度管理结合民主管理有利于在企业内部形成良性管理系统。

最后，从管理目的上看，民主参与管理的有效实行，可以提高员工的积极性和主动性，更好地促进企业目标的实现。可见，企业管理和民主参与管理的目标是一致的。

3. 民主参与管理是协调私营企业劳动关系的需要

私营企业通过组织员工民主参与管理，让员工与雇主共谋企业发展，雇佣双方由对抗转为合作，可以加强雇主与员工之间的沟通、合作，减少摩擦成本，把各种矛盾消除在事前和企业管理的过程中。

（三）在私营企业中加强民主参与管理的措施

由于私营企业在资本构成、分配形式、运行机制、管理方式等方面与公有制企业迥异，因此私营企业民主参与管理在形式、内容及程序上，必须遵循自身的规律和特点，制定一套内容丰富、方法灵活、特色鲜明的民主参与管理工作措施。

1. 实行职工代表大会制度与其他民主管理制度相结合

私营企业民主管理大体可分为两种类型：一是员工参与型，即员工比较直接地参加企业民主管理活动，如职工代表大会制度、员工信箱、企务公开制度等，主要是通过直接参与企业民主管理，实现企业雇主与全体员工面对面交流，心贴心沟通的目的，从而维护员工合法权益，增强企业凝聚力。二是工会代表型，即员工间接参与，由工会代表员工参与企业的一些决策、管理等，如工会主席参加董事会、监事会，平等协商签订集体合同以及召开劳资协商会、民主恳谈会等。无论采取何种形式，在私营企业民主管理中都应把握私营企业与公有制企业的不同点，应坚持先易后难，由浅入深，从低级到高级的发展路线，与时俱进，积极过渡，逐步规范。

2. 坚持原则性与灵活性的统一

员工民主管理作为一种制度，无论在什么企业实行，都必须有一套完整有序的操作规程，非公有制企业也毫不例外。但私营企业在资产运营、企业管理、劳动用工等方面均与公有制企业区别很大。因此，民主管理必须考虑其特殊性，把握其针对性，做到既依法办事，又切实可行。

在私营企业实行民主参与管理必须走好两步：

第一步是调研，通过各种途径征求员工的意见和建议，把员工的意见和建议作为民主参与管理的基石，为私营企业民主管理奠定坚实的群众基础。

第二步是分配权力，私营企业民主管理不能简单照搬国有企业民主管理的方法，在管理中必须处理好四种职权的使用，即：知情建议权，包括对企业经营方向调整、资产变更等重大决策在内的涉及员工根本权益的内容，员工享有了解、咨询、建议、与经营者沟通的权利；共商共决权，包括员工工时、薪酬、福利、休息休假、劳动安全卫生、技能培训、劳动保险、员工聘用和解聘等重大决策，员工享有听取员工代表意见以及举行协商谈判、共同决策的权利；选举罢免权，包括对参加工资集体协商和平等协商的员工代表，对参加董事会、监事会的员工代表，员工享有选举权和罢免权；依法监督权，包括对由法律、法规、政策和企业章程规定的其他事项员工享有审查、通过和表决的权利。私营企业员工民主参与管理是社会主义市场经济发展的新生事物，在发展过程中必须因企制宜，注重实际效果。

3. 坚持员工利益与企业发展相统一

私营企业民主管理要做到企业发展与员工利益相互兼顾，一方面，要照顾员工情绪，侧重员工的经济利益和人格尊严，把员工民主管理同维护员工合法权益紧密结合起来；另一方面，要紧紧围绕企业生产经营的重点、难点和关键点，充分发挥员工民主参与、民主管理的积极性和创造性，开展合理化建议、技术革新等活动，推动企业稳步发展。

（四）私营企业实行员工民主参与管理的要求

在私营企业实行员工民主参与管理要符合四条要求：

第一，必须符合社会主义政治文明建设的要求。建设社会主义政治文明，要把人民当家做主作为出发点和立足点。在私营企业中也必须保障员工依法实行民主管理、民主决策、民主选举、民主监督，保障员工的合法权益。

第二，必须符合私营企业管理的要求。企业管理的实践表明，只有采用民主参与管理模式，才能真正调动员工的积极性，才能充分发挥出每一个人的潜能。在我国，具有中国特色的私营企业民主参与管理制度，如职工代表大会制度、厂务公开制度、员工董事监事制度、平等协商和签订集体合同制度，都已成为完善企业治理结构的重要途径。

第三，必须符合工会维权机制建设的要求。工会维权，不仅要维护员工的生存权、劳动权，还要维护员工的发展权、教育权、民主权。在私营企业中，必须坚持走职工代表大会民主程序，敢于反映和表达员工的意见和要求，使员工的合理要求得以实现，这样才能体现工会维权的力度和水平。

第四，必须符合非公有制企业文化建设的要求。企业文化使员工之间能够形成心理默契。它是企业可持续发展的基本驱动力，是组织成员思想、行为的依据。企业文化比起传统管理的命令、监督、惩罚的力量更彻底，更具有推动力、凝聚力和约束力，也更有活力。

复习思考题

一、名词解释

1. 员工民主参与管理。
2. 联合决策。

3. 自愿参与。
4. 董事会。
5. 监事会员工代表制。
6. 员工建议制。

二、问答题

1. 员工在企业中民主参与的程度如何衡量？
2. 企业中员工民主参与的必要性体现在哪些方面？
3. 员工民主参与有哪些形式？你认为哪些形式适合我国现阶段采用，为什么？
4. 在非公有制企业中加强民主参与管理的措施有哪些？
5. 举例说明员工民主参与的作用。

三、案例分析

【案例分析】

用民主管理让职工做企业的主人①

劲牌公司始终坚持“员工是劲牌的主人，是劲牌最宝贵的财富”的理念，依靠职工办企业，把企业民主管理与公司生产经营相结合，鼓励员工参与管理，走出了一条民营企业科学发展之路。

公司健全完善了《职工代表大会制度》《职工代表选举制度》《职代会提案管理制度》等一系列制度，规范召开职代会，并把着力点放在职代会提案上，抓好提案的收集整理和落实工作，确保职工当家做主有实效。

公司不断丰富民主管理形式，突出双向沟通，为员工参与管理拓宽渠道。一是建立规章制度听证会制度，涉及员工切身利益的规章制度在起草和颁布实施前，都必须经过员工听证程序，有效降低了制度执行中的难度。二是建立公司领导与员工对话会制度，公司领导每年 3 次与员工面对面对话，及时了解员工的想法和诉求。三是建立管理层与员工沟通会制度，有效凝聚共识，解决员工生产生活问题。

① 资料来源：中工网《用民主管理让职工做企业的主人》。

公司坚持以人为本，通过健全完善工资协商机制，建立了工资定期调整和包容性增长机制；通过严格实施领导干部任职评价机制，落实民主评议干部制度；通过制定《管理人员深入工作现场管理办法》，建立全方位受理员工诉求制度；通过制定《劲牌公司厂务公开民主管理控制程序》，构建完善厂务公开长效机制，让员工享有充分的知情权、参与权、话语权，使员工的主体地位得到尊重。

近 3 年，公司认真开展“公开解难题，民主促发展”主题活动，鼓励员工自主创新、为企业发展献计献策，共收集职工合理化建议 3395 条，改善提案 34740 条；举办了 7 届员工自主创新表彰大会，表彰自主创新项目 148 项，奖励金额百万余元。主题活动的开展对提升员工素质和企业管理水平发挥了积极的作用。

问题：

你认为，劲牌公司大力开展员工参与民主管理的活动和实践，给我们的启示是什么？

第九章　集体谈判与集体合同

第一节　集体谈判概述

一、集体谈判的概念

“集体谈判”这一术语由英国学者韦伯夫妇在其所著《产业民主》一书中首先提出。该书表明，集体谈判和社会发展过程中的经济、技术、人口变化有密切联系，城市人口难以游离在分工明确的市场经济之外，劳动力市场竞争激烈，促成了劳动力买方市场的形成，个体雇员在出卖劳动力时，往往精力仅够处理自身的困境，无暇与其他同伴进行交流、合作，与雇主进行单独谈判时难以获得平等的地位；为了维护自身的利益，雇员联合起来抗衡雇主是一条必选之道，这是集体谈判的存在之本。

国际劳工公约将集体谈判定义为：集体谈判是适用于一名雇主或多名雇主，一个或多个雇主组织为一方，同一个或整个雇员组织为一方，就下列问题进行的所有协商谈判：

第一，确定工作条件和就业条件。

第二，调整雇主和雇员之间的关系。

第三，调整雇主组织和雇员组织之间的关系[①]。

这个定义描述了集体谈判的框架内容和参与主体。

集体谈判是雇员组织和雇主确定待遇和就业条件的交涉过程，交涉过程中受到能力、策略、压力、冲突、让步，甚至运气等多种因素的影响、制约。雇

---

① 国际劳工组织第 154 号公约《促进集体谈判公约》第 2 条。

佣双方利益的差异造成双方视角迥异，对集体谈判的描述和理解认识很不相同。依据我国现行法规，将“集体谈判”解释为：它是指雇员组织与雇主或者雇主组织依法就一个单独的企业，甚至一个行业的工资分配制度、工资分配形式、工资收入水平、工作时间、工资和福利保障、解雇保护及其他雇佣事项进行平等协商，在协商一致的基础上签订包括一揽子解决方案的集体合同的行为。集体谈判在我国目前也被称为“集体协商”。

集体谈判的目的是签订集体协议，规范雇佣双方的权利义务关系，解决工作场所共同关心的问题。集体谈判可以在不同层次上进行，涉及的问题可大可小。集体谈判之所以能够成为调节劳动关系的重要机制，受到雇员的推崇和喜爱，主要是因为它能够克服个别劳动关系的不平等状态，使雇主可以同时直接与雇员代表进行集体交涉，无须与每个雇员单独谈判。随着社会发展变化，集体谈判也在不断变化，且内容越来越丰富。集体谈判可以在单个雇主和单个工会之间举行，也可以在雇主组织和多个工会之间举行，谈判达成的协议可以涉及少量雇员，也可以涉及大量雇员。集体谈判正在成为员工在企业内民主参与的主要形式。①

相对于商务谈判等其他谈判类型，集体谈判有如下特点：

（1）集体谈判以实现合作为前提。商务谈判等其他谈判类型尽管也以实现合作为目的，但谈判破裂后双方可以拒绝或停止合作，不再联系。但劳资双方一般不能拒绝或停止合作，即使罢工或闭厂，也只是暂时的，除非企业永久关闭。

（2）集体谈判接受政府干预。集体谈判过程中，当双方意见分歧较大，集体谈判无法进行下去时，政府往往会以调解、协调处理等方式干预，保证达成协议；而对于商务谈判等其他谈判类型，政府一般不介入。

（3）集体谈判内容具有特殊性。集体谈判是围绕集体劳动条件的改善而展开，内容（表现为集体合同）具有基准性；商务谈判等其他谈判类型的内容则具有确定型权利和义务。

（4）集体谈判是以劳动者权益即劳权为中心展开的，集体谈判权一般属于工会的权利、雇主及其组织的义务；而商务谈判等其他谈判类型的目的是平等互利，商务谈判权对于双方都是权利与自由。②

---

① 程延园．劳动关系学［M］．北京：中国劳动社会保障出版社，2005：255.

② 刘诚．集体谈判与工会代表权［J］．社会科学战线，2012（04）．

二、集体谈判的功能

概要地讲，集体谈判确立劳动力市场水平，体现了集体谈判的经济功能；通过谈判形成一系列规范雇佣关系的规则，体现了集体谈判的政府作用；集体谈判确认雇员有权通过工会参与用工规则的制定，体现了它的决策功能。具体地讲，集体谈判有以下四个方面的功能。

（一）集体谈判可以显示集团利益要求

集体谈判的社会功能之一，就是能够把集团性的利益要求摆到桌面上来加以显示，使其公开化、明朗化。从政治生活方面来讲，拓宽了民意表达渠道，规范了民意表达方式，有利于加速民主政治建设的进程；从经济生活方面来讲，有利于政府掌握更加全面和真实的经济信息，从而对制定科学的收入分配政策、产业和行业发展政策都有好处；从社会生活方面来讲，有利于增进不同社会集团之间的沟通和了解，有利于开展社会协商与对话。

（二）集体谈判可以保护弱势个体的合法权益

建立起有效的集体谈判制度，可以使分散的雇员形成有组织的力量，通过集体谈判与企业管理者、雇主进行对话和交涉，用组织的力量来维护自己的工资福利、劳动保护、闲暇休息、工伤事故赔偿、人格尊严等方面的权利。

（三）集体谈判可以促进社会稳定

让各种利益主体自行参与社会矛盾协调工作，使矛盾在没有激化之前就能通过协商对话部分得到解决，从而使矛盾得到缓解，有利于社会稳定。

我国目前利益关系格局复杂，已经形成了若干容易引发过激行为的敏感区域，过去的矛盾调解手段，已不足以有效解决新的社会问题。实行集体谈判制度，相当于给社会利益调节体系装上一个警示器，当矛盾压力超过一定限度时，它会发出警示信号，提醒相关机构采取措施给该体系降压。

（四）集体谈判可以提高员工素质和企业效益

建立起集体谈判制度，必将促进各类社会成员觉悟、组织程度的提高，增强进取精神，树立主体意识。他们会经常想到，自己为社会尽了什么样的责任，应当从社会得到什么样回报，二者是否处于一种对称状态。在现代社会里，这是一种有觉悟、有知识的体现。

对于企业来说，雇主和雇员在集体谈判制度下，形成了一种利益制衡关系。双方的利益只有实现一定均衡，互相可以迁就和忍受，才能建立起较为和谐的契约关系。为了实现双方利益的共同提高，唯一的出路就是双方采取合作态度，共同把企业生产经营活动搞好，从而促进工资和利益的同步增长。因此，集体谈判所形成的利益约束，有助于提高企业经济效益。

三、集体谈判的必要性

第一，集体谈判是市场经济发展的必然。人民内部存在着不同的利益集团，市场经济的发展，使生产者和销售者、买者和卖者、不同厂商之间、不同地域之间的矛盾和竞争更加激烈。资本所有者、企业管理者和一般劳动者之间的利益摩擦加强。这些利益矛盾的产生，是经济发展的结果。不同的利益主体和利益集团再也不是既定利益的被动接受者，而是自身利益的主动争取者和确定利益分配格局的积极参与者。社会利益多样化决定集体谈判必定存在。

第二，市场经济体制下的消费品分配以市场契约为纽带，各种不同的市场主体以平等的人格和身份参与市场竞争；劳动者取得的工资福利待遇的均衡价格是劳动力供求双方达成较为稳定的契约的结果。市场经济条件下的分配关系，是一个由多种主体平等参与的多元化的竞争结构。在这个结构中，单一的政府指令已经不能有效地对收入分配进行调节，不同利益主体之间的协商谈判将成为一种协调各方利益关系的必不可少的润滑剂。

第三，不同社会利益集团，各自能够从社会利益总量中分到多大的份额，一方面，取决于各自的社会地位和贡献；另一方面，取决于他们的组织程度和影响政策的能力。在这种集团性的利益角逐中，哪个集团的组织程度高，集体谈判能力强，哪个集团提供的劳动就有可能争取社会给予较高的评价，就越有可能得到更大利益。随着改革的逐步深化，工资和利润将分属不同的主体，它们之间的矛盾和摩擦将经常产生。为了处理好它们之间的关系，不能没有集体谈判。

第四，在我国长期以来存在隐性谈判，就是俗话说的，上有政策，下有对策。隐性谈判是弱势群体对抗强势群体不公平要求的无奈手段，但它的力量却足以动摇政策法规的基础，改变社会意识的取向，造成社会要素的分化与整合。隐性谈判与其让它隐蔽地存在，不如让它公开存在，用法律法规、政策加以规范，用集体谈判进行引导，利用集体谈判这种常规渠道来反映社会中弱势群体的呼声，协调社会利益关系，构筑和谐社会。

【阅读材料】

富士康30万员工通过集体谈判获加薪

富士康在中国大陆最大的制造基地设在深圳，此前，这家公司大多数员工的“底薪”是以当地的最低工资为标准的，即每月900元人民币。员工的工资增长主要来自加班费，加班工资往往占到员工总工资的一多半。

深圳市总工会副主席王同信说，目前，中国沿海地区的制造加工企业大都是贴着最低工资标准给员工定“底薪”，当地的最低工资标准涨多少，农民工的工资就涨多少，企业的利润增长与农民工收入“绝缘”。这一“规则”使得农民工工资的整体水平和10年前差不多。

早在20世纪90年代初，中国沿海一些城市就开始借鉴国际经验，探索推广工资的集体协商制度，要求企业为工人建立合理的工资增长机制，使其工资收入与企业利润同步增长。然而，由于廉价劳动力供应充足，农民工缺乏话语权等原因，这一制度长期以来都属于“纸上谈兵”。

伴随金融危机后中国经济明显好转，订单骤增，沿海地区劳动力市场发生了明显变化，正在席卷中国多个城市的“用工荒”，被农民工们视作一次难得的机会。工人们在工会的帮助下和企业主开展集体谈判，提出“涨工资”的要求。而过去不肯坐下来“谈判”的企业主们，迫于“用工形势”，也相继坐到了谈判桌前。

富士康的转变就是一个典型的例子。2008年9月，深圳市总工会就向富士康发出集体谈判的要约，但富士康对工资增长一直避而不谈。2008年下半年，富士康订单上升，急需增加工人，却因薪酬过低出现招工难。

经过多次沟通，富士康终于在2009年12月签订了一个覆盖40余万深圳员工、惠及全国70万富士康员工的集体合同，其中对工资增长做出明确约定：一线员工工资平均增长幅度不低于3%，并将于每年12月定期进行集体谈判。[①]

① 新华网．中国农民工通过集体谈判破解工资“十年不涨”难题［EB/OL］http：//news. xinhuanet. com/legal/2010－03/17/content _ 13187968. htm，2010－03－17.

第二节　集体谈判的结构、过程及结果

一、集体谈判的结构

企业集体谈判的结构，是指企业集体谈判的集中或分散程度，具体来说，就是指企业集体谈判在哪些级别上进行。集体谈判可以针对某个具体的企业，也可以针对某个包含若干企业的行业，可以是集中式的，也可以是分散的。在市场经济国家，集体谈判的结构通常分为“正式”和“非正式”的谈判结构。正式谈判结构是指为集体谈判的目的而设立、并受集体协议覆盖的实际谈判单位；非正式谈判结构一般反映了正式谈判单位之间的相互关系，尤其是一个谈判单位的解决办法与其他谈判单位解决办法之间相互关联的情况。① 采用哪种谈判结构，通常要考虑国家政策、谈判主体、市场、历史传统、利益分配等多个因素。

（一）正式谈判结构

1. 单雇主一单机构一单工会

在这种结构下，雇主与雇员同在一个企业，一对一地进行谈判。这种谈判结构的缺点在于：在某些大中型企业集团中，可能同时存在几个不同的谈判单位，这些谈判单位分别属于不同的工会，每一个谈判单位都要分别举行谈判。

2. 单雇主一多机构一单工会

在这种结构下，一个雇主与一个工会进行集体谈判，谈判达成的协议适用多个工作场所。在这种谈判结构中，参与谈判的工会级别较高，往往是某一个行业的工会。

3. 单雇主一单机构一多工会

在某些国家，工人有自由组成工会的权利，不同群体的工人通常由不同的

① 程延园．劳动关系［M］．北京：中国人民大学出版社，2002：275.

工会代表，进行集体谈判时，先举行单独工会与雇主的谈判，再举行工会联合与雇主的谈判。这种谈判结构是在特定的历史因素和国家政策下产生的，北美几乎不采用，而在英国较普遍。

4. 单雇主一多机构一多工会

这种谈判结构常见于大雇主与分散的不同行业工会之间的谈判。比如在航空业，多个行业工会与每个大的航空公司进行谈判，分别达成一个总的、适用于本行业的协议。

5. 多雇主一多机构一单工会

在这种结构下，多个雇主与一个工会举行谈判，这种谈判通常适用于特定行业的所有机构，是行业级的集体谈判。

6. 多雇主一多机构一多工会

在这种结构下，多个雇主与多个工会举行谈判，常见于一个或者多个行业一级的集体谈判中，是一种高度集中的谈判结构。

谈判结构受多种因素制约，随着社会发展不断变化。一般而言，核心的工资问题倾向于行业级谈判，非工资事务如激励问题倾向企业级谈判。这就相应形成“双合同”制度，即在多雇主—多机构谈判结构下协商出一个“主合同”，适用于谈判单位内的所有企业，其内容包括核心的工资、福利、保障问题；然后各企业根据具体情况、具体要求，与工会协商出一个“补充合同”，其内容包括培训、工作量、工作时间等。

（二）非正式谈判结构

人们早就认识到，集体谈判不是孤立进行的，不同的谈判之间会相互牵连、互相影响，当一个雇主面对多个谈判，需要达成多项协议时，非正式谈判问题更值得研究。

1. 协调性谈判

“协调性谈判”是指不同的、有关联的行业分别举行集体谈判，达成基本内容相差很小的最终集体协议，率先生成的协议将对随后生成的协议起示范作用，在举行集体谈判的行业之间造成相互影响。

2. 示范性谈判

“示范性谈判”是指工会与某一行业内的某个能够做出较大让步的企业率先举行集体谈判，达成集体协议，然后将这一协议作为随后谈判的一个最低条件，迫使其他雇主同意。[①]

二、集体谈判的过程

集体谈判的全过程可以分为两个阶段，第一阶段是谈判主体之间的自愿协商阶段。在这一阶段里如果问题得到解决，谈判就会到此结束，不需要进入第二阶段。假若第一阶段的谈判不能解决问题，产生争端，就必须使用外部力量进行干预，以促进争端的解决。这就是集体谈判的第二阶段，即通过外部干预解决争端阶段。

在自愿协商阶段，政府一般是不参与谈判过程的，由谈判主体派出代表组成谈判执行组织具体实施谈判过程。双方首先要议定谈判的主题，以及进行协商的具体办法和解决争端的步骤。然后依据双方共同认可的议题和办法分别陈述自己的意见和要求，并在此基础上进行协商对话，最后争取寻找一种双方都能接受的解决问题的办法。在企业里，这种自愿协商式的谈判在工会和雇主之间展开，谈判通常要讨论有关工作条件的协议，比如工资、工时、假日、劳动条件、纪律、奖惩、工种分配等问题。这一阶段包括四步工作：

1. 谈判准备

参与谈判的代表应当：

（1）熟悉与集体谈判内容有关的法律、法规、规章和制度。

（2）充分掌握参与集体谈判所必需的信息和资料，确定谈判中需要解决的问题和希望达成的意向，明确谈判代表的工作内容和职责，明确协商内容的优先顺序。[②]

（3）提出集体谈判的要求。任何一方均可就签订集体合同以及相关事宜，以书面形式向对方提出进行集体谈判的要求；一方提出进行集体谈判后，另一方在收到集体谈判要求之日起 20 天内应当以书面形式给予回应，无正当理由

① 程延园．劳动关系［M］．北京：中国人民大学出版社，2002：277.

② 程延园．劳动关系学［M］．北京：中国劳动社会保障出版社，2005：278.

不得拒绝进行集体谈判。

（4）确定集体谈判内容，生成草案。

（5）确定谈判的时间、地点，会场工作人员。

2. 谈判代表资格确定

我国法律规定，谈判双方的代表人数应当相等，每方至少 3 人，并各确定一名首席代表。雇主一方的谈判代表，由法人代表指派，首席代表由法人代表担任或由其书面委托其他管理人员担任。员工一方的谈判代表由本企业工会确定，没有建立工会的，由员工民主推荐，并经本企业半数以上员工同意；员工一方的首席代表由工会主席担任，工会主席不能担任或者空缺的，由工会其他主要负责人担任，没有建立工会的，由员工民主推举产生。集体谈判双方首席代表可以书面委托本单位以外的专业人员作为本方的谈判代表，委托人数不得超过本方代表的 1/3，首席代表不得由非本企业人员担任。

【阅读材料】

谁能参加集体谈判？

2011 年初，某新建食品企业的 200 多名员工要求与企业签订一份集体合同。由于企业刚成立尚未组建工会，部分员工就委托本企业的 5 名员工和当地商会的朱某作为代表，向企业提出关于工资标准、工资支付办法、工时制度、劳动定额标准、休息休假、劳动条件、安全技术措施及各项保险、福利等内容进行集体谈判的要求。企业对员工的要求表示同意，双方约定在 3 月 3 日，由各方的代表在企业会议室里就集体合同的具体约定进行协商。当日，商会的朱某和 5 名员工作为员工方的代表参加了集体协商会议，企业总经理（兼法定代表人）并未到场，而是由企业的一位副总经理、律师和人事经理 3 人代表企业参加协商会议。经过认真的磋商，双方就协商内容基本达成一致，朱某作为员工方的首席代表在集体合同草案上签了字，副总经理作为企业方的首席代表也签字认可。随后，朱某等员工代表将集体合同草案向全体员工作了公布，但一些员工对合同协商内容不满，进而质疑朱某的代表资格，发生了争议。

3. 正式谈判

集体谈判会议由双方首席代表轮流主持，按如下流程进行：

（1）宣布议程和会议纪律。

（2）某一方首席代表提出协商的具体要求和内容，另一方代表对此做出回应。

（3）谈判双方就谈判内容各自发表看法，并展开讨论。

（4）双方首席代表归纳意见，形成集体合同。

我国现行立法规定，在谈判过程中，任何一方不得有过激行为；在不违反保密法规和不涉及企业商业秘密的前提下，双方有义务向对方提供和谈判有关的情况。如双方未能达成一致意见，或出现事先未能预料的问题阻碍谈判进程，可以暂时中止谈判，中止的期限不超过 60 天，具体中止期限和下次谈判的具体时间、地点、内容由双方协商确定。

4. 签订集体合同

集体合同是谈判双方相互妥协的结果，一般要求采取书面协议的方式，经过协商谈判双方达成一致意见后，签订正式的协议。集体合同一经签订，集体协商即告结束。

谈判的第二阶段是通过外部干预解决争端。当谈判双方发生严重争端，通过自愿协商解决不了问题时，则可寻求一种办法打破僵局，即引进外部力量进行干预。当然，这种干预在程序上必须取得双方的认同才能有效和顺利进行，否则，变成一种硬性强迫也是行不通的。这种干预有三种办法可供选择。一是调解，政府劳动管理部门可设立具有权威性的调解机构。二是仲裁，在政府管理部门中，要建立劳动仲裁处。三是质询和调查，可通过法律程序授权有关部门在特殊情况下，组成专门调查委员会对劳动纠纷和争端进行询问和调查，它提供的证据有法律效力。在质询和调查基础上提出的解决问题的建议，具有很大的权威性和影响力，将成为法庭审判、调解和仲裁的重要依据。

三、谈判结果的决定因素

集体谈判的结果如何，取决于以下三个因素。

（一）谈判力量

谈判中劳动关系双方之所以能达成妥协，关键是工会及员工可以运用罢工力量、退出力量和岗位力量这三种基本谈判力量来作用于雇主。罢工力量表现为：在罢工期间和罢工结束后，企业销量和市场份额下降造成雇主方利润损失。在经济繁荣期，或者企业存货储备较少时，会给雇主较大的压力，此时罢工力量较大。员工不满会引起辞职和怠工，这就是退出力量和岗位力量，通常对技术水平高、专业技能强的工作和领域来说，这两种力量很强。

（二）利益和期望

谈判双方的利益和期望决定了彼此会在多大程度上接受对方的要求，或者承受损失。对雇主而言，会考虑各种让步的成本，以及雇主的经济状况，价值观和对工会、对集体谈判的看法及认识。对工会而言，会考虑员工的经济状况、员工对谈判结果的期望、员工对雇主的期望等问题。

（三）谈判技巧

运用好谈判技巧，可以改变对方的期望值和谈判底线，可以准确判断对方可以让步的程度和可以让步的内容。要获得谈判技巧，不仅要分析对手在谈判过程中的表现行为，还要对谈判力量有很好的把握。总之，就是要综合运用各种有利因素，在谈判桌上获得最大的成果。

第三节　集体谈判的法律调整

一、不公正劳动行为及其补救

（一）不公正劳动行为

不公正劳动行为，是指工会在组建过程中或组建后，一方采取非法方式对抗、破坏对方的措施和行为。不公正劳动行为的主体，包括雇主，也包括工会，甚至员工。法律对雇主不公正劳动行为的限制主要有：

（1）工人不因为从事合法的工会活动而被解雇。

(2) 在工会的组建过程中，雇主不能单方面，有明显针对性的改变员工待遇和条件，除非能够证明这种改变与工会组建没有任何关系。

(3) 禁止雇主对组建工会进行任何形式的威胁或者许诺利诱。

(4) 禁止雇主暗中监视和破坏工会活动。

(5) 雇主不得改变选举单位雇员的构成。

(6) 雇主不得从事任何有可能影响工会自治权利的活动。

(7) 雇主不得为了避免工会或摆脱已建立的工会，而关闭工厂或重新开业。[①]

法律对工会的不公正行为也有限制。例如，工会组织者不得强迫、威胁工人参加工会；为雇主工作的工会组织者在工作时间不得从事与工会有关的活动；未经雇主许可，企业以外人员不得进入企业经营场所开展工会工作。另外，在工会组建过程中，员工不得从事罢工或者任何其他报复行动。

(二) 不公正劳动行为补救措施

对不公正劳动行为进行补救，可以充分保障员工利益，发挥劳动法的作用，体现劳动法的价值。法律规定的补救措施有：

1. 行政救济

不当劳动行为的救济机构是劳动委员会，劳动委员会发现雇主存在不当劳动行为，可以发布命令要求其立即停止。劳动委员会的命令在法庭登记，如果雇主不执行，可被处以藐视法庭罪。

2. 民事救济

劳动委员会可以基于民法“全面救济”理论，采用恢复原状、赔偿损失等多种保护措施，对不当劳动行为进行全面救济。如果雇员因参加工会活动而被不公平解雇，劳动委员会可以判令雇主恢复员工职位，并赔偿其损失。如果雇主关闭工厂是为了削弱工会，劳动委员会通常要求雇主对免职的雇员进行经济补偿或者提供相应的工作岗位，甚至使工厂重新开业。[②]

---

① 程延园．劳动关系［M］．北京：中国人民大学出版社，2002：265.

② 程延园．劳动关系学［M］．北京：中国劳动社会保障出版社，2005：288.

二、诚信谈判的责任

工会一旦获得承认，无论员工是否签字，都能取得代表所有员工的“排他代理权”，雇主负有“诚实谈判”的法律义务。“诚实谈判”的原则通常包括：

（1）双方会面并开始谈判。

（2）全面讨论双方面临的问题、所处立场和理由。

（3）任何一方不得隐匿、歪曲信息，也不得故意误导对方。

（4）任何一方都不得通过自相矛盾的方式来破坏谈判进程。

（5）管理方不得绕过工会直接向会员许诺，只有要求工会坚持这些“诚实谈判”的原则，谈判才有意义。①

对拒绝诚实谈判采取相应的补救措施，有利于确保这一原则的贯彻落实。在美国，如果确定雇主没有诚实谈判，劳动委员会可以要求雇主补偿工会所受的损失，赔偿工会谈判者的工资。工会也可以要求雇主签订一个具有溯及力的合同，一直追溯到劳动委员会对这一问题做出裁决的日期，在这种情况下，工人有权要求应得的工资。

【阅读材料】

工资集体协商遭遇“玻璃门”

由于企业不肯提供真实财务报表和盈利情况，因而员工们经常在谈判时十分被动。深圳的一家日资五金生产企业，劳资双方共进行了8轮谈判才达成协议。这家企业工会负责人告诉记者，企业经营良好，规模逐年扩大，当他们向老板提出“涨工资”的要求时，老板却声称“年年都在亏损”。由于企业不肯提供真实的财务报表和盈利情况，员工们谈判时十分被动。后来，员工们想了很多办法，自发统计每天的生产量、销售量，得到相关数据，以此证明企业盈利，才争取到应有的一些合法权益。

由于劳资双方信息不对称，工人们谈判时拿不出财务数据，成了谈判中的一块“短板”。“目前还做不到平等的集体协商，除了少数企业外，多

① 程延园．劳动关系［M］．北京：中国人民大学出版社，2002：268.

数企业离这一理想还差得很远。”深圳市委常委张思平说，企业作为资方，不仅掌握了资产、管理、信息，连企业的工会主席、工会委员都由其发工资，因此在集体协商中很难对等谈判。

（资料来源：南方日报，工资集体协商遭遇“玻璃门”。）

三、罢工及其争议处理

罢工是劳动者为改善工作条件而实施的有计划、有组织的集体暂时停止工作的行为。通常，从三个方面来理解罢工：

（1）罢工是劳动者暂时停止工作的行为，而不是劳动契约关系的中止。

（2）罢工是劳动者集体的、有组织的行为，而不是个人的单独行为。

（3）罢工是以获得经济利益为目的，而不是以取得政治、宗教等非经济利益为目的。罢工是集体谈判中的一种压力手段，是集体劳动冲突的一种形式，是工会在集体谈判中威胁对手和解决争端的最后武器。

（一）罢工权

（1）罢工权的主体。罢工权是劳动者享有的权利，劳动者是当然的主体，但不是所有行业或职业的劳动者都有权利罢工，在某些特殊行业或职业，劳动者的罢工是受限制的。

（2）罢工权的行使方式。罢工必须由工会组织行使，罢工权是一项集体权利，而不是单个劳动者的单独行为。任由劳动者无组织地罢工，会造成无序的混乱罢工，因此，罢工权必须由劳动者的代表组织——工会来行使，只有由工会组织的罢工才是合法的罢工。在劳动基本权立法比较健全的国家，把那些没有工会领导的、劳动者自发的、无组织的罢工，称作“野猫罢工”。“野猫罢工”由于没有得到大多数劳动者或会员的认可，是一种侵害团结权和滥用争议权的行为，实际上损害了其他劳动者的权利，因而不符合合法罢工的要件，不受法律的保护，即不具备民事免责和刑事免责的资格。

（3）罢工权的目的。罢工必须出于经济目的，即局限于满足劳动者的经济利益，如提高工资待遇、改善工作条件等。为达到这一目的的表现形式则是缔结集体合同。许多国家的罢工立法都明确规定，合法罢工必须以缔结集体合同、获取经济利益为其目的。政治性或其他目的的罢工不在保护之列，许多国家的法律均禁止政治性罢工，因为政治性罢工并非以集体合同为目的，而系对国家机关为 一定之诉求，所以，大部分国家视其为非法。

（4）罢工权的行使程序。罢工权的行使必须符合一定的程序，而不能进行突发性罢工。一般来说，在集体谈判期间或劳资纠纷的调解、仲裁、诉讼期间不得举行罢工。

（5）罢工权行使的限度。罢工权的行使必须限于合理的限度，超过一定的限度则不是合法的罢工范畴。以下情形为超越合理的限度：（1）阻止所有雇员进厂；（2）阻止雇主雇佣其他工人维持营业运转；（3）用暴力、大规模纠察行动恐吓、阻碍或封锁企业的出入通道；（4）阻止本企业所生产商品的自由流通；（5）强迫或诱使和本企业有来往的外企业雇主停止业务往来；（6）劝使外企业雇员参与罢工，以对本企业雇主施加间接压力。对罢工中超出合理限度的行为，应追究相应的法律责任。

（6）罢工权行使的法律保障。合法罢工享有特定的法律保障，主要表现在其民事免责和刑事免责方面。民事免责主要指在罢工期间，合法罢工的劳动者不得因为罢工被歧视和被惩罚，给雇主造成一定经济损失的不负赔偿责任。刑事免责主要是针对国家而言，即合法罢工，国家不得以妨碍社会秩序、危害国家安全等名义提起公诉。

（二）规范罢工权

由于罢工会带来严重的后果，因此，必须对员工行使罢工权以及罢工过程中的行为进行规范和限制。

1. 行使合法罢工权的条件

一般来说，罢工权的行使要符合如下条件：

（1）原集体协议已经期满。

（2）工会已经履行了与雇主诚恳谈判的义务。

（3）罢工前，要通知劳工部长，劳工部长接到通知后先行调解，如调解失败，工会应在罢工前以书面形式报告劳工部长。

（4）罢工前，先要在其会员中举行投票表决，在获得多数会员支持后，才能罢工。

（5）罢工前，工会须正式通知雇主罢工的目的、时间和地点。

2. 对罢工行为的限制

罢工者只能对雇主的经营场所设置纠察，对不属于雇主所有的任何私人经营场所，必须得到允许才能设置纠察线，罢工者不得阻挡这些经营场所的出入口，也不得威胁、损害任何人通过纠察线。对“同情罢工”也有限制，同情罢工是为了支持已经罢工的工人而举行的罢工，通常被认为是非法的。

对罢工行为进行必要的限制，符合保持稳定、提高效率的政策目标。罢工权不是一种绝对的权利，因而对罢工权的行使进行限制是必要的。①

（三）罢工的处理和解决

和解和裁决是解决罢工问题的两种方法。和解包括两方面的工作：

（1）由劳动部门任命的独立调解人对双方争议进行调解，独立调解人的作用是调和双方分歧，帮助双方达成解决方案。如果不成功，独立调解人向劳动部门提交报告，报告双方所争议的问题。劳动部门任命一个“和解委员会”，其成员包括中立的调解人、工会和雇主代表，在此架构下双方陈述各自的诉求，提出可行的方案以促成争议的解决。

（2）仲裁是对谈判双方利益冲突的裁决，相对于和解，它是对争议的最终处理手段。仲裁不以自愿为基础，而是通过免除工人的罢工权、限制雇佣双方的民主权利等强力手段，最终迫使双方接受一方或双方都不满意的裁决决定。

【阅读材料】

南海本田罢工事件凸显我国集体谈判机制缺失问题

2010 年 5 月 17 日，广东佛山南海本田汽车零部件制造有限公司（简称南海本田）数百名员工因对工资和福利的现状不满而停工。由此引发本田在华四家汽车工厂停产。在此次事件中，劳资双方曾一度对抗。但经过劳资双方的反复谈判，以及第三方的协调，6 月 4 日，劳资双方通过谈判签署了提高工人工资待遇的集体合同，最终达成了工人工资在 1544 元的基础上，加薪 500 元的方案。持续 19 天的本田集体停工事件得以解决。尽管 7 月 13 日，本田供应商佛山阿兹米特汽配厂再次发生停工事件，但

① 程延园．劳动关系学［M］．北京：中国劳动社会保障出版社，2005：308.

由于广东省总工会第一时间介入，促使职工走上了谈判桌，7 月 21 日晚达成谈判，再一次促成了问题的解决。

2011 年，南海本田公司工资集体协商再度启动。本田集体停工事件后重建的本田企业工会主动出击，与本田企业管理层进行了多轮正式协商。2011 年 2 月 25 日，南海本田劳资双方举行了会议。3 月 12 日，南海本田再次召开职工代表大会。会议以无记名投票方式高票通过一项加薪方案：在去年停工后加薪 500 元基础上，再度加薪 611 元。南海本田停工事件起因是涨薪要求未得到满足，职工自发发起集体性停工。其间，职工与企业管理层多次交涉与谈判，最终在上级工会组织，特别是第三方力量的介入下，事件得以平息。

南海本田工资集体协商改变了我国过去由地方政府出面和主导的，自上而下推动的企业工资集体协商的传统思路。南海本田的实践建立了工资集体协商的“南海本田模式”。“南海本田模式”的特点是：其一，谈判的发动者是工人，利益诉求也源自工人。工资谈判是劳方（工人）独立发起，并将撤销原南海本田企业工会，重新选举工会作为谈判条件之一。而且，工人撇开了原企业工会，选举了能代表自己利益的工人代表，并在之后以合法的程序改组（重建）了工会。其二，劳资谈判针锋相对，谈判陷入僵局时，有第三方力量参与协调，劳动者工资最终得到大幅度提高。其三，停工等事件成为推动工资集体协商的直接动力。在市场经济发达国家，罢工一般发生在集体谈判破裂之后，罢工是劳方争取权益的最后手段。而“南海本田模式”表明，在中国，停工（罢工）却是推动工资集体协商的主要动力，只有在发生集体停工事件后，才有可能迫使资方坐到谈判桌前。①

第四节　我国集体谈判的现状及思考

在我国，随着社会主义初级阶段多种经济成分共存的需要，尤其是近年来私有经济成分的快速增长，员工权益的保护问题日益突出。员工的收益和生活

① 冯祥武．珠三角地区工资集体协商的现状和相关理论问题［J］．法治研究，2012（02）．

水平的提高不同程度地同企业的发展脱节。结果，处于经济高速发展和社会转型期的中国，劳动争议高发，成为构建和谐社会的一大隐患。

从传统的工会职能定位和影响工会发挥作用的因素可以看出，我国现有的劳动法制、工会法制缺失必要的权利和程序保障机制，也没有促使工会积极作为的激励机制。

集体谈判的核心是工资集体协商，我国已经在非国有企业和部分改制的企业中试行了多种形式的工资集体协商制度，劳动和社会保障部在 2000 年 11 月公布了《工资集体协商实行办法》。但是，在我国集体谈判制度的实施过程中仍存在不少障碍：就国有企业来说，代表员工利益的工会组织虽然很完备，但基本上仍是政府的一个分支机构，在企业则隶属于企业党政组织，主体利益不明确，不能作为员工利益的真正代表与企业进行对等的谈判，从而使目前实行的集体谈判大多数流于形式；就非国有企业来说，主要的问题是工会组织不健全，大多数私营企业没有建立工会，有些即使建立了工会，也发挥不了什么作用。

除此之外，还有如下因素制约了集体谈判制度在我国的良性推广。

一、行业协会缺位

行业协会作为行业自律性中介组织，是沟通企业与社会各界的桥梁和纽带，行业协会熟悉行业政策及标准，有能力协商、引导和管理同行业企业的行为，在集体谈判中的作用十分重要。而目前行业协会的发展很不平衡，很少能够合理确定工资水平和各类人员工资关系，为开展工资集体协商提供重要依据。

二、主体双方不平等

在法律上，工会代表职工与雇主协商是平等的两个主体，但在实际操作中，工会的法律地位与实际地位的差距却很大。比如，在劳动关系双方地位上存在雇佣与被雇佣的关系，工会主席作为员工方的首席代表，不可避免地要受制于企业，在协商中工会方也没有让对方妥协或让步的筹码。

三、企业利润率低，增资协商缺少条件

增资经常是集体谈判的核心内容，而且工资集体谈判的标准一般是参照政府发布的工资指导线以及劳动力市场工资指导价位等来设定，这些指标反映的通常是社会的平均水平。但是对于某些企业和行业来说，整体效益低下，甚至达不到社会的平均水平，这就造成增加员工工资这一集体谈判的核心工作难以进行。

四、员工对集体谈判的自觉意识较弱

【阅读材料】

工资集体协商制度价值分析[①]

工资集体协商是构建和谐劳动关系的重要组成部分。在经济新常态下，开展工资集体协商是大势所趋。工资集体协商制度是实现社会公平，构建和谐社会的重要载体。改革开放以来，我国在经济增长的同时，贫富差距也在逐步拉大，基尼系数越过警戒线已是不争的事实，社会贫富差距突破了合理的限度。如何使社会全体成员在更大程度上分享经济发展的成果，规范和调节收入分配，不仅是一个经济发展模式问题，同时也是一个和谐或者冲突型社会模式的塑造问题。在此背景下，党的十八大提出"推动企业建立工资集体协商制度，保护劳动所得"，李克强总理在十二届全国人大三次会议上所做的政府工作报告中指出："改革完善收入分配制度，千方百计增加居民收入，促进社会公平正义与和谐进步。"表明党和政府对促进社会分配公平的高度重视。工资集体协商制度是市场经济条件下企业实现合理分配、协调矛盾的基本手段，是促进劳动作为生产要素，与资本、管理和技术等生产要素，按贡献参与分配的有效路径。因此，建立由企业和职工代表协商解决劳动报酬问题的工资集体协商制度，有利于缩小收入差距，推进社会公平正义，为和谐社会的建立奠定基础。工资集体协

① 杨明亮．工资集体协商制度：价值、障碍及实现路径［J］．工会信息，2015（17）：12－14.

商制度是调整劳动关系法律体系中必不可少的层次。《劳动法》在对劳动关系进行调整时，是通过劳动基准法调整全部劳动关系，所规定的劳动条件和标准是保护劳动者权益的最低标准，而且许多规定比较原则，在调整劳动关系时尚留有空间，如果这一空间单纯以劳动合同来调整，由于当事人双方经济地位不平等，劳动者个人力量单薄，劳动者是不足以与劳动力使用者相抗衡的。而集体合同可以弥补劳动基准法的不足，根据不同企业、不同行业的具体情况，就劳动者权益和劳动关系协调的共同问题做出规定，对劳动立法的欠缺可起到补充作用。因此，集体合同制度是调整劳动关系法律体系中承上启下的一个必不可少的层次。工资集体协商作为集体合同制度的重要内容，在调整劳动关系中更是起着枢纽作用，处于核心地位。

工资集体协商制度是建立社会主义新型劳动关系的理想选择。目前，工资的配置方式有两种，一是资方单方决定，二是协商决定，即所谓的劳资共决。从工资配置的成本上考察，资方单方决定无疑具有交易成本低的特点，而劳资共同决定可能引发较高的交易成本。但是，资方单方带来的负面影响也显而易见，在双方力量失衡时，资方单方决定带来后果往往是“强者对弱者”的掠夺，超过弱者的容忍极限，采取极端的方式进行反抗，由此产生了破坏性的影响，或者劳动者缺乏对企业的忠诚，中国工人“用脚投票”，部分地区出现的招工难屡见不鲜。因此，以协商为基础的工资配置无疑是劳动关系双方较为理想的选择，有利于建立劳资合作共赢的社会主义新型劳动关系。通过工资协商，职工可以实现诉求表达有渠道，利益协调有机制，权益实现有保障；企业可以确定合理的工资水平，增强职工对企业的忠诚度、认同感，有利于形成和谐稳定的劳动关系，推动企业持续健康发展。

员工对集体谈判的自觉意识是集体谈判的原动力，由于种种原因，员工对增加工资基本上不存奢望，集体谈判的自觉意识淡漠，工会也难以去启发员工这方面的意识，如此循环往复，集体谈判在企业更难开展。

第五节　集体合同概述

一、集体合同的概念和特征

（一）集体合同的概念

集体合同（Collective Contract）是指企业职工一方与用人单位就劳动报酬、工作时间、休息休假、劳动安全卫生、保险福利等事项，通过平等协商达成的书面协议。《劳动合同法》第五十一条规定：企业职工一方与用人单位通过平等协商，可以就劳动报酬、工作时间、休息休假、劳动安全卫生、保险福利等事项订立集体合同。集体合同实际上是一种特殊的劳动合同，又称“团体协约”“集体协议”等，是指工会或者职工推举的职工代表代表职工与用人单位依照法律法规的规定就劳动报酬、工作条件、工作时间、休息休假、劳动安全卫生、社会保险福利等事项，在平等协商的基础上进行协商谈判所缔结的书面协议，集体合同草案应当提交职工代表大会或者全体职工讨论通过。集体合同制度是一项重要的法律制度，它作为调整劳动关系的一种有效手段，已被世界各国广泛采用。集体合同制度允许个体劳动者团结起来成立自己的团体，由具备与雇主方相抗衡能力的劳动者团体（一般情况下是工会）与雇主进行协商谈判，签订集体合同，在不低于劳动法所确定的全国最低劳动标准的前提下根据本行业、本区域、本单位的具体情况确定在劳动报酬、工作时间、休息休假、劳动安全卫生、社会保险福利等方面的劳动标准，从而一定程度上限制雇主和个体劳动者签订劳动合同时的契约自由，防止个体劳动者的权益受到雇主的侵害。因此，随着我国社会主义市场经济的发展，为了保障员工集体劳动条件与生活条件，集体合同制度的推广已经成为劳动关系发展和完善的客观要求。

（二）集体合同的特征

集体合同具有以下法律特征：

（1）集体合同的主体具有特定性，即一方为工会，另一方为雇主。工会作为集体合同的一方，必须代表员工的意志和利益，依法为员工争取合法利益。

雇主可以是法人，可以是个体经济组织，也可以是他们的组织。我国《劳动法》规定，没有建立工会的企业可以由员工推举代表与企业签订集体合同。员工代表作为集体合同的一方当事人，其职责与工会相同。

（2）集体合同的内容包括员工劳动条件、生活条件等主要内容，涉及劳动关系的各个方面，偏重于维护员工利益的规定，侧重强调用人单位的义务和责任。

（3）集体合同的订立有严格的程序和形式要求。我国规定集体合同的签订，首先由双方依法产生的代表进行协商，制订合同草案；然后由工会主持召开职工大会或者职工代表大会讨论通过；再次由双方首席代表签字盖章；最后报送劳动主管部门审查、备案。这样，既体现了平等协商原则，又有严格的程序保障。

（4）集体合同是特殊的双务合同。集体合同依法签订后就具有法律效力，双方当事人应当相互承担一定的义务和责任。工会在集体合同履行过程中，一般只承担道义责任和政治责任，而雇主需要承担更多的责任，特别是法律和经济责任。

（5）集体合同具有劳动基准法的效能。集体合同的内容多涉及国家劳动基准法的规定，它规定雇主在不低于国家劳动标准的基础上，向员工提供劳动条件和生活条件。依法订立的集体合同对雇主和全体员工具有法律约束力。员工个人与雇主签订的劳动合同中劳动条件和劳动报酬等标准不得低于集体合同的规定。这就使得集体合同具有本企业劳动基准法的效力。

【阅读材料】

中华全国总工会大力推行集体合同

中华全国总工会十三届四次执委会决定，所有企业特别是非公有制企业要建立健全平等协商集体合同制度，根据企业的性质、规模和经营状况的不同，灵活确定平等协商和集体合同的具体内容、形式和重点，特别重视在经营状况不好和劳动关系矛盾多的企业，推行好这项制度。在新建企业和小企业集中的地区，大力推行区域性、行业性集体合同。要在所有企业特别是非公有制企业，把推行企业工资集体协商和签订工资协议作为推行这项制度的重点，积极探索在小企业集中的地区进行区域性、行业性工资集体协商和签订工资协议的工作。

二、集体合同与劳动合同的联系与区别

集体合同与劳动合同同属于劳动法律体系的重要组成部分，都是协调劳动关系的方法和手段，在协调稳定劳动关系过程中发挥着重要作用。但是二者之间也存在如下主要区别。

（一）主体不同

集体合同主体比劳动合同主体广泛。集体合同主体一方是工会、行业工会或员工代表，另一方是雇主或雇主团体。劳动合同主体是特定的，仅限于劳动者和用人单位。

（二）内容不同

集体合同约定的条件涉及所有劳动者的一般劳动条件、生活待遇、集体谈判的程序及民主管理的方式；劳动合同仅涉及个别劳动者的特殊劳动条件。

（三）目的不同

集体合同的目的是通过工会或者员工代表与雇主谈判，平衡个体劳动者与雇主的力量，保护劳动者的合法权益，协调、稳定劳动关系。劳动合同的目的是建立劳动关系，明确双方的权力义务。

（四）适用范围不同

集体合同适用于签订集体合同的工会和雇主之间。劳动合同适用于签订劳动合同的单个员工和雇主之间。

（五）效力不同

集体合同的效力高于劳动合同。我国《劳动法》第三十五条规定“依法签订的集体合同对企业和企业全体职工具有约束力。职工个人与企业订立的劳动合同中劳动条件和劳动报酬等标准不得低于集体合同的规定。”

（六）形式要件不同

签订集体合同需要提交职工代表大会或者全体职工讨论通过，由双方首席代表签字，必须采用书面形式，并报劳动行政部门批准。劳动合同只需劳动者

个人与用人单位协商签订，应当采用书面形式，但法律不排除口头形式的劳动合同，同时对事实劳动关系进行保护。

（七）纠纷的处理方式不同

集体合同纠纷多为利益争议，且涉及范围较广，各国一般采取政府协同雇佣双方协调处理的方式。我国劳动法第八十四条规定，因签订集体合同和履行集体合同发生的争议，采取两种不同的处理方式；而劳动合同争议则采用普通劳动争议处理方法。[①]

【阅读材料】

有集体合同就不用签劳动合同了吗？

张某毕业于三类大学，前不久被一家企业聘用。聘用后工资标准、工作时间等，一直按企业的集体劳动合同执行，企业没有与张某签订劳动合同。最近，企业以张某缺乏实际工作能力，与其解除了劳动合同。张某以企业用工不与劳动者签订劳动合同为由，要求企业补发工作期间的双倍工资。企业则以有集体劳动合同，集体劳动合同是职工代表与企业协商达成的，代表了全企业职工的意愿。执行集体劳动合同，而不必再与职工个人签订劳动合同。签有集体劳动合同，不能认为没签劳动合同。张某对此不予认同。

（资料来源：《劳动保障世界》）

三、集体合同的作用

从企业实行集体合同制度的情况来看，集体合同制度有以下重要作用。

（一）集体合同制度可以促进企业发展生产，改善员工的生活福利条件

集体合同围绕企业负责人的任期目标，规定企业的生产经营计划和发展计划，规定在完成生产任务的基础上，企业改善员工生活福利方面的计划和措

① 贾俊玲．劳动法学［M］．北京：北京大学出版社，2003：122.

施，这不仅使企业和劳动者双方建立起相互依靠、相互配合的密切关系，也促使双方自觉地在平等基础上相互监督、相互制约。员工明确了企业的生产计划，可以努力完成或超额完成生产任务，促进企业生产发展。企业生产发展了，员工的生活福利待遇也可以得到改善。集体合同体现了国家利益、集体利益和个人利益的结合，解决了生产与生活的矛盾，从而使广大员工认识到只有搞好生产，才能改善生活，这大大调动起广大员工的生产积极性。

【阅读材料】

衡丰公司签订第八轮集体合同促进企业健康持续发展

2018 年 3 月 19 日，衡丰公司召开集体合同平等协商会议签订了第八轮集体合同，同时还签订了《工资集体协商专项集体合同》《劳动安全卫生专项集体合同》《女员工特殊利益专项集体合同》三个专项合同。

为做好第八轮《集体合同》和三个专项集体合同的签订准备工作，2017 年 12 月份开始，该公司工会办公室结合 2017 年度集体合同监督检查工作，广泛征集广大员工的意见建议，修订完成了第八轮《集体合同》及三个专项合同草案。

2018 年 3 月 8 日，在衡丰公司六届一次职代会上，作为职代会的一项重要议程，将第八轮《集体合同》和三个专项集体合同的修订草案、修订情况前后对照表，一并提交职代会进行审议讨论。根据职代会审议情况，对合同文本进行了第四次修订完善，并在大会上表决通过。同时，在职代会上选举产生了第八轮集体合同平等协商委员会员工方的代表 8 人。

2018 年 3 月 19 日，衡丰公司召开平等协商会议，合同双方按照人数对等、守法互信的原则完成了合同签订工作。衡丰公司自 1996 年签订第一轮集体合同以来，20 多年人事变动、代表更替，但集体合同平等协商作为调整劳动关系的一种重要有效机制始终坚持：每三年按期续签，目前已续签了八轮集体合同；每年组织三级监督检查组织进行监督检查，每年召开平等协商会议，每年在职代会上报告履行情况和平等协商情况，使合同真正成为维护双方、特别是员工合法权益的有效载体，促进了劳动关系的和谐稳定和企业的持续健康发展。

（资料来源：中工网）有改动

（二）集体合同制度可以较好地体现员工在企业中的主体地位，加强企业的民主管理，是企业管理民主化的重要形式

集体合同是广大员工智慧的结晶，它所规定的各项条款的讨论、签订仪式的举行、合同执行情况的检查，都是在职工代表大会主持下进行的，体现了员工参加民主管理的原则。集体合同制度的贯彻实施，可以大大提高员工的主人翁责任感，使员工更加关心企业的生产情况和各项重大问题的决策。

（三）集体合同制度可以改善企业的经营管理，较好发挥工会的作用，提高工会在职工中的威信

集体合同对企业行政的经营管理工作提出了各项具体要求，这必然加重了企业行政的责任，督促企业行政的各级负责人都要为履行集体合同规定的义务而努力工作。集体合同还规定了工会的一系列权利与义务，把工会的各项工作同企业的生产经营和维护员工的合法权益紧密地结合起来。所以，工会干部必须尽力完成自己的职责，既要密切联系广大员工，又要协助企业解决生产中出现的问题。集体合同不但充实了工会的工作内容，同时也提高了工会在员工中的威信。

（四）集体合同制度可以弥补劳动法规的不足，健全劳动法制

目前我国虽然已经制定了大量的劳动法规，但还是不够健全，还有无法可依、无章可循的现象。集体合同中的有些内容是劳动法规的具体化，有些是在符合劳动法规的前提下做出补充规定，这些内容不但为企业调整劳动关系提供了具体依据，同时也弥补了劳动法规的不足，加强了劳动法制的建设。

第六节　集体合同的签订

一、签订集体合同的当事人

《劳动法》第三十三条第二款明确规定：“集体合同由工会代表职工与企业签订，没有建立工会的企业，由职工推举的代表与企业签订。”

根据这一规定，签订集体合同的当事人，在已建立工会组织的企业中，一

方是代表全体员工的工会，另一方则是企业；在尚未建立工会组织的企业中，一方是代表全体员工的员工代表，另一方是企业。《工会法》第二十条也规定："工会代表职工与企业以及实行企业化管理的事业单位进行平等协商，签订集体合同。"有关当事人的其他要求，请参见"集体谈判"第二节相关内容。

二、签订集体合同的原则

签订集体合同必须遵循下列原则：

1. 合法原则

一是签约双方主体资格合法。工会和企业是平等协商和签订集体合同的主体；二是程序要合法。当事人双方要经过协商、审议、签订、报送、登记等环节，依照法律规定的程序进行；三是集体合同内容合法。不能与国家法律、法规和有关政策相抵触；四是集体合同形式合法。只能采取书面形式，履行必要的登记、备案手续，才具有法律效力。集体合同只有遵循合法的原则订立，才能为国家承认，并得到国家法律的保护。

2. 平等原则

包括双方代表人数上对等，法律地位上完全平等，相互尊重，以诚相待；不存在任何隶属关系、主从关系或依附关系。合同的订立是从维护员工的合法利益出发，兼顾双方利益，公平地解决分歧，促使合同的达成。

3. 协商一致原则

当事人双方对协商和签约过程中涉及的所有问题应当进行充分的协商，任何一方都不能给对方施加任何压力。

4. 权利和义务相结合的原则

在协商和签约中，双方既享有同等权利，又要承担相应义务。任何一方都不能只享有权利而不承担义务。

5. 兼顾国家、企业、个人三者利益的原则

在非公有制企业也要本着维护职工合法权益与投资经营者合作共事，共谋企业发展和劳资两利的原则。

6. 服从大局的原则

要服从和服务于改革、发展、稳定的大局。不能因指导思想不妥，思路、方法不当引发不稳定因素。要做好思想工作，逐步取得共识，避免给生产、社会稳定带来不利的影响。

7. 实事求是原则

双方当事人在协商过程中应当切实考虑企业的实际盈利能力、员工劳动状况、员工生活需求，签订的各项内容必须切实可行。要保证集体合同可以实际执行，才能真正达到协调劳动关系的目的。

三、签订集体合同的程序

（一）集体合同预审工作程序

企业在将《集体合同草案》提交职代会或职工大会审议前，要先将经集体协商的《集体合同草案》连同集体协商记录报送上一级主管部门劳动工资处和工会组织预审（无上级主管部门的企业送上级工会组织预审），按规定应在7日内制作完成《集体合同预审意见书》。企业再将《集体合同草案》和《集体合同预审意见书》一并报送当地主管劳动局，由劳动局在《集体合同预审意见书》上填写预审意见。各企业要根据《集体合同预审意见书》，及时通过集体协商修改《集体合同草案》，并经职代会或者职工大会讨论通过后，将签订的集体合同和有关材料一起报送当地主管劳动局审核。

（二）集体合同审查问题

第一，集体合同签订后应当在七日内由企业一方将集体合同书一式三份，按现行劳动管理体制报送劳动行政部门的劳动合同管理机构审查，凡不按有关规定报送劳动行政部门审查的集体合同视为无效合同。

第二，送审集体合同书同时应提供集体合同说明、协商记录、企业工商营业执照、集体合同双方首席代表符合法律法规的资格证明及身份证号码、集体合同书中列出的企业制定的劳动工资医疗保险等有关规定等材料。劳动保障部门主要审查以下内容：一是合同双方资格是否符合法律、法规的规定；二是集体协商是否按照法律法规规定的原则和程序进行；三是集体合同中的各项具体劳动标准是否符合法律法规规定的最低标准。

第三，各级劳动合同管理部门要严格管理。要规范审批程序，严格按照审批程序依法审查，要做好集体合同的登记、编号、备案及存档工作。

（三）集体合同范本

目前，进行集体协商签订集体合同仍属试点阶段，对集体合同书的形式和内容，原则上使用各省劳动厅制定的集体合同书为范本，除根据国家和省有关规定适当增加部分内容外，不得任意修改或增加其他附加条款。

【阅读材料】

企业能否选取职工代表来订立集体合同

某企业在与职工签订集体合同时，由于企业没有建立工会，因此企业选取了 7 名职工代表，作为协商集体合同和进行表决的人选。但是，一部分职工认为集体合同中的职工代表应当由全体职工自己选出，于是有许多工人不参与表决。这种情况下，企业确定的职工代表名单获得了参与表决的工人的过半数同意，于是这 7 名职工代表与企业的 7 名代表就集体合同的签订开始谈判。双方通过了企业预先拟定的谈判议案，双方首席代表随即签订了劳动合同，并交当地劳动保障行政部门审查备案。随后，企业职工向当地劳动保障行政部门提出协调处理申请，要求重新协商和签订集体合同。在劳动保障行政部门的协调下，企业一方与职工一方签订了《协调处理协议书》，双方同意按照法律规定的程序和条件重新协商和签订集体合同。案例中企业哪些做法是违反法律规定的?[①]

---

① 周丽霞．HR 全程法律顾问：企业人力资源管理高效工作指南［M］．北京：中国法制出版社，2011：277.

第七节　集体合同的内容

一、集体合同的分类

集体合同的类型因划分标准的不同而呈现不同的类型，根据不同的标准，可以将集体合同进行不同的分类。

（1）按照企业投资来源标准划分，可以划分为内资企业的集体合同、港澳台资企业的集体合同和外资企业的集体合同。

（2）按照企业的性质划分，可分为有限公司的集体合同、无限责任公司的集体合同、国有独资公司的集体合同；从另外一个角度来看，还可以分为：国有企业集体合同、集体企业集体合同和民营企业集体合同。

（3）按照企业的规模为标准划分，有大型特大型企业的集体合同、中型企业的集体合同和小型企业的集体合同。

（4）按照集体合同对员工的约束力划分，有部分员工集体合同和全体员工集体合同。

（5）按照集体合同的级别划分则有：基层企业集体合同、集团公司集体合同和产业集体合同或区域性集体合同。所谓基层集体合同，是指在公司内部分为多级单位如子公司或分公司等。这些子公司相对于集团公司或总厂来说就是基层单位。在这些基层单位，员工一方与单位经平等协商签订的集体合同，就被称作基层企业集体合同。所谓集团公司集体合同是指相对集团公司内部的下属单位而言，在集团公司总部或总厂签订的集体合同。所谓产业集体合同是指在同一产业系统，由产业工会代表全产业的员工与这个产业的雇主组织共同协商签订的集体合同。区域性集体合同是指由区域性的工会组织代表这个区域的员工与该区域性的雇主组织签订的集体合同。这样的区域性集体合同一般是由工会的建制决定。有的国家或地方工会是以区域建制的，如某某地方总工会，这样的工会是这个地方的员工利益的代表者和权益的维护者，因此，这样的工会有责任代表本地方的员工签订集体合同。当然，也必须看到，只有区域性的工会还不行，还应当存在相对应的区域性的雇主组织；否则区域性集体合同也是不能成立的。在我国，过去存在所谓政府指定的“经济综合管理部门”，这个部门相当于本地方的雇主组织，尽管这个部门还不完全是雇主组织。按照我国劳资关系处理的所谓三方机制，除工会和政府外的第三方就是这个“经济综合管理部门”。地方工会组织也可以代表这些企业的员工与这样的雇主组织签订集体合同，但是，这些集体合同应当视为产业或地方性的集体合同。

（6）按照集体合同的内容划分集体合同则有：纲领性集体合同、一揽子集体合同和专业性单项集体合同。所谓纲领性集体合同就是指集体合同的内容只是对主体双方关心的所有问题做出原则性纲要性的规定，而没有详细的约定。往往签订这样的集体合同以后还需要有相应的具体的合同或用人单位的规章制度使之得以落实。还有一种集体合同叫作一揽子集体合同，所谓一揽子集体合同也叫作综合性集体合同，就是指主体双方对所关心的全部问题尽可能地约定在集体合同中，一揽子集体合同的内容几乎是无所不包，但是其内容也不一定都很详细。一揽子集体合同往往是对那些可以确定的内容约定得比较具体，而对那些不容易确定或者是有歧义的内容做原则性的约定。我国现行的集体合同多是这样的一揽子集体合同。还有就是单项集体合同。所谓单项集体合同也叫作专项集体合同，就是指那些主体双方就感兴趣的某项议题或相近的某几个问题集中约定在一个合同当中，这样的集体合同属于单项集体合同。在国外最常见的单项集体合同就是工资协议。

在我国，根据《集体合同规定》，法律承认的集体合同的类型主要有两种即一揽子集体合同和单项集体合同或称为综合性集体合同和专项集体合同。专项集体合同的内容相对有一定限制的即主要是就劳动标准问题的某项或某几项的内容签订专项集体合同，当然，按照法律法规的规定也不排除主体双方可以把法律中未穷尽的事宜作为集体合同的内容进行约定。

二、集体合同的条款内容

集体合同的内容主要包括三部分：

第一，劳动标准条件规范部分，这是集体合同的核心内容，对个人劳动合同起制约作用。

第二，过渡性规定，主要包括因集体合同履行发生纠纷的解决措施，优先招用被解雇的职工等。

第三，关于集体合同本身的一般性规定，包括集体合同的有效期限，变更解除条件等。

在我国公有制企业中，因集体合同双方当事人之间没有根本的利害冲突，企业经营者与职工及其代表者工会同样关心企业生产的发展，关心在发展生产的基础上改善职工的劳动条件和物质文化生活条件，因此在一些公有制企业签订的集体合同中，还明确规定了企业的生产经营计划、指标，职工民主管理等内容，以便让职工了解企业年度主要任务，以主人翁态度完成和超额完成生产任务，它反映了具有中国特色的集体合同制度的优越性。

集体合同的具体条款内容通常包括以下几个方面：劳动报酬，包括工资水平、分配方式与支付办法等；安全生产与工业卫生；工作时间与休息休假；工伤、医疗、养老与死亡保险待遇；生活福利，包括改善住房条件、生活供应、保健、科学文化、体育设施等；职工技术培训；劳动纪律；集体合同纠纷处理；集体合同本身的规定，包括变更解除条件、有效期限、履行检查等。此外，集体合同还应包括企业生产经营计划、财务计划、发展计划和各项经济指标等。以上所列，是指综合性集体合同所包括的主要内容，专门性集体合同如工资标准集体合同不在此列。各个企业在确定集体合同内容时，可根据本企业实际情况予以详略。

集体合同主要规定当事人之间的义务关系而不是各自应享有的权利。集体合同的全部义务可以分为三类：

一是企业经营者与职工及其代表者工会共同承担的一般义务，如挖掘企业活力源泉，开展合理化建议、技术革新和技术协作活动，组织动员职工以主人翁态度对待劳动，提高经济效益和工作效率，完成企业生产经营计划等。

二是企业经营者承担的义务，如根据劳动生产率的增长提高工资水平，制订有关组织和技术措施，改善职工的劳动条件和生活条件等。

三是工会承担的义务，如检查合理化建议在生产中的运用情况等。

企业承担的义务，反映了企业领导人在处理企业内部关系上所起的作用，一般说来，集体合同规定的由企业承担的义务，大都具有法律性质，企业领导人员不履行义务，就要承担法律责任。企业工会承担的义务，其性质反映的是工会作为职工代表者所起的作用，这种代表者的使命，主要是调动职工的积极性，组织职工对企业管理机构的各个环节实行自下而上的监督，关心职工的物质文化生活等。因此，企业工会承担的义务，具有政治和道义性质，而履行这些义务的保证，是职工的觉悟程度和纪律约束以及社会舆论的力量。

集体合同规定的条件，占主导地位的是义务性条件。义务性条件与规范性条件在法律上是有区别的，这种区别的实践意义在于，义务性条件一经履行便告消灭。如集体合同规定企业承担在某劳动场所增设通风设备的义务，设备一经按要求增设，义务即告消灭。规范性条件所约束的是同一类不定数目的若干个别情况，凡是发生了这种条件规定的那一类中的任何一种情况，都应适用这种条件。如关于合理使用经过培训的职工的规则，关于不把正在培训的职工调任其他工作的规则等。为了避免集体合同内容冗杂，在签订集体合同时，规范性条件可不必一一列出，只笼统地规定执行某项规则即可。

三、集体合同的变更、解除和终止

（一）集体合同变更、解除的条件

企业集体合同的变更是指合同当事人依法对尚未履行或尚未完全履行的企业集体合同的有关条款和内容进行修改和补充的行为。一般来说，企业集体合同的变更只有在原订合同所依据的主观和客观条件发生变化的情况下才能获得法律的许可；否则，合同当事人和关系人只能按照合同的规定全面履行合同的内容和条款，不得提出变更合同的要求。按照《集体合同规定》，集体合同期限一般为一至三年。在集体合同规定的期限内，合同双方当事人可以对合同履行情况进行检查，对一些不适应形势发展、变化的条款，任何一方当事人均可提出变更的要求，另一方应给予答复，并在 7 日内双方进行协商，经协商一致可以对合同进行变更。

在集体合同期限内，由于签订集体合同的环境和条件发生变化，致使集体合同难以履行时，任何一方当事人均可提出解除合同的要求，经双方协商一致可以解除。

集体合同的变更和解除需要具备一定的条件。一般来讲主要有以下几种情况：

（1）当事人双方经过协商一致同意，并且在不损害国家利益和社会利益的前提下，可以变更和解除集体合同。

（2）订立集体合同所依据的国家计划被修改或废除。

（3）订立集体合同依据的国家法律、法规和政策发生了变化。

（4）企业因法定整顿、破产、停产、转产而使集体合同无法履行的。

（5）由于不可抗力的外因而使集体合同不能履行。不可抗力是指人力无法抗拒的某种外部力量。如战争、地震、水灾、旱灾或雷击等社会或自然因素。应根据不可抗力事由的具体情况来决定该集体合同是全部不履行、部分不履行，抑或是推迟履行。此外，当事人一方虽无过错，但因无法防止的外因，致使集体合同不能履行，也是变更或解除集体合同的条件之一。这是因为对当事人履行集体合同有影响的其他因素发生了变化，致使原订集体合同无法按期履行或变得无法履行。

(6) 由于当事人一方违约，使集体合同部分或全部履行成为不必要。集体合同订立以后，双方当事人都必须严格履行，如果一方当事人不履行自己的义务就可能影响集体合同订立目的的实现。因此，合同订立后当事人都须严格按照合同的规定，履行自己的义务。但是如果一方当事人违约，而且违约行为已使集体合同继续全部履行或部分履行变得没有必要。在这种情况下，允许无过错的一方当事人变更集体合同的某些条款或解除集体合同。但为了保持集体合同的稳定性，发生这种情况时，法律对此有严格的规定。即当事人如果变更或解除集体合同要经过合同登记机关的批准。

(7) 由于工会解散，致使集体合同无法履行。如果订立集体合同的一方当事人——工会解散了，集体合同就难以再继续履行。工会解散，是集体合同解除的一个条件。但如果与其他工会合并，则集体合同中的工会义务应由合并后的工会承担；原工会分立后，情形也是如此。

具备上述条件之一，就允许变更或解除集体合同。除此之外，当事人不得以任何借口随意变更或解除集体合同。而且变更和解除集体合同都须按照法定条件和程序进行。

(二) 集体合同变更、解除的程序

集体合同的变更和解除须遵循一定的程序，一般有以下两种情况：

(1) 单方变更和解除集体合同的程序。集体合同依法订立后，一般情况下不允许一方变更或解除集体合同。但在某些特殊情况下，如工会一方解散、企业破产、不可抗力现象发生、因一方过错而使原订集体合同的继续履行已毫无意义等，法律并不完全禁止变更或解除集体合同。但对履行这类性质的合同，基于上述事由而获得变更或解除权的一方当事人，可以直接行使变更或解除权。但在变更或解除集体合同时，仍应区别不同情况，分别履行法定的手续：①工会解散，应提供会员大会通过的解除决议书副本或国家强制解散通知书的副本；②企业破产，应提供人民法院宣告企业破产的裁定书副本；③当事人因不可抗力现象发生而需要变更或解除集体合同，应提供有关部门的证明；④因对方过错而使原订集体合同的履行变得毫无意义时，无过错的一方当事人要求解除集体合同，应及时通知对方，并向集体合同登记机关提出申请。

(2) 双方协议变更或解除集体合同的程序。双方协议变更或解除劳动合同，需要履行下列手续：①一方提出变更或解除集体合同的建议，向对方说明需要或解除的集体合同条款，变更或解除合同的条件与理由；②双方协议，并

达成书面协议，新达成的书面协议实际上是一个新的集体合同或原合同的一个组成部分；③协议书提交职工代表大会通过，并报集体合同登记机关登记、审查、备案；④协议成立，原订集体合同或原合同中有关的条款即行失效。在新合同或原订集体合同修正案尚未正式生效前，原集体合同仍然有效。

（三）集体合同变更、解除的法律后果

集体合同变更或解除的法律后果，是指当事人因变更或解除集体合同而应承担的法律责任。集体合同的变更或解除，只是当事人双方所确立的集体合同法律关系的变化或终止，并不是说当事人之间原先存在的一切权利与义务关系都随之一笔勾销，解除集体合同并不等于解除责任。一般来说，集体合同解除后，不履行义务的一方原则上是要承担责任的。如企业破产，破产财产除优先拨付破产费用外，首先应清偿破产企业所欠职工的工资和劳动保险费用。工会合并与分立后，集体合同主体变更了，但合并或分立后的工会仍应承担或分担集体合同规定的原工会组织的义务。如果造成集体合同变更或解除的过错来自第三者，如国家计划调整、法规修改等，则当事人可以不承担责任。

（四）集体合同终止的条件

集体合同的终止，是指由于某种法律事实的发生而导致集体合同所确立的法律关系的消灭。《集体合同规定》第三十八条规定："集体合同或专项集体合同期限一般为1至3年，期满或双方约定的终止条件出现，即行终止。"集体合同终止，必须经过一定的法定程序。一般有以下几种情形：一是集体合同的期限届满；二是集体合同当事人一方不存在；三是集体合同依法或依协商解除。

集体合同终止后，根据双方当事人的意愿，可由双方代表进行新的集体协商，签订新的集体合同。具体程序由集体合同约定。

第八节 集体合同的效力

集体合同的效力是指集体合同的法律约束力，它来源于国家法律的确认和保护。集体合同的效力包括对人、时间、空间和劳动合同的法律约束力。

一、对人的效力

集体合同订立后，对签字双方及所代表的人员都具有约束力。除协议中另有规定的以外，集体合同的全部内容适用于企业全体员工。在一个企业内部，只要工会与企业签订了集体合同，工会就代表了企业全体员工，而不只代表工会会员。这就是说，集体合同的效力对于工会会员、非工会会员都适用。集体合同生效后，被企业录用的员工，也要受集体合同的约束。对企业来说，也不因企业法人代表的变动而影响集体合同的效力。

二、对劳动合同的效力

我国劳动法第三十五条规定："依法签订的集体合同对企业和企业全体职工具有约束力。职工个人与企业订立的劳动合同中劳动条件和劳动报酬等标准不得低于集体合同的规定。"由此可见，对于签订集体合同的企业来说，集体合同对本企业全部劳动合同都具有约束力。集体合同中未被劳动合同涉及的内容，对劳动者和企业都适用，都应按照集体合同的规定执行；劳动合同中的标准不得低于集体合同规定的标准，否则应确认为无效。集体合同规定的标准依法变更后，劳动合同的标准也应随之变更。总之，集体合同的效力高于劳动合同的效力。

【阅读材料】

集体合同与劳动合同哪个效力高?

2010 年 5 月，某运输公司与公司工会经过集体谈判，签订了一份集体合同草案。其中，工资和劳动时间条款规定：公司所有员工每人每月工资不低于 1500 元，每天工作 8 小时。该集体合同由该运输公司于 2010 年 5 月中旬报送当地劳动和社会保障局登记、审查、备案，劳动和社会保障局在 15 日内未提出异议。该集体合同于 2010 年 6 月 1 日正式生效。

2010 年 7 月，运输公司录用陈某为安全检查员，并于当年 7 月 9 日与他签订了为期 2 年的劳动合同，约定其每月工资 1100 元，每天只需工作 6 小时。2 个月后，陈某在与同事聊天时偶然得知，公司与工会签订了集体合同，约定职工每人每月最低工资不少于1500元。陈某认为自己的月工资标准低于集体合同的约定，于是与公司交涉，要求提高工资。公司不同意。陈某不服，于2010年9月下旬，向劳动争议仲裁委员会提起申诉，要求运输公司按照集体合同规定的月工资标准1500元履行劳动合同，并补足2010年7月至2010年9月低于集体合同约定的月工资标准部分的劳动报酬。

劳动争议仲裁委员会受理了此案，该运输公司在答辩时声称，集体合同是公司与公司工会2010年5月签订的，只适用于当时运输公司在职的正式员工，而陈某是7月入职的，不在此集体合同适用的员工范围内；并且，集体合同规定的是每天工作满8个小时才能得到不低于1500元月薪，而陈某每天才工作6个小时，不能给予同样待遇。

劳动争议仲裁委员会经审理，裁决如下：被申诉人一次性补发申诉人工资800元[（1500－1100）×2]；申诉人剩余合同期限内的工资按每月1500元履行。

三、时间效力

集体合同的时间效力，即集体合同在多长时间内有约束力，或者说集体合同生效和终止的时间范围。集体合同生效的时间有两种方式确定：一是由当事人约定，二是在当事人约定的基础上，经报送政府主管部门登记备案后生效。下列情况发生后，集体合同终止：一是集体合同期限届满而终止，二是当事人约定的终止条件出现而终止。

我国《集体合同规定》第三十八条规定“集体合同期限为1至3年”，第三十九条规定“双方协商一致，可以变更或解除集体合同或专项集体合同”。

四、空间效力

集体合同的空间效力，即集体合同适用的地域和范围，因集体合同的层次、种类不同而有所区别。企业集体合同适用于该企业范围；行业性或地区性的集体合同适用该行业范围或者该地区；全国性的集体合同适用全国范围。根据我国现行法律规定，现阶段我国集体合同的适用范围主要是订立集体合同的企业内。

复习思考题

一、名词解释

1. 集体谈判。
2. 集体谈判的结构。
3. 协调性谈判。
4. 罢工力量。
5. 集体合同。
6. 基层集体合同。
7. 产业集体合同。
8. 区域性集体合同。
9. 一揽子集体合同。
10. 单项集体合同。

二、问答题

1. 试述集体谈判的功能。
2. 集体谈判的正式结构有哪些？哪些因素影响集体谈判的正式结构？
3. 对集体谈判的代表资格有哪些要求？
4. 集体谈判的结果取决哪些因素？
5. 不公正劳动行为的主体仅仅指雇主吗？如果不是，还有哪些，为什么？
6. 对不公正劳动行为，有哪些补救措施？
7. 为什么常说罢工是工会在集体谈判中“最后的武器”？
8. 试述集体合同的含义和作用。
9. 集体合同具有哪些特征？
10. 集体合同与劳动合同有哪些区别？
11. 签订集体合同应该遵循哪些原则？
12. 集体合同的内容主要包括哪几部分？
13. 符合哪些条件时，才可以变更或解除集体合同？
14. 集体合同的效力表现在哪些方面？

三、案例分析

【案例分析】

企业与工会签订集体合同难免双倍工资

刘某于2012年7月27日到某食品公司工作，2013年4月9日刘某向单位提出离职申请，并工作至2013年5月11日。在工作期间，食品公司未与刘某签订书面劳动合同。但某食品公司与公司工会签订了2012年1月1日至2014年12月31日期间的集体合同。刘某离职后，于2013年6月向劳动争议仲裁委员会申请仲裁要求公司支付未签订书面劳动合同的双倍工资，劳动争议仲裁委员会支持了刘某的请求。食品公司不服仲裁裁决，以食品公司与公司工会签订了集体合同为由，向法院起诉要求不支付该双倍工资。

【分歧】

关于某食品公司应否向刘某支付未签订书面劳动合同的双倍工资，形成了两种不同的意见：

第一种意见：食品公司与公司工会签订了集体合同，该集体合同同样适用刘某，相当于公司与刘某已签订书面劳动合同，因此，食品公司不应支付未签订书面劳动合同的双倍工资。

第二种意见：集体合同不能替代劳动合同，因公司未与刘某签订书面劳动合同，应当支付未签订书面劳动合同的双倍工资。

问题：

根据上述案例，你同意哪一种意见？请说明原因

资料来源：http：//www.110.com/ziliao/article－483871.html

附录2

集体劳动合同（一般格式）

本合同由　　　　　公司（以下简称公司）与　　　　　公司工会（以下简称工会）签订。

第一章　总则

第一条　根据《中华人民共和国劳动法》以及有关法律、法规的规定，经双方友好协商，签订本合同，用以明确和调整双方的权利和义务关系。

第二条　工会代表公司职工（以下简称职工）整体的利益，依据本合同的原则，指导职工正确处理和公司的劳动关系，并监督和协调这种关系。公司用以和职工个人确定劳动关系的合同，不得与本合同相悖。

第三条　本合同是双方遵守的共同准则。

双方在有关法律、法规规定范围内，遵守不低于有关职工就业、劳动报酬、劳动保险、劳动保护、生活福利、退休养老和各种节假日等方面的规定，并努力提供尽可能高的水平和标准。

第四条　公司尊重工会维护和代表职工利益的权利。公司制订各项涉及职工切身利益的规章制度，均应符合本合同的原则并应有工会代表参加，听取工会意见，取得工会合作。工会有义务支持公司的生产、工作和管理，支持公司的合法权益，教育职工认真履行劳动合同，遵守劳动纪律和公司各项规章制度，努力完成生产、工作任务，促进公司发展。

第二章　职工聘用

第五条　公司根据生产经营情况，本着择优录用的原则，有权招聘职工。

第六条　公司分别与职工签订个人劳动合同，在签订个人劳动合同之前，工会和公司应指导职工明确合同的权利和义务及违约的责任的处理。工会有权监督个人劳动合同执行情况。

第七条　公司制订和修改个人劳动合同标准文本，应听取工会意见。

第八条　因履行个人劳动合同而发生争议，按《中华人民共和国劳动法》第七十九条的规定处理。

第三章　工作日制度

第九条　公司根据生产经营情况，以不超过政府规定的标准，实行本公司工作日制度。

第十条　公司有责任严格控制延长职工的工作时间，尽可能避免或减少加班加点。长时间或长期加班加点以及在公休节假日大范围加班时，应征得同级别工会同意，并给职工另发加班加点工资，其待遇应高于正常工资水平。

第十一条　公司执行政府规定的各类节假日制度。

第四章　工资和津贴

第十二条　公司根据按劳分配的原则和需要，确定本公司工资制度，并发放各类专项津贴。

第十三条　公司工资分配制度（工资标准、工资分配形式、工资发放办法）的制定和变更，由公司决定。公司在做出上述决定时，应听取工会意见，取得工会合作。

第五章　职工福利

第十四条　公司按规定每月提取工资总额　　%的福利费用和　　%的职工医疗费用，每年从税后利润中提　　%的福利奖励基金，用于职工集体福利和奖励，不得挪作他用。其中用于福利的部分，由工会协助合理安排使用。公司应定期向工会提供该项基金使用情况报表。

第十五条　公司有责任改善职工文化设施和住房、膳食、医疗、托儿、交通条件并提供其他与公司经济相适应的福利。

第十六条　公司各项重大福利的设施、标准、实施办法，或由公司提出方案，或由工会提出要求，均应经双方同意后实施。

第六章　劳动保险

第十七条　公司根据劳动保险有关法律的规定，实行劳动保险制度，支付职工劳动保险费用，并努力扩大保险险种。

第十八条　职工因工负伤、因工致残、因工死亡，以及因患职业病，在治疗时所花费的符合规定的费用由公司支付。公司制定此类费用细则。

第十九条　职工一般每年应进行体检一次，女工及有毒有害工种应按规定定期进行专项体检。

第二十条　公司实行养老保险制度。

公司根据有关规定，按时提取和发放职工退休费用。

第二十一条　工会协助公司做好各项劳动保险工作。

第七章　劳动保护

第二十二条　公司执行政府有关劳动保护法规、条例。

公司负责加强和改善劳动安全技术和工业卫生、劳动防护以及特殊工种和女职工的特殊保护工作。

第二十三条　工会支持公司劳动保护管理，配合公司检查、监督劳动保护情况。

工会发现违章指挥、强令工人冒险作业或者生产过程中发现明显重大事故隐患和职业危害，有权提出解决建议；当发现危及职工生命安全的情况时，有权向公司建议组织职工撤离危险现场，公司行政方面必须及时作出处理决定。

第二十四条　公司根据工种岗位需要，保证供应相应的劳动防护用品。

第二十五条　公司优先保证用于改善职工生产安全和劳动条件的资金。每年由公司提出年度安全技术措施项目方案，落实资金，组织实施。工会参与安全技术措施专项讨论并监督实施情况。

第二十六条　公司和工会有责任教育职工严格遵守公司各项安全生产规章制度及操作规程，教育和组织职工接受安全技术培训和管理。工会支持公司对危及企业和职工安全的行为的惩处。

第二十七条　公司发生职工因工伤亡事故或其他危及职工劳动安全的重大事故，应及时通知工会。工会有权参与调查和提出建议。

第八章　教育与培训

第二十八条　公司按期提取职工教育经费，帮助职工获得和提高文化及专业知识。公司教育管理机构负责职工的教育及培训。公司按年度向工会通报教育基金使用情况。

第九章　纪律与奖惩

第二十九条　公司有权依据劳动纪律与奖惩制度决定对职工进行奖励或惩罚。

第三十条　公司对于模范执行公司各项规章制度，在完成生产、工作任务、产品开发、技术改造、提高质量和提高劳动生产率、改善经营管理等方面做出优异成绩的职工，有权分别给予荣誉奖励和物质奖励。

第三十一条　公司对于违反企业各项规章制度的职工，可分别情况，给予批评教育、警告、通报批评，记过、记大过、留厂察看等行政处分，情况严重的，可以开除。对职工进行行政处分时，须征求工会意见，听取被处分职工本人的申辩，由公司作出决定。开除职工，事先应经工会参加处分文件会签。工会认为不合理的，有权提出异议，与公司协商解决。因生产经营条件变化，公司大规模变更职工的工作或裁员时，须征得工会同意。

第十章　合同的变更和解除

第三十二条　发生下列情况之一的，可以变更或解除本合同：

(1) 当事人双方经过协商同意；

(2) 制定本合同所依据的法律、法规发生了变化；

(3) 公司因生产经营管理不善而停产、转产、破产或面临破产边缘，使集体合同无法履行或完全履行；

(4) 因出现不可抗力，使集体合同无法履行或安全履行；

(5) 其他约定的事项。

当事人一方提出变更或解除合同的建议，须经双方协商，协商一致的，签订书面协议，书面协议应当提交公司职工代表大会或职工大会审议通过，审议通过后，由原订立集体合同的双方当事人的代表人签字。

第十一章　合同争议的解决

第三十三条　因履行本合同发生争议，双方应协商解决，协商解决不成的，可以向劳动争议仲裁委员会申请仲裁；对仲裁裁决不服的，可以自收到仲裁裁决书之日起15日内向人民法院提起诉讼。

第十二章　监督检查

第三十四条　为保证执行本合同，双方联合成立集体合同监督检查小组，其成员由工会代表，公司代表根据人数对等的原则组成。

本合同每年检查一次，检查结果以书面报告形式提交双方签约代表。签约代表应认真研究和处理检查结果。

第十三章　期限和变更

第三十五条　本合同有效期为　　年。

合同期满前　　个月经双方协商签订新合同。新合同未签订生效前，本合同继续有效。

第三十六条　本合同在执行过程中，发生特殊情况双方都有权提出修改本合同。经双方协商同意后，进行修改。修改后的条款，作为本合同附件执行，与本合同具有同等效力。未经双方同意，任何一方无权变更本合同。

第十四章　附则

第三十七条　公司支持工会开展的活动，并提供必要的条件。工会开展活动应在生产、工作时间以外进行，如有必要占用生产、工作时间活动的，应事先征得公司同意。在条件许可的情况下，公司应给予支持。

第十章　劳动争议与处理

第一节　劳动争议概述

一、劳动争议的概念

劳动争议又称劳动纠纷、劳资争议或劳资纠纷。一般而言，广义的劳动争议指的是用人单位和劳动者劳动关系所发生的一切纠纷；狭义的劳动争议则指用人单位与劳动者因实现劳动权利或履行劳动义务发生分歧而引起的争议。劳动争议主体是争议的双方当事者，即劳动法律关系中权利的享有者和义务的承担者，争议客体则是指争议主体的权利、义务所指向的对象。

二、劳动争议的特征

（一）劳动争议主体的特定性

劳动争议的主体是彼此存在劳动关系的用人单位和劳动者。用人单位一方若是具有法人资格的企业，应是其法定代表人；不具备法人资格的企业（如一些私营企业、集体企业、个体工商户等），应是其主要负责人。另一方是依照国家和地方法律、法规与企业确立劳动关系的劳动者，包括企业的管理人员、专业技术人员和工人以及外籍工等个体人员。

（二）劳动争议范围的限定性

劳动争议的范围限定在法律规定的范围之内。法律规定范围之外的争议，一般很难被受理。

（三）不同的劳动争议适用不同的程序

劳动争议处理的一般程序包括协商、调解、仲裁和诉讼。我国现行劳动争议处理制度的基本体制是鼓励协商解决纠纷并注重调解，仲裁是劳动争议诉讼的前置程序，诉讼是解决纠纷的最后方式。

（四）解决劳动争议适用的法律规定不同

法律诉讼解决劳动争议应由劳动法处理，不同于一般民事争议等遵照的法律。

三、劳动争议的种类

世界范围中，劳动争议一般分为两类：一类是个别争议。是指劳动者个人与用人单位之间的争议，这类争议通常是因为适用劳动法规和劳动合同规定的权利、义务而发生的争议，显著特征是对既存权利的争议；另一类争议是因为制定或变更劳动条件而产生的争议。这类争议通常是多数劳动者参加的，是工会与用人单位或其团体之间因集体合同而发生的争议，为集体利益而发生的争议，所以又被称为团体争议或利益争议。

我国的劳动争议分为：个别劳动争议和集体劳动争议两类。前者是指劳动者一方不足法定集体争议人数的劳动争议。后者是指劳动者一方达到法定的集体争议人数，并通过集体选出的代表提起申诉的劳动争议。

四、劳动争议的范围

劳动争议的范围，视国家不同而有所区别。《中华人民共和国劳动争议调解仲裁法》第二条规定了我国劳动争议的范围：（1）因确认劳动关系发生的争议；（2）因订立、履行、变更、解除和终止劳动合同发生的争议；（3）因除名、辞退和辞职、离职发生的争议；（4）因工作时间、休息休假、社会保险、福利、培训以及劳动保护发生的争议；（5）因劳动报酬、工伤医疗费、经济补偿或者赔偿金等发生的争议；（6）法律、法规规定的其他劳动争议。目前我国劳动立法还不够完善，“无法可依”；更关键的是企业与劳动者的法制法规意识需进一步加强，从而做到“有法必依”。

五、劳动争议处理的目的

《中华人民共和国劳动争议调解仲裁法》明确规定了劳动争议处理的目的：(1) 公正及时解决劳动争议；(2) 保护当事人合法权益；(3) 促进劳动关系和谐稳定。

六、劳动争议处理的基本原则

(一) 着重调解、及时处理原则

调解是处理劳动争议的基本手段，贯穿劳动争议处理全过程。企业劳动争议调解委员会处理劳动争议的工作程序全部是进行调解。仲裁委员会和人民法院处理劳动争议，应当先行调解，在裁决和判决前还要为当事人提供一次调解解决争议的机会。

对劳动争议的处理要及时。企业劳动争议调解委员会对案件调解不成应在规定的期限内及时结案，避免当事人丧失申请仲裁的权利；劳动争议仲裁委员会对案件先行调解不成，应及时裁决；人民法院再调解不成时，应及时判决。

(二) 尊重事实依法处理原则

首先必须正确处理劳动争议，查清事实的目的，同时要严格依法办事，既要依实体法，又要依程序法，而且要掌握好依法的顺序，按照“大法优于小法，后法优于先法”的顺序处理。此外还应将原则性与灵活性相结合。

(三) 法律面前一律平等原则

劳动争议当事人双方法律地位平等，具有平等的权利和义务，任何一方当事人不得有超越法律规定的特权。不能偏袒一方而歧视另一方，当前对弱势群体，如农民工应更注意保护。

第二节　劳动争议调解

一、劳动争议调解的概念和特征

（一）劳动争议调解的概念

中国传统文化以和为贵，奉行中庸之道，用调解解决争议或纠纷，有广泛的群众基础和悠久的历史。时至当今，调解仍是符合我国国情、民情，群众喜闻乐见、易于接受的一种解决争议的方式，广泛应用于消除争议、化解矛盾的各个方面。

所谓劳动争议调解，指的则是在劳动争议调解机构主持下，在查明事实、明辨是非、分清责任的基础上，依照法律、法规、政策和道德规范，通过平等协商，劝导争议双方当事人互谅互让，达成协议，从而解决矛盾的一种方式和方法。

我国劳动争议调解制度里，广义的劳动争议调解包括用人单位劳动争议调解委员会的调解、劳动仲裁委员会的调解和人民法院的调解。狭义的劳动争议调解则仅指企业劳动争议调解委员会的调解。这里所讲的劳动争议调解指的是狭义的概念。

（二）劳动争议调解的特征

1. 调解主体特定性

劳动争议调解机构不是国家机构，而是设在企业中的劳动争议调解委员会。它是处理劳动争议的法定机构。

2. 调解过程任意性

企业劳动争议调解委员会的调解，基本上不受固定程序和形式的约束，以解决纠纷、稳定劳动关系为目的，调解方式灵活。

3. 调解结果非强制性

调解委员会没有对劳动争议的强制处理权。经调解达成的协议没有法律强制力的保证，不具有强制执行的效力。

二、劳动争议调解组织

（一）劳动争议调解委员会的设立

《劳动法》第八十条规定："在用人单位内，可以设立劳动争议调解委员会。劳动争议调解委员会由职工代表、用人单位代表和工会代表组成。"《企业劳动争议处理条例》第七条规定："企业可以设立劳动争议调解委员会。调解委员会负责调解本企业发生的劳动争议。"劳动争议调解委员会根据上述两条规定设立。

在企业设立劳动争议调解委员会的目的是为了及时处理企业内部产生的劳动争议，保护企业与职工的合法权益，维护正常的生产秩序。企业可以设立劳动调解委员会；在设有分厂（或者分公司、分店）的企业，可以分别在总厂（总公司、总店）和分厂（分公司、分店）设立一级调解委员会和二级调解委员会。

我国在其他用人单位设立劳动争议调解委员会的还不多，这是由于我国《劳动法》适用范围还不够宽，社会团体和事业单位的工作人员与单位的争议还未全面纳入劳动争议处理的范围内。随着我国事业单位和社会团体的改革以及劳动法调整范围的扩大，这些单位的争议必然增多，设立劳动争议调解委员会成为必然趋势。

（二）劳动争议调解委员会的组成

根据《劳动法》第十八条、《企业劳动争议处理条例》第七条、第九条规定，劳动争议调解委员会由职工代表、用人单位代表和工会代表三方组成。代表的产生办法为：职工代表由职工代表大会（或者职工大会）推举产生；企业代表由用人单位的法定代表人（如企业的厂长或经理）指定；用人单位工会代表由用人单位工会委员会指定。

调解委员会由三方组成，表明了其构成的公正性。它有利于各方在调解中充分听取意见，全面了解案情，提出恰当的调解方案，同时也有利于双方的沟通与矛盾的化解，防止出现偏袒一方的不公正行为。同时，需要注意的是，三方代表中的具体个人可能有双重身份，如企业代表同时又具有职工身份，工会代表同时又兼任行政职务等，对这种情况，《企业劳动争议调解委员会组织及工作规则》规定：各方推举或指定的代表只能代表一方参加调解委员会。因此，不管调解委员会委员原有的身份与职务如何，只要被职工推举或被用人单位指定参加调解委员会，就只能代表一方参加劳动争议调解工作，不得混淆职责。

劳动争议调解委员会组成人员的具体人数由职工代表大会提出并与用人单位的法定代表人（如厂长、经理）协商确定，用人单位代表的人数不得超过调解委员会成员总数的 1/3。没有成立工会组织的用人单位，调解委员会的设立及组成由职工代表与用人单位代表协商决定。此外，根据全国总工会 1995 年 8 月 17 日印发的《工会参与劳动争议处理试行办法》第十一条的规定，女职工人数较多的单位，调解委员会成员中应当有女职工代表，为切实维护女职工权益，及时、公正地解决劳动争议，提供组织保证。

另外，《企业劳动争议处理条例》还规定，调解委员会主任由企业工会代表担任，调解委员会的办事机构设在企事业工会委员会。这就明确了企业劳动争议调解工作由工会负责。由于工会组织是职工合法权益的代表者和维护者，维护职工合法权益是其基本职责，主持调解工作更是其维权的重要手段，工会是企业和职工联系、沟通的桥梁与纽带，由工会主持调解，不仅能在整体上达到公正与公平，而且能增加职工对劳动争议调解委员会的信任，从而有利于劳动争议调解工作的顺利进行。然而，随着市场经济体制的建立，劳动者和用人单位成为劳动力市场的平等主体，工会组织往往是劳动者合法权益的代表者和维护者，从而使工会代表缺乏中立性。因此，要使调解委员会真正做到中立、公正，还有待于法律的完善。

（三）劳动争议调解委员会的职责

劳动争议调解委员会是依法建立的、调解本单位劳动争议的群众性组织。按法定的原则和程序调解本单位内发生的劳动争议，这是最主要最基本的职责。这些争议包括：(1) 因确认劳动关系发生的争议；(2) 因订立、履行、变更、解除和终止劳动合同发生的争议；(3) 因除名、辞退和辞职、离职发生的争议；(4) 因工作时间、休息休假、社会保险、福利、培训以及劳动保护发生的争议；(5) 因劳动报酬、工伤医疗费、经济补偿或者赔偿金等发生的争议；(6) 法律、法规规定的其他劳动争议。

此外，调解委员会还有检查和督促劳动争议双方当事人履行调解协议，并对职工进行劳动法律、法规的宣传教育，做好劳动争议的预防工作的职责。

（四）企业劳动争议调解委员会的工作制度

《企业劳动争议调解委员会组织及工作规则》第十条规定："调解委员会应建立必要的工作制度，做好调解的登记、档案管理和分析统计工作。"

建立劳动争议调解登记制度的目的是及时、全面地了解本单位发生的劳动争议及处理情况。劳动争议调解委员会应印制《调解登记表》，其内容包括调解申请和调解情况。调解情况部分应记述是否接受调解申请、调解时间及调解结果。调解登记制度要求劳动争议调解委员对本单位申请调解的劳动争议及调解情况及时登记，文字应简明扼要。

劳动争议调解委员会应参照档案法和有关档案管理规定，结合工作实际，建立档案管理制度。其档案管理工作主要有两部分内容：一是建立劳动争议调解卷，将调解申请书、受理通知、调解取证材料、调解纪录、调解协议书及调解意见书、善后工作记录归档。二是建立调解委员会工作卷，将分析统计材料、调解委员会会议记录、调解委员会委员调解补充文件、上级工会及劳动争议仲裁委员会指导性文件、信息资料归档。

劳动争议调解委员会建立分析统计制度的目的，一是为了向上级工会及当地劳动争议仲裁委员会提供劳动争议及其调解的情况及数字，接受指导；二是为了掌握本单位劳动争议的情况和规律，有的放矢地做好调解和预防工作；三是有利于加强上级工会和劳动争议仲裁委员会对调解工作的指导。

劳动争议调解委员会的统计分析一般包括以下内容：

1. 统计数字

如：设有分厂分店的企业应建立劳动争议调解委员会和确认已建调解委员会数量；调解委员会中职工代表、用人单位代表、工会代表人数量；申请调解的劳动争议数量；不同种类的劳动争议数量，如：劳动合同争议数量、劳动报酬争议数量、职工福利及保险待遇争议数量、女工特殊保护争议数量等；经调解达成协议的数量；不服调解，申请仲裁的争议数量。

2. 劳动争议及调解情况分析

包括对劳动争议与本单位劳动关系状况的分析、对劳动争议产生原因和规律的分析、对调解工作的分析等，最后应提出调解委员会的建议与对策。

根据《企业劳动争议调解委员会组织及工作规则》的规定，调解委员会成员有下列情形之一者，当事人有权以口头或书面形式申请，要求其回避：

（1）是劳动争议当事人或者当事人近亲属的。

（2）与劳动争议有利害关系的。

（3）与劳动争议当事人有其他关系，可能影响公正调解的。

调解委员会对回避申请应及时做出决定，并以口头或书面形式通知当事人。调解委员会的回避一般由调解委员会主任决定；调解委员会主任的回避，则由调解委员会集体研究决定。

劳动争议调解委员会还应建立会议制度、回访制度等工作制度。

三、劳动争议调解的原则

根据《中华人民共和国企业劳动争议处理条例》（以下简称《条例》）第四条、第十一条及《企业劳动争议调解委员会及组织工作规则》（劳部发〔1993〕301 号文，以下简称《规则》）第五条规定，调解委员会在调解劳动争议时应遵循以下原则。

（一）自愿原则

《条例》第十一条规定："调解委员会调解劳动争议应当遵循当事人双方自愿原则，经调解达成协议，制作调解协议书，双方当事人应当自觉履行。"自愿原则包括以下三方面含义：（1）申请调解必须是双方当事人的自愿行为，任何一方或第三方（包括劳动调解委员会）都不得强制调解；（2）达成调解协议的内容必须出自双方当事人的自愿，任何一方和调解委员会都不得强迫；（3）履行调解协议必须是双方当事人的自愿，任何一方或第三方（包括调解委员会）都不能强迫执行。《劳动法》第八十条规定"劳动争议经调解达成协议的，当事人应当履行"。"应当履行"是指依靠双方自觉履行，调解不是仲裁也不是判决，调解协议是在双方互谅互让的基础上达成的，不具有强制性。

（二）依照事实原则

《条例》第四条规定"在查清事实的基础上，依法处理"。这就是说，企业劳动争议调解委员会必须在调查核准事实的基础上，依照国家劳动政策、法律法规调解劳动争议。

（三）及时原则

及时原则是指劳动争议调解委员会必须在法律规定的期限内调解劳动争

议。《条例》第四条规定：处理劳动争议，应遵循着重调解，及时处理的原则；第十条规定，“调解委员会调解劳动争议，应当自当事人申请调解之日起三十日内结束；到期未结束的，视为调解不成”。第十一条规定“调解不成的，当事人在规定的期限内，可以向劳动争议仲裁委员会申请仲裁”。这就要求劳动争议调解委员会在接受当事人申请调解后，要及时开展工作 ，进行调解，在法律规定的期限内结束，防止矛盾激化。

（四）平等原则

《条例》第四条和《规则》第五条都规定：“当事人在适用法律上一律平等”。这是我国“公民在法律面前一律平等”的社会主义法制原则在劳动争议处理中的具体体现。平等原则包括三个方面：一是主体资格平等，劳动争议双方在企业内部是隶属关系，但在调解中，要依劳动法的规定，处于平等的主体地位，即当事人双方在劳动争议调解中的地位一律平等。二是诉讼权利平等，即劳动争议当事人双方都有向仲裁委员会提出申请，请求仲裁和向人民法院提起诉讼的权利，三是保护效力平等，即当事人双方合法权益均等地受到保护，不允许任何人凌驾于法律之上或超越法律之外，享受权利必须以履行义务为基础。

（五）民主协商原则

坚持民主协商原则是指在劳动争议调解中，任何一方当事人都不能把自己的意志强加给对方，调解委员会也不能拟出调解协议，强迫双方接受，只能充分征求双方意见，在双方完全同意的情况下达成协议。只有通过民主协商的方式，才能使调解协议顺利履行。

（六）尊重当事人申请仲裁和诉讼的权利原则

劳动争议发生后，当事人可以向企业调解委员会申请调解，不愿调解的可直接向当地仲裁委员会申请仲裁；调解委员会调解不成或对调解协议内容反悔的，应允许当事人到仲裁委员会申诉。对仲裁裁决不服的可以向人民法院提起诉讼。调解委员会不得阻止当事人的上述权利。

四、劳动争议的调解程序

劳动争议调解程序是指劳动争议调解委员会处理劳动争议的步骤和方式，

它包括以下几个步骤。

（一）劳动争议调解的申请和受理

1. 申请调解

劳动争议发生后，如果当事人通过协商不能解决问题或者不愿意协商解决可提出申请，请求调解。当事人申请调解，应当从知道或应当知道其权利被侵害之日起 30 日之内，以口头或书面形式向调解委员会提出来，并填写《劳动争议申请调解书》。这种调解申请是自愿的。

争议的当事人如因文化或其他原因无能力书面申请时，可采取口头形式，并由调解委员会代表填写《劳动争议调解申请书》。如果发生争议的职工一方在 3 人以上，并有共同申诉理由的，应当推举代表参加调解活动。

2. 受理申请

企业劳动争议调解委员会接到当事人的申请后，应当调查分析申请人所提出的调解事项。决定是否受理，并应该在 4 日内做出受理或不受理申请的决定。调解委员会在受理审查中主要审查以下五点：

（1）申请调解的事由是否属于劳动争议；（2）调解申请人是否合格；（3）有明确的被申请人；（4）具体的调解请求和事实理由；（5）符合法律规定的申请期限。

（二）调解前的准备

在调解委员会决定受理当事人的申请后，在调解工作正式开展前，必须做一些准备工作，以保证调解工作的顺利进行。

首先，劳动争议调解委员会要对申请人的申请内容进行审查，如发现申请人的申请在内容上有欠缺，应通知申请人及时补充有关材料和相关证据。在做出受理决定后，应及时通知被申请人准备答辩书和相关证据材料，在指定的时间内提交调解委员会。

其次，劳动争议调解委员会应在调解前告知双方当事人调解委员会的组成人员和当事人在调解中的权利与义务，并征询双方当事人是否申请调解委员会成员回避。

第三，劳动争议调解委员会在受理劳动争议案件后，应当及时向劳动争议当事人及相关人员了解情况，掌握争议的基本事实，弄清双方当事人的矛盾与分歧。通过调查切实掌握争议的关键，以便调解成功。

第四，在认定一些关键事实后，应当取得必要的证据。双方当事人有责任提供证据，由于双方提供证据的能力不同，调解委员会也可自行收集一些特定形式的证据。如，对当事人没有签订劳动合同，但又事实上形成劳动关系的案件，能够证明双方存在劳动关系的工资单、上班登记卡等都可以成为证据。调解委员会应对收集到的材料进行整理和总结，对当事人提出的证据材料进行审查和判断，分析研究，以便去伪存真，反映案件的实际情况，为判断是非、明确责任奠定基础。

第五，劳动争议调解委员会在客观调查的基础上，针对双方争议的主要问题，查阅有关法律、法规和政策规定，结合双方当事人签订的劳动合同和用人单位合法的规章制度与规定，判断双方当事人享有的权利和应承担的义务，明确责任。

第六，在弄清情况和分清责任的基础上，调解委员会应根据法律、法规和政策的有关规定，拟订调解方案。

（三）实施调解

实施调解是劳动争议调解的重要环节，直接关系到调解的成效。因此，在调解前要做好充分的调查和准备工作。同时，又要在调解中灵活运用方法和技巧，对当事人进行耐心细致的法律宣传和思想工作，促使双方心悦诚服地达成协议，平息劳动争议。

1. 调解的方式和方法

为了使劳动争议双方达成协议，解决劳动纠纷，调解委员会应根据劳动争议的情况和特点，选择适当的调解方法。根据《企业劳动争议调解委员会组织及工作规则》的规定和调解委员会的实际经验，劳动争议调解方式主要有以下两种。

（1）简易调解方式。

对于事实清楚，情节比较简单，双方分歧不是很大的劳动争议，调解委员会可指定 1～2 名调解委员主持调解工作，让双方当事人共同参加，在调解人员的努力下彼此沟通，同时，调解人员动之以情，晓之以理，使双方消除分歧，化解矛盾。

（2）会议调解方式。

除简单劳动争议外，其他劳动争议适合用会议调解方式进行，一般由劳动争议调解委员会主任主持开展，争议双方当事人参加，有关单位和个人也可以参加，帮助调解顺利进行。

（3）调解的程序。

调解一般可按以下程序进行：查明到会人员，并记录在案；宣布调解目的、意义和调解的纪律；听取双方当事人的陈述；调解人员公布调查核实的情况，并提出调解意见；双方当事人对公布的调查情况和提出的调解意见陈述各自的观点，并在此基础上进行协商，协商结果应记录在案。

（四）调解的终止

1. 调解的结果

经过劳动争议调解，常会有三种终结情况。

（1）达成调解协议而终止调解。经调解委员会调解，双方当事人愿意达成调解协议，由调解委员会制作调解协议书。协议书一式五份，一份由调解委员会保管，双方当事人各一份，当地劳动争议仲裁委员会与上级工会各一份。

（2）因调解不成而终止调解程序。双方当事人对调解存在着较大分歧，无法达成调解协议，或者调解期限已满却未能达成调解协议，被迫终止调解。

（3）申请人撤回申请，当事人自行和解或拒绝调解，从而终止调解程序。

2. 调解协议的效力

劳动争议调解是建立在双方当事人自愿基础上的，因此，调解协议也不具有强制执行力。而且，调解可以中止仲裁时效。根据原劳动部《关于贯彻执行〈中华人民共和国劳动法〉若干问题的意见》第 89 条规定：“劳动争议当事人向企业劳动争议调解委员会申请调解，从当事人提出申请之日起，仲裁申请时效中止，企业劳动争议调解委员会应当在三十日内结束调解，即中止期间不得超过三十日。结束调解之日起，当事人的申诉时效继续计算。调解超过三十日，申诉时效从 30 日之后第一天继续计算。”我国《劳动法》规定仲裁期限为 60 日，劳动争议调解期限为 30 日。

3. 调解协议的履行

劳动争议调解是以双方自愿为原则的，即调解自愿，达成调解协议自愿，履行协议也应该是自愿的。劳动争议调解委员会是负责单位内部劳动争议调解的群众性组织，不具有行政机关和司法机关的权力，因此，调解协议书不具有强制执行的法律效力。当其中一方当事人不履行调解协议时，调解委员会无权强制其履行，另一方当事人也不能因此向人民法院申请强制执行。在这种情况下，调解委员会应认真分析原因，征求双方当事人的意见，看其是否愿意再次调解。如不愿调解，调解委员会应告知当事人向当地劳动争议仲裁委员会申请仲裁。

第三节　劳动争议仲裁

一、劳动争议仲裁制度概述

（一）劳动争议仲裁的概念

在我国，劳动争议仲裁作为处理劳动争议的中间环节，也是劳动争议诉讼前的必经程序，是处理劳动争议的一种主要方式，在实践中发挥着非常重要的作用。仲裁的汉语意思就是居中裁决，其基本含义就是指发生纠纷的双方自愿把争议交给一个公正的第三者来处理，并让其对双方的争议做出评断。劳动争议仲裁，是指劳动争议当事人自愿向负责专门处理劳动争议的法定机构提出申请，由其在查明事实、明确是非、分清责任的基础上做出对双方当事人都具有约束力的判断和裁决的活动。劳动争议仲裁程序与司法程序相比，较为简便、及时，具有较强的专业性。

（二）劳动争议仲裁的原则

劳动争议仲裁原则，是指在劳动争议仲裁活动中，仲裁机关、仲裁参加人、仲裁参与人都必须遵守的贯穿劳动争议仲裁过程始终的行为准则。《企业劳动争议处理条例》第四条规定：处理劳动争议，应当遵循下列原则：

（1）着重调解，及时处理；

（2）在查清事实的基础上，依法处理；

（3）当事人在适用法律上一律平等。

这些原则是劳动争议处理制度的基本原则，在劳动争议调解、劳动争议仲裁和劳动争议诉讼中均适用。

劳动争议仲裁与其他制度相比有着自身的特点。因此，劳动争议仲裁除了以上原则为基本原则外，还有其特有的原则，这些原则主要包括：

1. 三方原则

劳动争议仲裁的三方原则，主要体现在劳动争议仲裁组织的构成中，《劳动法》第八十一条规定："劳动争议仲裁委员会由劳动行政部门代表、同级工会代表、用人单位方面的代表组成。"劳动行政部门代表政府；工会代表劳动者；企业联合会（协会）或企业家协会代表用人单位。由三方代表组成的仲裁委员会，能代表各方面的利益要求，而且各自都具有劳动关系方面的专业知识，由其组成的劳动争议仲裁委员会在人员组成上保证了公平性，有利于争议的及时公正裁决。

2. 独立仲裁原则

《劳动争议仲裁委员会组织规则》第二条规定："劳动人事争议仲裁委员会由人民政府依法设立，专门处理争议案件。"独立仲裁原则是指劳动争议仲裁机关依法独立对劳动争议案件行使仲裁权，不受其他任何组织和个人的干涉。

3. 强制原则

劳动争议仲裁制度的强制原则主要体现在以下几个方面：只要有一方申请提出仲裁，仲裁委员会即可受理；仲裁庭在调解无效时，直接对劳动争议做出裁决；对已发生法律效力的仲裁调解书和仲裁裁决书，如一方当事人逾期不履行，另一方当事人可以申请人民法院强制执行。

4. 一次裁决原则

根据《劳动法》和《企业劳动争议处理条例》的规定，我国劳动争议仲裁实行一次裁决制，即在劳动争议仲裁委员会对当事人提出的申请做出仲裁调解书或仲裁裁决书后，仲裁程序即结束。当事人如果对裁决结果不服，只能在法定期限内向人民法院起诉，而不能再向上一级劳动争议仲裁委员会申请仲裁。

5. 区分举证责任原则

举证责任是指在争议处理当中，当事人对自己提出证据的责任。即承担举证责任的当事人应当举出证据证明自己的主张，否则将承担不利的法律后果。

一般情况下，举证责任有两个方面的含义：一是指应该由谁负责举证证明案件事实，也就是举证责任的承担，又称行为意义上的举证责任；二是指当事人不能证明自己的主张时应承担什么样的后果，也称结果意义上的举证责任。

6. 合议原则

《企业劳动争议处理条例》第二十九条规定："仲裁庭裁决劳动争议案件，实行少数服从多数原则。"

7. 程序简便，收费低，为当事人保密原则

（三）劳动争议仲裁的管辖

劳动争议仲裁管辖，是指各级劳动争议仲裁委员会之间、同级劳动争议仲裁委员会之间，受理劳动争议案件的分工和权限。其实质是仲裁机关审理案件的内部分工。仲裁管辖实行以地域管辖为主，级别管辖为辅的原则。

1. 地域管辖

地域管辖是指同级仲裁委员会之间，对于审理劳动争议案件的职权划分。《中华人民共和国企业劳动争议处理条例》第十七条规定："县、市、市辖区仲裁委员会负责本行政区域内发生的劳动争议。设区的市、市辖区仲裁委员会受理劳动争议案件的范围由省，自治区人民政府规定。"第十八条规定："发生劳动争议的企业与职工不在同一个仲裁委员会管辖地区的，由职工当事人工资关系所在地的仲裁委员会处理。"

地域管辖为主，体现了我国政府把劳动争议解决在基层的立法意图。同时，地域管辖使仲裁机关的分工更加明确，避免了相互之间因管辖范围不明确造成的互相推诿。

2. 级别管辖

级别管辖是指上下级仲裁委员会根据劳动争议案件的性质，重大与复杂程度来纵向确定受理范围。

当前，我国实施级别管辖的基本情况是：省一级劳动争议仲裁委员会管辖中外资经营企业和中外合作经营企业；外商独资经营企业中法人与职工发生的劳动争议以及其他在全省有重大影响的劳动争议。

地市一级劳动争议仲裁机关管辖的劳动争议案件一般包括：在本地区有重大影响的劳动争议案件；外商投资企业劳动争议案件；地、市级企业（大型企业）发生的劳动争议案件。

县（市辖区）级劳动争议仲裁机关受理本行政区域里上级劳动争议仲裁机关受理范围以外的一切劳动争议。

（四）劳动争议仲裁的时效及仲裁期限

时效是指在规定的期限内，劳动争议当事人不行使申诉权，申诉权因期满而归于消灭的制度。法律为行使申诉权规定了时间界限。当事人从知道或应当知道其权利被侵害之日起一年内，以书面形式向劳动争议仲裁委员会申请仲裁。如果期限届满，即丧失请求保护其权利的申诉权，仲裁委员会对其仲裁申请不予受理。

劳动部在1995年的《关于劳动争议仲裁工作几个问题通知》中指出：《劳动法》第二十三条“当事人因不可抗力或者其他正当理由超过前款规定的申请仲裁时效的，仲裁委员会应当受理”。这一规定是对特殊情况的特殊处理，仲裁委员会应当受理。所谓的不可抗力是指人力无法抗拒或者无法防止的事实。造成这类事实的原因是自然因素或者社会因素，这类事实的出现完全是当事人无法预料、无法避免、无法克服的。例如水灾、地震、战争或者当事人生病等。在这类事实中当事人没有主观上的过错，劳动争议仲裁委员会应当在理由明确的情况下，受理劳动争议。

仲裁期限，即指仲裁机构审结劳动争议案件的期限。根据《中华人民共和国劳动争议调解仲裁法》第四十三条规定，仲裁庭裁决劳动争议案件，应当自劳动争议仲裁委员会受理仲裁申请之日起四十五日内结束。案情复杂需要延期的，经劳动争议仲裁委员会主任批准，可以延期并书面通知当事人，但是延长期限不得超过十五日。逾期未做出仲裁裁决的，当事人可以就该劳动争议事项向人民法院提起诉讼。《劳动争议仲裁委员会办案规则》第三十条规定了仲裁时效中止的内容：对于请示待批、工伤鉴定、当事人因故不能参加仲裁活动以及其他妨碍仲裁办案正常进行的客观情况，应视为仲裁时效中止，并应报仲裁委员会审查同意。仲裁时效中止不计入仲裁办案期限内。对仲裁委员会宣布原仲裁裁决书无效后，再次处理的劳动争议案件，应当在组成仲裁庭之日起的三十日内结案。

（五）劳动争议仲裁的受案范围

根据《中华人民共和国仲裁法》第二条、第三条规定，平等主体的公民之间、法人和其他组织之间发生的合同纠纷和其他财产权益纠纷是仲裁委员会的受案范围。而劳动争议仲裁处理的是用人单位与劳动者之间的劳动权利和义务纠纷，并且用人单位和劳动者之间存在隶属关系。根据《中华人民共和国劳动争议调解仲裁法》我国劳动争议的范围包括因确认劳动关系发生的争议；因订立、履行、变更、解除和终止劳动合同发生的争议；因除名、辞退和辞职、离职发生的争议；因工作时间、休息休假、社会保险、福利、培训以及劳动保护发生的争议；因劳动报酬、工伤医疗费、经济补偿或者赔偿金等发生的争议；法律、法规规定的其他劳动争议。

（六）劳动争议仲裁的效力

仲裁裁决是对当事人都具有约束力的、对争议的具体解决决定。当事人对仲裁裁决不服的，自收到裁决书之日起 15 日内，可向人民法院起诉；期满不起诉的，裁决书即发生法律效力，当事人应依照规定的期限履行发生法律效力的调解书和裁决书。如一方当事人逾期不履行的，另一方当事人可以申请人民法院强制执行。

劳动争议仲裁委员会对争议做出裁决后，当事人对裁决中的部分事项不服的，可依法向人民法院起诉，劳动争议仲裁裁决不发生法律效力。

劳动争议仲裁委员会对涉及多个劳动者的劳动争议做仲裁裁决后，部分劳动者对仲裁裁决不服，依法向人民法院起诉的，仲裁裁决对提出起诉的劳动者不发生法律效力；对未提出起诉的部分劳动者，发生法律效力，如未提出起诉的劳动者申请强制执行，人民法院应当受理。

二、劳动争议仲裁程序

劳动争议仲裁程序，是指依据劳动争议仲裁法律所规定的，劳动争议仲裁组织及劳动争议仲裁参加人、参与人为解决劳动争议案件而进行的活动方式、次序和步骤。国家劳动争议处理的立法对处理劳动争议案件的活动过程、方式和手续按次序分阶段加以规定。劳动争议仲裁必须按照法定的程序进行，根据《企业劳动争议处理条例》的规定以及劳动争议仲裁实践，劳动争议仲裁程序主要包括：申诉与受理、仲裁准备、案件审理、裁决执行四个阶段。

（一）劳动争议仲裁的申诉与受理

劳动争议的申诉是指劳动争议当事人在自己的权益受到侵害时，向劳动争议仲裁机关提出申请，要求依法保护自己权益的行为。劳动争议申诉是启动劳动争议仲裁程序的第一个步骤，劳动争议仲裁机关在受理劳动争议案件时，与人民法院受理民事案件一样，实行“不告不理”的原则。当事人的申请是劳动争议仲裁机构行使仲裁职权的前提条件。如果没有当事人的仲裁申请，劳动争议仲裁机构无权对劳动争议进行主动干预和处理。

我国有关法律规定，劳动争议仲裁机关必须对收到的当事人的申请仲裁的书面材料进行审查。对符合国家有关受理案件规定的应当受理；而对不符合规定的，应当告诉当事人不予受理。《企业劳动争议处理条例》和有关法律规定，当事人在向劳动争议仲裁机关申请仲裁时，必须递交请求仲裁的申诉书，并且按照被诉人的人数提交副本，并以此作为向劳动争议仲裁机构申诉的依据。如果当事人由代理人代为申诉，应同时递交授权委托书。《劳动法》和《企业劳动争议处理条例》的相关规定，申诉人向劳动争议仲裁机构申请仲裁时，必须具备以下条件：

(1) 申诉人必须是与劳动争议仲裁案件有直接利害关系的劳动者或企事业单位、机关、团体等法人和非法人。所谓“与本劳动争议案件有直接的利害关系”，是指申诉人必须是劳动权利享有者或劳动义务承担者。

(2) 申请仲裁的争议必须是劳动争议，即具有劳动关系的用人单位与其职工之间因劳动权利和义务发生的争议。

(3) 申请仲裁的劳动争议必须是属于劳动争议仲裁委员会受理范围的劳动争议。目前我国劳动争议仲裁委员会受理范围仅限于《企业劳动争议处理条例》规定的劳动争议范围，即我国境内的用人单位与职工之间，或个体工商户与学徒、帮工之间，因开除、除名、辞退职工或职工辞职、自动离职发生的争议；因执行国家有关工资、保险、福利、培训、劳动保护的规定发生的争议；以及因履行劳动合同发生的争议和法律、法规应当按照《企业劳动争议处理条例》处理的其他劳动争议。在此范围以外的劳动争议当事人不具有申请仲裁的权利。

(4) 申诉人必须向有管辖权的劳动争议仲裁委员会提出仲裁申请。《企业劳动争议条例》第十七条和十八条规定，县、市、区行政区域内发生的劳动争议，由该县、市、区的劳动争议仲裁委员会负责处理，设区的市、市辖区劳动争议仲裁委员会受理劳动争议案件的范围由省、自治区人民政府规定，发生劳动争议的企业与职工不在同一个劳动争议仲裁委员会管辖地区的，由职工当事人工资关系所在地的劳动争议仲裁委员会处理。申诉人应依照规定向有管辖权的仲裁机构申请。

(5) 仲裁申请必须在法定的申诉时效内提出。时效可以分为取得时效和诉讼时效。仲裁申请人必须遵守诉讼时效的相关规定。诉讼时效是指当事人在规定的期限内不行使申诉权，申诉权就因期满而归于消灭的制度。

（6）《企业劳动争议处理条例》规定申诉时效为 6 个月，即当事人从知道或者应当知道其权利被侵害之日起 6 个月内，以书面形式向劳动仲裁委员会申请仲裁。《劳动法》第八十二条规定："提出仲裁申请要求一方应当自劳动争议发生之日起六十日内向劳动争议仲裁委员会提出书面申请。"而根据我国《立法法》关于法律规范的层级效力原则，《劳动法》优于《企业劳动争议处理条例》。因此，劳动争议当事人提出仲裁申请应在争议发生之日起 60 日内提出。当事人如果超过 60 日的期限，则失去仲裁申请的权利，当事人如提出申请则仲裁委员会不予受理。

（7）必须有明确的被诉人和具体的仲裁请求及事实依据。被诉人是劳动争议仲裁活动中不可缺少的当事人。只有在被诉方明确的情况下，申诉人的请求才能有人承受，仲裁活动才能开展。同时，申诉人还必须提出明确的仲裁请求，即要求仲裁机关使被诉人履行何种义务。

（二）申诉方式与申诉书的内容

《企业劳动争议处理条例》第二十四条规定："当事人向仲裁委员会申请仲裁，应当提交申诉书，并按照被诉讼人数提交副本。"申诉书是当事人向仲裁机关提出的引发仲裁程序的文书，也是仲裁机关立案审理的主要依据。在申诉书中应载明下列事项：

（1）职工当事人的姓名、性别、年龄、职业、工作单位、地址；企业当事人的名称、地址、法定代表人的姓名、职务。

（2）仲裁请求和所根据的事实和理由。在这一项中，应当尽量详尽地提供有关争议的起因、过程、争议的调解结果以及希望通过仲裁达到的目的。

（3）证据、证人的姓名和地址。

（4）申请的日期。这对于仲裁申请能否被仲裁委员会受理至关重要。

（三）劳动争议仲裁申请的受理

申诉是劳动争议仲裁案件开始的前提，而案件的受理则是劳动争议仲裁程序的正式开始。劳动争议仲裁委员会负责劳动争议案件受理的日常工作，在仲裁申请的受理被接受后，要做以下几个方面的审查工作：

（1）经过审查核实，研究讨论后，初步决定是否受理此案件。

（2）进行立案工作，对于审查后确认符合受理条件的申请，办事机构工作人员应填写《立案申请表》，及时报仲裁委员会或其办事机构负责人审批。

（3）对当事人（职工）一方人数在 30 人以上的集体劳动争议案件，仲裁委员会应当在收到申诉书之日起 3 日内做出受理或不予受理的决定。不予受理的，应当说明理由；决定受理的，书面通知当事人。

（4）对申诉材料不齐备的或者有关情况不明确的仲裁申请，应告知并要求申诉人予以补充。

三、劳动争议仲裁的调解

劳动争议的仲裁调解，是指争议的双方当事人在仲裁员的主持下，在查明事实、双方自愿的基础上，通过双方协商达成协议，从而解决劳动争议。但协议的内容不得违反法律、法规。

（一）劳动争议仲裁调解的原则

《企业劳动争议处理条例》第二十七条规定：《中华人民共和国劳动争议调解仲裁法》第三条规定，解决劳动争议，应当根据事实，遵循合法、公正、及时、着重调解的原则，依法保护当事人的合法权益。这条规定明确劳动争议仲裁调解的基本原则：一是当事人双方自愿原则；二是依据事实进行调解原则；三是合法原则。

（二）仲裁调解书的法律效力

《企业劳动争议处理条例》第二十八条规定："调解达成协议的，仲裁庭应当根据协议内容制作调解书。调解书自送达之日起具有法律效力。"调解书的法律效力体现在以下几个方面：

（1）调解书一经送达，便具法律效力，劳动争议仲裁程序就已结束。

（2）当事人的权利义务关系由此确定。双方当事人不得反悔，不得以同一事实和理由进行劳动争议仲裁申诉。

（3）不得就仲裁调解书的内容向人民法院起诉。调解书的形成是在双方当事人自愿的前提下进行的，它的内容是双方合议的一个结果，当事人应当自觉履行。

（4）具有强制执行的效力。调解书一经送达经双方当事人签收后便具有法律效力。一方当事人逾期不履行的，另一方当事人可以向有管辖权的人民法院申请执行。

《中华人民共和国民事诉讼法》第二百三十九条规定："申请执行的期间为

二年。”

四、集体合同争议的处理

（一）集体合同争议的处理方式

我国《劳动法》和《劳动争议仲裁委员会办案规则》等对处理这类争议有专门规定。《劳动法》第八十四条规定：“因签订集体合同发生争议，当事人协商解决不成的，当地人民政府劳动行政部门可以组织有关各方协调处理。”这就明确了处理集体争议，首先应当由当事人协商解决，协商解决不成时再由劳动行政部门协调解决。

劳动和社会保障部颁布并于 2004 年 5 月 1 日起施行的《集体合同规定》中对因签订集体合同发生的争议处理方式做了具体规定：集体协商过程中发生争议，双方当事人不能协商解决的，当事人一方或双方可以书面向劳动保障行政部门提出申请要求协调处理；当事人未提出申请的，劳动保障行政部门认为必要时也可进行协调处理。因履行集体合同发生争议，当事人协商解决不成的，可依法向劳动争议仲裁委员会申请仲裁。对仲裁裁决不服的，可自收到仲裁裁决书之日起 15 日内向人民法院提起诉讼。

集体协商争议处理实行属地管辖，其范围由省级劳动保障行政部门规定。

（二）集体合同争议的处理时效

按照劳动和社会保障部颁布的《集体合同规定》，协调处理集体协商争议，应当自受理协调处理申请之日起 30 日内结束协调处理工作。期满未结束的，可以适当延长协调期限，但延长期限不得超过 15 日。

在处理集体劳动争议时，仲裁委员会应当自收到争议申诉书之日起 3 日内做出受理或者不受理的决定，并用通知书或布告形式通知当事人，决定不予受理的，应当说明理由。

仲裁庭处理集体劳动争议，应当自组成仲裁庭之日起 15 日内结束。案情复杂需要延期的，报经仲裁委员会批准，可以适当延期，但是延期最长不得超过 15 日。

第四节　劳动争议诉讼

《劳动法》第七十九条规定："劳动争议诉讼发生后，当事人可以向本单位劳动争议调解委员会申请调解；调解不成，当事人一方要求仲裁的，可以向劳动争议仲裁委员会申请仲裁。当事人一方也可以直接向劳动争议仲裁委员会申请仲裁。对仲裁裁决不服的，可以直接向人民法院提起诉讼。"《企业劳动争议处理条例》第三十条规定："当事人对仲裁裁决不服的，自收到裁决书之日起15日内，可以向人民法院起诉；期满不起诉的，裁决书即发生法律效力。"第三十一条规定："当事人对发生法律效力的调解书和裁决书，应当依照规定的期限履行。一方当事人逾期不履行的，另一方当事人可以申请人民法院强制执行。"综上所述，可以得出劳动争议诉讼是劳动争议解决的最终途径。

最高人民法院于2001年4月30日公布了《关于审理劳动争议案件适用法律若干问题的解释》，（以下简称《解释》），对劳动争议案件的受理、举证责任、仲裁效力等方面做出明确规定，《解释》主要体现了《劳动法》保护劳动关系中的劳动者的立法精神，同时也有效地保障了用人单位的正当权益。

一、劳动争议诉讼的概念和特点

（一）劳动争议诉讼的概念

劳动争议诉讼，是指在劳动争议当事人不服劳动争议仲裁委员会裁决的情况下，在规定期限内，依法向人民法院起诉，人民法院在劳动争议当事人和其他诉讼参与人参加下，依照民事诉讼程序，审理和解决劳动争议案件的活动，以及由这些活动所发生的社会关系。

劳动争议诉讼是处理劳动争议诉讼的最终程序，它是通过司法程序来保证劳动争议的最终解决。从根本上将劳动争议处理纳入了法制轨道，有利于保障当事人的诉讼权，有利于监督仲裁委员会的裁决，还有利于调解协议、仲裁裁决和法院判决的执行。

（二）劳动争议诉讼的特点

（1）劳动争议诉讼制度是在国家审判机关主持下进行的。审判权由法院独立行使。

（2）劳动争议诉讼依靠国家的强制力来作为劳动争议的后盾。无论在诉讼过程，还是执行过程，均得到国家强制力的支持。

（3）劳动争议诉讼的当事人是特定的。当事人之间原则上必须存在劳动关系，即一方是用人单位，另一方为劳动者，同时诉讼前已经过劳动争议仲裁。

（4）劳动争议诉讼是依照民事诉讼程序进行的。目前，我国还没有一部专门的适用于劳动争议案件的诉讼法。在具体的实务中，是由人民法院的民事审判庭受理劳动争议案件，并适用民事诉讼程序审理劳动争议案件。

在分析劳动争议诉讼上述特点的同时，还应指出其与解决劳动争议的非诉讼手段之间的联系。一般来说，联系主要体现在两个方面：一是劳动争议诉讼与非诉讼手段具有相继关系，即当仲裁不能解决争议标的时，才可进一步采用诉讼手段。这一关系体现了“司法最终解决”的原则。二是劳动争议诉讼的存在强化了非诉讼手段的适用效果。从现象上看，非诉讼手段解决争议的过程是独立实现的，但实际上，非诉讼手段之所以能够取得一定的效果，与诉讼手段的存在是密切联系的。因为，如果争议当事人不满意非诉讼裁决的话，会导致争议诉讼的发生，导致国家强制力的运用。可以肯定，如果没有劳动诉讼的存在，非诉讼手段的适用效果也得不到体现。

二、劳动争议诉讼的原则

劳动争议诉讼制度的基本原则，是指在劳动争议诉讼过程中起指导性作用的基本规则，也是人民法院、劳动争议当事人和其他诉讼参与人进行劳动争议诉讼活动必须遵守的准则。

目前尚无一部专门的劳动争议诉讼法，劳动争议诉讼案件适用民事诉讼法审理。因此，劳动争议诉讼活动同样也遵循民事诉讼法的基本原则。如，以事实为根据、以法律为准绳的原则；独立行使审判权的原则；辩论原则；处分原则；着重调解原则等。此外，依劳动争议案件本身的特殊性，在劳动争议诉讼过程中还应遵照与有关单位密切联系配合的原则。如劳动执行机关和工会等有关部门。因为，劳动行政机关是国家管理劳动工作的专门机构，了解并熟悉劳动法律、法规和政策；工会等有关部门都从事企业生产、安全、工资福利、劳动保护等各项管理和监督检查工作，情况也比较熟悉；劳动争议仲裁机关，它是代表国家处理劳动争议的专门机构，直接受理和负责处理各种劳动争议案件，对争议的过程比较了解，而且有一定办理案件的经验。所以人民法院在审理劳动争议案件时，应该多向这些部门调查，与之密切配合。

三、劳动争议诉讼的主要环节

（一）起诉和受理

起诉是指劳动争议诉讼当事人不服劳动争议仲裁机构的裁决，以自己的名义请求人民法院给予司法保护的诉讼行为。它是劳动争议当事人的一项重要的诉讼权利。受理即人民法院受理起诉。这一阶段的中心任务是审查起诉是否符合条件。如果决定受理，诉讼便由此开始。

（二）案件审理前的准备

人民法院在受理案件之后至开庭审理之前，要为案件的正式审理做各方面的准备。包括调查收集证据，准备有关材料，这一环节是案件正式审理的基础。

（三）开庭审理

开庭审理，是指人民法院在劳动争议当事人及其他诉讼参与人的参加下，依照法定的形式和程序对劳动争议案件进行全面审查，并做出裁判的诉讼活动。这是全部诉讼的核心环节，是诉讼活动的集中体现和典型形态。

（四）裁判

人民法院在审理劳动争议案件的过程中，依据所选择的适用法律，对争议的案件事实做出实体判决和程序上的裁定。

（五）上诉

上诉是指劳动争议当事人在不服第一审人民法院做出的尚未生效的判决、裁定而向上一级人民法院上诉，上一级人民法院对案件进行审判的过程。通过上诉上级人民法院对一审法院的裁判进行审查以保证案件最终处理的正确性。

（六）强制执行

强制执行的主要任务是对当事人不履行法院判决或其生效法律文书所确定的义务，而通过法定手段和程序强制义务人履行。

除了上述六个环节外，对于已经发生法律效力的裁判，如发现确有错误，还可按审判监督程序进行再审。这一环节是一种补充，不属于劳动争议诉讼的必备环节。

以上六个环节构成了诉讼环节的整体。但并不是说每一个劳动争议诉讼案件都要经历这所有的环节。有些争议案件在一审终结后，不再上诉。有些案件，当事人在起诉后，法院开庭审理前便撤诉，案件便不必再经历下一环节。这六个环节是有相继性的，即劳动争议诉讼如经历所有的环节，必须依次进行，不能逾越。

四、劳动争议起诉的条件和方式

《民事诉讼法》第一百零五条和《劳动法》第七十九条对劳动争议当事人向人民法院起诉应具备的条件做了规定。

（一）原告是与本劳动争议案件有直接关系的用人单位或劳动者

所谓有“直接利害关系”是指原告受自已管理支配的劳动权益受到了侵害或与他人发生了劳动权利义务争议。但这种直接利害关系是形式上的，也就是说，只要原告认为存在并加以说明即可。是否属直接利害关系法院通过审理后加以认定。

（二）有明确的被告

一是所提出的被告必须能够特定化。二是被告是实际存在的，已死亡的劳动者或已被注销的用人单位不能作为被告。如果没有明确的被告，虽不影响起诉的成立，但会使诉讼程序无法进行。

（三）有具体的诉讼请求和事实、理由

所谓“具体的诉讼请求”是指原告在起诉时应明确要求法院通过诉讼予以保护的具体内容和方式。诉讼请求不明确、不具体会导致审判无从下手。

（四）案件已经过劳动争议裁决

根据《劳动法》第七十九条规定，劳动争议当事人对劳动争议仲裁裁决不服的可以向人民法院起诉。如不经过裁决，法院一般不予受理。

（五）起诉应在规定的期限内提出

《劳动法》的第八十三条规定，劳动争议当事人对劳动争议仲裁裁决不服的，可以自收到仲裁裁决书之日起十五日内向人民法院提起诉讼，逾期人民法院不予受理。

对于起诉的方式，根据《民事诉讼法》第一百零九条规定，以书面起诉为原则，起诉时应当向人民法院递交起诉状，同时按照被告人数提出副本。

五、劳动争议案件的受理

任何一个劳动争议案件仅有劳动争议当事人的起诉行为还不能引起劳动争议诉讼程序的启动，必须在人民法院对起诉进行审查之后认为符合起诉条件并予以受理，劳动争议诉讼程序才正式启动。人民法院对劳动争议当事人的起诉进行审查后，认为其符合起诉条件的，应当依法予以受理并在7日内立案。

劳动争议案件的受理范围，《最高人民法院关于审理劳动争议案件适用法律若干问题的解释》适当扩大了人民法院受理劳动争议案件的范围，劳动者和用人单位之间发生的下列纠纷，属于《劳动法》规定的劳动争议的，当事人不服劳动争议仲裁委员会做出的裁决，依法向人民法院起诉的，人民法院应当予以受理：(1) 劳动者与用人单位在履行劳动合同过程中发生的纠纷；(2) 劳动者与用人单位虽没有订立劳动合同，但劳动关系已经形成后发生的纠纷；(3) 劳动者退休后，向没有参加社会保险的用人单位因索要养老保险金等而发生的纠纷。

人民法院在审查劳动争议当事人的起诉时，如遇到下列情形，应当分别进行处理：(1) 劳动仲裁委员会以当事人申请仲裁的事项不属于劳动争议范围为由，做出不予受理的书面裁决、决定或者通知，当事人不服，依法向人民法院起诉的，人民法院应当分别情况予以处理：属于劳动争议案件的，应当受理；虽不属劳动争议案件，但属于人民法院主管的其他案件的，应当受理。(2) 劳动争议仲裁委员会以当事人的仲裁申请超过60日期限为由，做出不予受理的书面裁决、决定或者通知，当事人不服，依法向人民法院起诉的，人民法院应予以受理。(3) 劳动争议仲裁委员会以申请仲裁的主体不合格为由，做出不予受理的书面裁决、决定或者通知，当事人不服，依法向人民法院起诉的，经审查，确实属于主体不合格的，裁定不予受理或驳回起诉。(4) 劳动争议仲裁委员会为纠正原仲裁裁决错误重新做出裁决，当事人不服，依法向人民法院起诉的，人民法院应当予以受理。(5) 劳动争议仲裁委员会仲裁的事项不属于人民法院受理的案件范围，当事人不服，依法向人民法院起诉的，裁定不予受理或者驳回起诉。

人民法院受理劳动争议当事人的起诉后，便产生了相应的法律后果：一是受诉法院取得了该案件的审判权，当事人不得以同一诉讼标的、同一案件理由向其他法院起诉，其他法院也不得受理和行使该案件的审判权；二是依法确定了双方当事人的诉讼地位，即双方当事人各自取得了原、被告的诉讼主体地位，依法享有诉讼权利和承担相应的诉讼义务。

六、审理前的准备

我国《民事诉讼法》和最高人民法院有关司法解释的规定，审理前的准备工作主要包括以下几项。

（一）在法定期限内向原、被告送达诉讼书

人民法院受理案件后，应分别向原、被告发送案件受理通知书和应诉通知书，并在立案5日内将起诉状副本送达被告。原告口头起诉的，应将原告口述的笔录告知被告。被告自收到起诉状之日起5日内提出答辩状。被告在法定期间内提出答辩的，人民法院应在收到答辩状之日起5日内将其副本送达原告。被告放弃答辩的，不影响人民法院对争议案件的审理及审判。

（二）告知当事人的诉讼权利义务和合议庭的组成人员

根据民事诉讼法的规定，人民法院决定受理的案件，应当在案件的受理通知书和应诉通知书中或者口头告知当事人有关的权利和义务。人民法院对于适用普通程序的劳动争议案件，必须组成合议庭进行审理。合议庭组成人员确定之后，必须在3日内告知当事人，以便当事人决定是否要提出回避申请。

（三）认真审理诉讼材料，调查收集必要的证据

合议庭成员应当在开庭审理前对当事人提供的诉讼状、答辩状和有关的诉讼材料进行认真的审阅。通过审阅这些材料，初步了解和掌握当事人双方争议的焦点和主要分歧，以及当事人所提供的证据和陈述的事实是否足够和充分，在此基础上人民法院是否需要进行调查收集材料。

劳动争议诉讼中，证据主要是由当事人负责提供。当事人及其诉讼代理人

因客观原因不能自行收集的证据，可以向人民法院申请，由人民法院调查收集材料。

对于劳动争议案件的证据，应特别注意举证责任。举证责任，是指当事人在诉讼中对自己的主张加以证明，并在自己的主张最终不能得到证明时承担不利法律后果的责任。在劳动争议案件的举证责任问题上，《解释》免除了劳动者一定程度上的举证责任，规定："用人单位作出的开除、除名、辞退、解除劳动合同、减少劳动报酬、计算劳动者工作年限等决定而发生的劳动争议，用人单位负举证责任。"

（四）追加当事人

人民法院在审核诉讼材料后，如果发现必须共同诉讼的当事人没有参加诉讼时，应当通知其参加。当事人也可向人民法院申请追加，并由法院审查决定是否追加。人民法院应及时通知其他当事人。

七、劳动争议案件的审理

人民法院受理劳动争议案件后，当事人如增加诉讼请求的，如其诉讼请求与劳动争议案件有不可分性时，人民法院应当合并审理；如属独立的劳动争议，应当告知当事人向劳动争议仲裁委员会申请仲裁。

用人单位对劳动者做出的辞退、开除、除名等处理，或者因其他原因解除劳动合同确有错误的，人民法院可以依法判决予以撤销。对于追索劳动报酬、养老金、医疗费及工伤保险等相关费用等案件，给付数额不当的，人民法院可以予以变更。

八、劳动争议案件的执行

当事人对发生法律效力的调解书和裁决书，应当依照规定的期限履行。一方当事人拒绝履行的，另一方当事人可以申请人民法院强制执行。当事人申请法院强制执行劳动争议仲裁机构发出的发生法律效力的裁决书、调解书，被申请人提出的证据证明劳动争议仲裁裁决书、调解书有下列情形之一，并经审查核实的，人民法院可以根据《民事诉讼法》第二百十七条的规定，裁定不予执行：(1) 裁决的事项不属劳动争议仲裁范围的，或劳动争议仲裁机构无权仲裁的。(2) 适用法律确有错误的。(3) 仲裁员仲裁该案件，有徇私舞弊、枉法裁决行为的。(4）人民法院认定执行该劳动争议仲裁裁决违背社会公共利益的。人民法院在不予执行的裁定书中，应告知当事人在收到裁定书之日起 30 日内，可以就该劳动争议事项向上一级人民法院起诉。

【阅读材料】

2014 年 12 月起，赵先生受耿女士的雇佣，担任车辆押运员，由耿女士每月发放劳动报酬。耿女士的车辆挂靠于上海市南汇区某运输公司，2016 年 4 月底，赵先生被耿女士辞退。赵先生于 2017 年 11 月向劳动争议仲裁委员会申请劳动仲裁，要求确认与车辆挂靠公司（南汇区某运输公司）的劳动关系，并为其补缴城镇社会保险费，赔偿解除劳动合同的经济补偿金。劳动争议仲裁委员会以赵先生的请求事项超过仲裁申请时效为由，做出不予受理决定，赵先生遂诉至法院要求解决。

在法庭上，赵先生认为，耿女士将运输车辆挂靠于运输公司，故自己与运输公司建立了劳动关系。因运输公司未为其缴纳社会保险费，双方也未签订劳动合同，为此提起诉讼，要求运输公司为其补缴 2014 年 12 月 1 日至 2016 年 4 月 30 日期间的城镇社会保险费，支付解除劳动合同的经济补偿金 4000 元。

运输公司则认为，双方之间不存在劳动关系，赵先生是与耿女士签订的协议，不清楚赵先生是否为耿女士打工，即便赵先生押运过挂靠在公司的车辆，也不能说明其与公司之间存在劳动关系，故要求驳回赵先生的诉讼请求。

法院审理后认为，赵先生与运输公司未签订劳动合同，且赵先生也不在运输公司工作，运输公司也未给赵先生支付劳动报酬，故赵先生不受运输公司管理、约束、支配，与运输公司没有身份隶属关系，双方不存在劳动法上的权利义务关系，故赵先生的诉讼请求，无事实依据，法院不予支持。

据此，上海市南汇区人民法院于 2018 年 1 月对这起劳动合同纠纷案做出判决，驳回赵先生的诉讼请求。

问题：

1. 你认为赵先生与运输公司是否存在劳动关系？
2. 结合案例阐述仲裁申请时效，你认为该案例是否超出仲裁时效？

复习思考题

一、名词解释

1. 劳动争议调解制度。
2. 劳动争议调解委员会。
3. 劳动争议仲裁。
4. 劳动争议仲裁管辖。
5. 劳动争议仲裁期限。
6. 劳动争议仲裁程序。
7. 劳动争议申诉。
8. 劳动争议调解。
9. 缺席裁决。
10. 劳动争议诉讼。

二、问答题

1. 简述劳动争议调解制度的原则。
2. 简述劳动争议调解委员会受理案件的条件。
3. 简述劳动争议仲裁的特征。
4. 简述劳动争议地域管辖的内容。
5. 简述集体合同争议的处理时效的有关规定。
6. 简述劳动争议仲裁调解的原则及法律效力。
7. 劳动争议诉讼制度的特点?
8. 劳动争议案件上诉的条件和方式?

三、案例分析

【案例分析】

2015 年 11 月，潘某与广东中山东力公司签订劳动合同，约定潘某进入东力公司洗衣机车间做普通员工。但实际安排工作时，潘某却被安排到冲压部做冲压工。实际工种变化后，潘某认为公司没有与其协商，也没有达成任何协议，心里产生矛盾。而公司方面则不愿意因工种的变更而更改劳动合同，从而导致双方矛盾逐渐升级。2016 年 6 月 2 日，东力公司以潘某长期不上班自动离职为由拒绝其进入工厂。而潘某则认为，他是于一个月前向公司提出辞职但由于车间领导挽留，所以并无实际离职。

随后，潘某向劳动争议仲裁委员会提起了劳动仲裁，要求东力公司支付其 2016 年 5 月份工资 2570.65 元、解除劳动合同的赔偿金 3387.28 元，以及 1 万元的精神赔偿。

2016 年 9 月 8 日，中山市劳动争议仲裁委员会裁决要求东力公司支付潘某 2016 年 5 月份工资 2570.65 元及解除劳动合同的赔偿金 3387.28 元，驳回潘某要求 1 万元的精神赔偿等其他仲裁请求。潘某对该仲裁裁决不服，随后向中山市第二人民法院起诉，除了上述工资和赔偿金外，还额外追加要求东力公司赔偿其精神损失 10 万元。中山市第二人民法院一审判决驳回了潘某的诉讼请求，潘某不服该判决向中山中院提起了上诉。

2017 年 4 月，中山市中级人民法院终审后认为，潘某因劳动争议纠纷而提起精神损失赔偿请求，无事实和法律依据，应予驳回。但法院采信了一审已认定的用人单位解除与潘某的劳动合同关系是违法的，判令用人单位东力公司应向潘某支付违法解除劳动合同的赔偿金 4580.92 元及 2016 年 5 月份工资、赔偿金 2963.31 元，两项合计 7544.23 元。

思考与讨论题：

1. 结合案例，说明潘某劳动内容与合同不符，是否属于劳动合同的变更？

2. 我国目前劳动争议案件仲裁不收费、诉讼收费低，结合本案例，谈谈你如何看待这个问题？

3. 针对劳动者“滥诉”现象，你有什么解决的建议？

第十一章　构建我国和谐劳动关系

20世纪80年代中期以来，劳动关系问题从产生到被广泛关注，逐渐成为社会热点问题。伴随着经济体制改革的进一步深化，改革开放的进一步扩大，我国在更大范围和更大程度上参与经济全球化，我国企业劳动关系也越来越复杂多变，劳资矛盾和冲突加剧。本章讨论了我国劳动关系发展的现状、构建和谐劳动关系过程中所面临的问题，以及影响和谐劳动关系的主要因素，最后讨论劳动关系今后一段时期内的发展趋势和构建和谐劳动关系的对策建议。

第一节　我国劳动关系的现状

一、我国劳动关系发展现状

（一）劳动关系的类型多样、形式灵活

20世纪80年代私营企业的发展，主要是在国民经济中发挥“拾遗补缺”作用和扩大就业的功能。党的十五大明确了“非公有制经济是我国社会主义市场经济的重要组成部分”后，私营企业无论在数量上还是规模上都取得了飞速的发展。随着非公有制经济的长足发展，改变了劳动关系仅有一种公有制经济模式的历史，呈现出多样类型并存的态势。目前，以私营企业、个体、有限责任公司、外商及港澳台商投资单位等为代表的非公有制经济提供了超过80%的城镇就业岗位和超过90%的新增就业岗位。[①] 此外，就业观念的转变也使得

① 资料来源：《贾庆林在全国非公有制经济先进典型事迹报告会上的讲话》，人民网，2011年12月2日，http//politics. people. com. cn/GB/1024/16482588. html.

劳动者的就业形式更加灵活和弹性，非标准劳动关系大量涌现。

（二）劳动关系的内容各异

我国劳动关系市场化已经基本形成，但尚不规范。劳动关系的运行不再完全由政府的行政指令来调节，更多的是市场机制的作用。不同的所有制单位、行业、职业以及劳动者能力等都可形成不同的劳动关系内容，以致形成了目前较为复杂的劳动关系格局。

【阅读材料】

以劳动报酬为例，很多研究发现，外商投资企业比内资企业对同等情况下的工人所付工资要高。南开大学国际商务研究所杨长志、南开大学跨国公司研究中心冼国明利用中国省级制造业分大类数据对此进行实证研究，发现控制了产业、地区、企业、工人素质等变量后，外资企业工资水平的确高于其他企业，约为10%；同样的，外资企业平均薪酬也高于其他企业，约为7%[①]。《2010年度人力资源和社会保障事业发展统计公报》数据显示，2010年我国非私营单位在岗职工的年平均工资是37147元，而私营单位就业人员的年平均工资为20759元，后者大大低于前者。事实上，在不同行业、相同行业内部以及农民工和城镇职工之间的工资差距也在扩大，在它们之间又存在多种不同形式的劳动关系。

（三）劳动关系的主体明晰

随着市场化经济的改革，劳动关系利益主体逐渐明晰，从企业一方来说，企业逐步成为自主经营、自负盈亏的经济实体，享有独立的用工权。从劳动者一方来说，劳动者在职业流动和职业选择上也获得了自由或自主支配的权利。而国家的主体身份也随之逐步退出历史舞台。在劳动关系的形成阶段，劳动力的供求双方得以进行自由的双向选择，通过博弈来要求并实现各自的经济利益，打破了以往的“铁饭碗”旧观念。但劳资矛盾和冲突随之加剧，劳动争议案件急剧增长，特别是资本追逐利润和劳动者要求提高劳动报酬的矛盾非常突出。经济利益之争成为劳资矛盾的核心。

---

① 田晓青．劳动经济与劳动关系的新观察［J］．工会信息，2014（09）．

【阅读材料】

比较2015年和2000年我国劳动争议的基本情况，可以发现，15年间全国各级劳动争议仲裁机构当期受理的劳动争议案件（包括集体劳动争议案件）的数量、涉及劳动者（包含集体劳动争议涉及的劳动者）的数量以及当期结案的数量等都在急剧攀升，与2000年的数量相比，其中，劳动争议案件数量的增幅超过5倍，涉及劳动者的数量增幅超过5.5倍，而当期结案的数量增幅则接近5倍；同样，集体劳动争议案件的数量以及涉及劳动者的数量也都有一定幅度的增长，增长都达到2000年对应指标数量的30%①。同时，在劳动争议仲裁委员会处理的案件中，裁决结案的比例不断上升，争议原因主要集中在劳动报酬上，新时期中国企业劳动争议处理的难度日益加大。

二、构建和谐劳动关系所面临的现实问题

（一）劳动就业形势严峻

在我国，随着工会组织的不断发展和壮大，劳动者的地位得到一定的提高，但总体上，劳动力供大于求的长期状况使得劳资双方地位不平衡。在这种形势下，劳动者在就业方面处于明显的弱势地位，劳动者更加看重就业机会，为了“保住工作”而放弃合法权益的保护，增加了建立和谐劳动关系的难度。

【阅读材料】

从2011年到2019年，我国高校毕业生人数由660万人增加到834万人，增加了166万。2018年大学应届毕业生人数820万，预计2020年高校毕业生达874万人。对于即将走入社会的874万大学生来说，在就业环境不容乐观和高校毕业生数量大幅增加的双重压力之下，如何找到合适的就业岗位注定是个不小的挑战。当今社会，科技经济发展飞速，市场竞争日益激烈，大学生的就业形势依然非常严峻。

① 根据《中国劳动统计年鉴（2016）》数据分析

（二）劳动者的基本权益得不到保障

在我国，部分企业劳动条件差、超时加班现象严重，劳动者的健康和安全权益得不到有效保障。在劳动条件方面，有些企业特别是小微型企业，设备陈旧，作业环境差，存在强烈噪音、易燃易爆物品、大量粉尘、有害气体、高温等危险因素而使职业病严重、安全事故易发。除此之外，工作环境恶劣，工伤事故频发，使得许多工人不同程度的患有职业病；目前我国接触职业病危害人数、职业病累计数量、职业病死亡数量和职业病新发病人数 4 项指标均居世界第一。资料显示，目前我国各类企业中，职工涉及有毒有害品和接触职业病危害因素的都占相当的比例，职业病最多的是尘肺病，其次是铅、苯等有害物导致的职业中毒。据职业病危害诊治统计分析，未申报职业病、未配备个人防护用具、未开展职业卫生培训、职业危害作业场所没有明显警示标志、违反规定没有向职工进行职业危害告知的企业占相当比例。在工时方面，非公有制企业加班现象比较普遍，一些企业职工加班每天超过 3 小时。

【阅读材料】

2014 年，法国人最先做出规范，确保普通员工的休息权。根据法国最新劳动法，晚上 6 点后到早上 9 点之前的非正常工作时间，公司将不被允许给员工发送邮件，也不可以给员工打电话。在晚上 6 点之后在 IT 或咨询等业务公司工作的人员回复工作邮件、工作电话和工作短信都是不合法的[①]。

（三）劳动争议案件不断增加

劳动争议说明劳资双方存在利益矛盾，表现为劳资双方的劳动关系不够协调，劳动争议往往会体现出频繁多发、涉及人数众多、原因复杂、影响面较广的特点。总的来说，我国当前劳动关系呈现利益冲突集中显现的局面。劳资双方在争取和维护自身利益的博弈中，围绕劳动报酬与劳动保险展开的劳资冲突处于高发趋势。统计显示，全国各级劳动争议仲裁机构立案受理的劳动争议案件，2000 年为 13.5 万件，2010 年以来案件量一直高位运行，当年达到 60 万

---

① 资料来源：大洋网－广州日报 2014 年 04 月 12 日 http：//news. sina. com. cn/w/2014－04－12/071929917127. shtml

多件，2015年仍达到80万件。加上劳动争议调解组织调解的案件，2015年，全国调解、仲裁机构共处理劳动争议案件总量达到73万件。在各类劳动争议案件中，民营企业、外资企业和民办非企业单位与劳动者之间发生的争议占案件总量的65%左右。2010年以来，一些地方由劳动争议引起的集体静坐、上访甚至暴力性群体事件逐年攀升。特别是2010年，因企业职工要求增加工资、改善劳动条件引发的集体停工开始增多[①]。

"传统的劳动争议案件类型稳中有降，解除或终止劳动关系后要求单位给予经济补偿、追索未签订书面劳动合同两倍工资差额的纠纷，逐渐成为主要的纠纷类型，并呈逐年增长趋势。"而案件处理难度较大使很多案件得不到及时的解决，这又进一步加剧了劳动关系双方的矛盾对抗性和不协调性。

（四）劳动者利益分配失衡

全总研究室2011年调查显示，近年来劳动报酬、经济补偿和赔偿金、保险福利成为劳动争议的高发地带，有65.7%的职工认为劳动关系不和谐的主要原因是普通工人收入低、增长慢，其次是企业内部收入差距大，这部分职工占16.3%，两项相加为82.9%。这表明，企业分配差距大、劳动报酬比重偏低的问题仍然没有得到根本解决[②]。2015年全国在岗职工平均工资为63241元，国有单位平均工资为68450元，城镇集体单位仅为48003元，私营企业的受雇劳动者工资更加微薄。国有企业及垄断性经营企业在生产要素占有中的初始不平等造成收入差距过大，使职工的工资并不能真实反映劳动力的价格，集体企业及众多的私营企业工人过低的收入使社会不平等、不公正显得较为突出，这种不平等、不公正也已成为影响社会和谐的重要因素。

相对近年来物价的上涨，工资水平提高的效果并不明显，特别是对农民工，实际收入在近几年甚至有所下降。而且不同地区、不同行业及企业内部薪酬水平差距逐渐加大，有些收入差距没有合理的依据，引起广大员工不满。同时还缺少相应的劳动利益调整机制，劳动利益调整机制是指劳资双方就劳动条件的变更或者继续维持进行协商调整的制度，引导劳资双方进行协商，防止利益分配严重失衡。这一制度有利于促进劳动关系的和谐和稳定。

（五）不稳定的劳动关系逐渐增多

在激烈的市场竞争中，许多企业都在通过调整结构、深化改革、加强管理

---

① 根据《中国劳动统计年鉴（2016）》数据分析

② 全总研究室．2011年企业职工劳动经济权益及思想动态问卷调查.

重新配置生产要素和劳动力资源，而且随着科技发展、产品更新、对劳动者的技能要求在不断提高，因而一些年龄偏大、技能较低的职工大量下岗、失业。通过新时期中国企业劳动关系的现状分析，可以发现在劳动密集型企业，缺乏一技之长、文化素质较低的那部分劳动者，无论是下岗、失业人员，还是农民工在与资本结合的过程中总体上处于弱势地位，缺乏与资本抗衡的力量。为了在激烈的就业竞争中获得劳动岗位，他们通常不得不放弃自己的一些合法权益，甚至不敢对用人单位提出签订劳动合同的要求，以致出现了许多“有劳动，没关系”的现象，同时随着经济全球化的发展，政府为了发展经济和吸引外资，有压制劳动成本，以致抑制集体劳工力量的趋势，从而使不稳定的劳动关系呈上升趋势。

第二节　影响和谐劳动关系的主要因素

一、改革进程中对劳动者利益的忽视

（一）公有制企业改革中劳动者利益被忽视

公有制企业的改革大体经历了：党委集体领导、联产责任承包、厂长负责制，体制改革（改公为私、贱卖贱买），股份制（所谓现代企业制度），这几个阶段。20 世纪 80 年代中期以后，应产权改革的要求，企业由政府的行政附属机构转变为独立的产权主体和自主用工、自负盈亏的法人，利润增长与生产效率要求企业必须追求劳动力成本最小化，此时劳动者也由“国家职工”转变为独立的行为主体和利益主体，注重个人利益的最大化劳资之间的利益分歧由此产生。

【阅读材料】

传统体制下的公有制企业劳动关系的管理模式以行政手段为主，劳动关系双方的利益关系被平均主义的分配与福利制度覆盖，更多体现的是一种国家和工人之间的政治关系。而改革后的公有制企业，作为国有资本的出资方，政府具有产权，经营管理者掌握经营和管理权，劳动者拥有劳

动权。在市场经济体条件下，企业和劳动者作为不同的利益主体，其不同的利益导向决定不同的经济行为，具体表现为在企业生产和经营过程中，劳动者的目标是获取更多的报酬，企业的目标则是实现盈利，为实现利润最大化，企业往往压低劳动者的工资以降低生产成本，一方的收益是另一方的成本，二者的利益分配关系始终存在结构性的对抗与冲突。改革中后期，从减员增效、下岗分流，到大型国企的主辅分离、辅业改制和职工身份转换，先后将大约 3000 万职工剥离，几近国企职工总数的一半。这部分工人收入来源被直接切断，生存遭遇危机。

（二）非公有制企业利益分配的单边性

我国现阶段私营企业的劳资关系呈现单极化的态势。私营企业主即雇主享有完全决策和高度自主权，处于强者地位，雇员则处于从属、被支配的弱势地位，对企业知情权和参与权极为有限；在收入分配方面，充分体现按资分配，普遍存在资方对利润的独占和员工相对收入水平偏低的矛盾；1989—2002 年，私营企业的总产值从 97 亿元增长到 15338 亿元，工人的工资总额从 11.4 亿元增长到 204.5 亿元，前者增长了 157 倍，年均增长 47.6%，后者只增加了 19.8 倍，年均仅增长 3.9% 。这种由雇主单方支配工资和劳动条件“垄断因素”的劳资关系，是一种典型的以资方为主导的不平衡的劳动关系。

（三）保护劳动者利益的社会政策发展滞后

改革开放以来，追求经济至上，经济政策占主导地位。我国社会政策发展的很长一段时间里，人们并没有找准它的定位，使其一直从属于经济政策，尤其在过去“发展是第一要务”的语境中，社会政策已迷失了自我，热衷于充当经济政策的附庸。重心在提高企业的经济效益，劳动者的权益一再被忽视。直到 1990 年代末，因为发展中出现了贫富分化、就业形势严峻、劳资争议凸显、社会矛盾激化等问题，真正意义上的、关注社会公正与和谐的、重视民生与以人为本的社会政策才开始起步，社会政策的本意与品格才开始回归。

二、利益博弈中缺乏对劳动者的支持

（一）政府的管理职能错位、缺位

政府作为唯一能通过国家强制力量指导和规范劳动关系的主体，面对现阶段“强资本、弱劳动”的态势，本应在行政上和法律上加强对劳工的保护，防范、惩罚企业侵犯劳工权益的行为。然而，现实中却存在管理职能明显错位、缺位的情况。一些政府部门重资本、轻劳动，处理问题总是从政绩考核，以经济指标为主等因素出发，为了吸引投资而对工人的利益重视不够，没有做好劳资关系的正确引导。同时，实施有效法律监督的首要前提是监督主体的相对独立性，这一前提条件对劳动监察机构来说并不具备。劳动监察机构在体制上隶属各级劳动行政部门，这种隶属关系使劳动监察机构在人事、财政等方面受制政府部门的指令和行政官员的长官意志，监察机构实施执法监督的职能和权力受到严重的干扰，从而削弱了行政执法的权威性，导致了劳动监察部门在一定程度上行政不作为。

【阅读材料】

在监督劳动基准和检查劳动安全问题上，劳动保障监察力量不足，客观上影响监察处罚的力度，造成政府管理职能缺位。2012 年至 2016 年，全国共主动检查用人单位 990.8 万户次，办结各类违法案件 194.8 万件，督促用人单位与 2236.5 万名劳动者补签劳动合同，为劳动者追发工资等待遇 1586.7 亿元，涉及劳动者 2409.1 万名，补缴社会保险费 153.5 亿元。截至 2016 年年底，全国劳动保障监察专职人员合计 2.6 万人，而全国用人单位约 4500 万户，涉及劳动者 8 亿人，平均每 1 名监察人员对应 1700 多户用人单位和 3 万名劳动者。如此薄弱的监察力量根本无法应对庞大的工作对象，因此，欠薪、过劳死、劳务派遣等事故层出不穷，劳动合同缺失、社会保险费用欠缴、最低工资标准虚设、非法作业等做法仍大行其道。

（二）工会没有切实为员工维权

我国工会的身份，受到列宁“古典二元论”的影响，一方面，作为党政机关在企业的延伸和协助企业办社会、维持企业生产秩序等事宜中履行着“准官方”的职责；另一方面，又要作为职工权益的代表者，团结和组织企业员工，领导工人行动。各级总工会是变相的政府组织，主要履行政府职能，工作难以聚焦职工维权。法律应明确规定，组织工会的权利专属工人，企业有配合的义务，上级工会有登记注册的义务。工会的权力来源使其无法反映工人的权利诉求。各级总工会的权力来源主要在其上层党组织，干部也是由上级任命或委派；基层工会中，公有制企业通行的是自上而下的工会组建方式和工会主席“委派”式的选任方式；工会的经费来源限制了其活动的力度。部分工会没有完整的财务支配权，经费的使用需要报批，客观上限制了工会活动的广度与深度。正是基于以上原因，我国工会无论是在国家、产业层次，还是在企业层次都被批评实际发挥的作用很有限。

三、企业的社会责任感缺失

在市场经济竞争中，许多企业家往往把经济利益作为追求的唯一目标，为了追逐利润的最大化不惜以牺牲劳动者的利益、健康甚至生命为代价。中国社会科学院经济学部、中国社会科学院社会发展研究所和社会科学文献出版社共同发布的 2011 年《企业社会责任蓝皮书》指出，中国最具规模的 300 家国有、民营和外资企业平均的社会责任发展指数只有 19.7 分。由于受国内、国际市场日益激烈的竞争的影响，一些企业特别是劳动密集型的中小企业，在劳动力的使用上更多地表现出一种追求利润最大化，而忽视社会道德和社会责任的短期行为。

和谐稳定的劳动关系是企业健康发展的前提条件，也是社会和谐稳定的重要基础，劳动关系处理不好则会导致社会矛盾激化、动荡不安。企业要在激烈的市场竞争中生存发展，最关键的是实现资本、劳动和管理的有机结合，产出更高的经济和社会效益。而做到这一点，必须将企业的发展与维护职工的合法权益协调。

第三节　构建和谐劳动关系的路径

一、未来一个时期我国劳动关系发展的变化趋势

（一）经济发展方式的转变使劳动关系更加复杂化

“十三五”时期，经济发展进入新常态，新型工业化、信息化、城镇化、农业现代化深入发展，人口老龄化加快，供给侧结构性改革不断推进，都对人力资源和社会保障事业发展带来了一系列新机遇、新挑战，人力资源和社会保障工作仍面临较大压力。工资收入分配差距依然较大，工资收入分配制度改革有待继续推进。影响劳动关系稳定因素增多，构建和谐劳动关系的任务艰巨繁重。

我国物质基础雄厚、人力资本丰富、市场空间广阔、发展潜力巨大，经济发展方式加快转变，经济发展方式的转变必然会使已经形成的劳动关系受到冲击，在此过程中易于产生劳动争议。如中国制造业，首先是面临资源环境和成本上升的巨大压力，产业利润率明显偏低；其次，中国制造业一直靠传统比较优势获得良好的发展，而目前面对经济结构的调整和产业升级压力却是无力完成自身科技管理创新，逐渐走向破产倒闭的局面。因此会造成大量的就业损失，而这些职工的岗位安排、待遇补偿、社会保险等问题如果解决不好，很容易诱发争议的隐患。同时，经济发展方式的转变促进产业结构调整，提升产业竞争力。

（二）国外经济运行态势影响劳动关系运行稳定性

“十三五”时期我国发展环境的基本特征。和平与发展的时代主题没有变，世界多极化、经济全球化、文化多样化、社会信息化深入发展，世界经济在深度调整中曲折复苏，新一轮科技革命和产业变革蓄势待发，全球治理体系深刻变革，发展中国家群体力量继续增强，国际力量对比逐步趋向平衡。经济开放程度日益提高，我国的劳动关系已经呈现明显的国际化趋向，主要表现为劳动关系主体的国际化、劳动关系环境的国际化以及劳动关系适用规则的国际化。国际市场的需求是我国经济增长的重要动力之一。同时，国际金融危机深层次

影响在相当长时期依然存在，全球经济贸易增长乏力，保护主义抬头；国际市场需求大幅下降，部分企业效益急剧下滑，长期处于停产和半停产状态；而一些出口企业为了节约成本，在技术革新创新方面投入不足，劳动安全设施滞后，员工缺乏相应的劳动保障措施，致使职业病、工伤事故连连发生。可见，如果不能妥善处理因企业效益下滑而带来的裁员、搬迁、减薪等问题，那么很可能演变成引发劳资冲突甚至是群体性事件的一条导火索。世界经济形势复杂多变，外部环境不稳定不确定因素增多，劳动关系的稳定性也受到很大影响。

【阅读材料】

2008年下半年金融危机波及我国，导致外部需求锐减，海关统计显示，2012年上半年，我国对欧盟出口1630.6亿美元，同比下降0.8%；对德国出口连续4个月下降，对法国出口连续3个月下降，对意大利出口连续10个月下降。欧美日传统市场在中国出口所占比重为42.1%，同比降低1.1个百分点。当国际市场订单出现大幅减少时，出口企业若以减少劳动雇佣作为应对策略，那么就会对企业原有的劳动关系形成冲击。我国出口企业大多为民营中小企业，因而受到的金融危机影响也最为明显，甚至部分民营中小企业走向破产。在国外经济运行的下行阶段，我国东部和中部地区企业（主要是外向型企业）可能会因产业升级而倾向于减少非技术劳动者的需求，易发生劳动争议。尤其是我国东部地区由于多密集型产业和外向型企业，当面临金融危机冲击时，这些产业以及其中的企业（尤其是中小企业）会更加脆弱，以致影响原有劳动关系的稳定性。

（三）劳动关系主体结构变化增加劳动关系波动风险

（1）用工主体结构变化带来的影响。从企业的构成方面看，非公有制经济特别是私营企业已经成为我国最大的企业群体，并且也是吸纳社会就业的主要渠道。然而，作为我国目前最大的劳动用工主体，非公有制经济的劳动关系状况并不乐观，特别是私营企业已经成为我国劳动争议案件高发的经济部门。全国各级劳动争议仲裁机构立案受理的劳动争议案件，2000年为13.5万件，2008年以来案件量一直高位运行，当年达到69万多件，2010年仍达到60万件。加上劳动争议调解组织调解的案件，2010年全国调解、仲裁机构共处理劳动争议案件总量达到128.7万件。在各类劳动争议案件中，民营企业、外资企业和民办非企业单位与劳动者之间发生的争议占案件总量的65%左右。

（2）劳动者主体结构变化带来的影响。从总体上看，近年来我国劳动者主体结构变化主要体现在劳动者受教育程度普遍提高，第二、第三产业就业者数量明显增加，青壮年劳动者就业行业高度集中，城镇非单位就业者大量增加，单位内部劳动者就业身份差异化、城乡劳动者就业进一步融合以及农民工成为城镇产业工人主体等方面。而面对劳动者主体结构的变化迎来的却是一线职工工资收入偏低、企业劳动条件差、工时过长等忽视职工利益的现状，其中，工资过低已经成为当前引发劳动争议甚至集体罢工事件的主要原因。

（四）劳动关系运行对法制的依存度提高

随着市场经济的不断完善，劳动法律法规的不断健全，劳动关系的调整机制必将走向法制化。劳动关系双方主体的身份、地位、权利与义务的确定，劳动关系运行过程和争议处理都将逐渐步入法制轨道。随着我国人口结构的显著变化，劳动力供给水平下降将加剧劳动力市场的结构性矛盾，从而进一步推高劳动力的价格。由此，关于工资增长的利益争议不断增加，更需要形成劳资间的利益分配与协调机制。

群体性劳动争议高发态势带动三方协调机制“增效”。随着生活水平的提高，劳动者对教育、就业、医疗、住房等需求的增加，以及我国人口结构特别是年龄结构、受教育结构和城乡结构等都发生了变化，使其处于劣势地位的劳动者在维权意识、集体意识以及行动意识等方面不断加强，群体性劳动争议的高发，不仅反映出我国尚缺乏有效的、集体层面协调劳资关系的制度基础，更在深层次上揭示出我国亟待构建和完善顺应新时期发展与转型需要的体制机制和利益架构。

（五）新媒体对劳动关系的影响日渐深远

中国互联网络信息中心发布的数据表明，截至2011年12月底，我国网民规模已达5.13亿人，全民新增网民5580万，互联网普及率达38.3%，已超过世界平均水平。另外《2010年中国公民的网络表达与公共管理分析研究报告》显示，我国公民积极通过互联网进行社会参与，国内网民“互动参与指数”达49.0，甚至高于美国的45.8[①]。网络在很大程度上体现了沟通方便的同时，也催生出人们运用它进行维权、监督、评论社会公共事件等网络表达行

① 资料来源：《〈2010年中国公民的网络表达与公共管理分析研究报告〉发布》，中国高校导航网，2011年11月23日，www.ccug.net/news/2010/11/23/34750.jhtm.

为。当前，在劳动者群体性事件中频频出现的“网上联动、网下行动”的现象，正是在我国互联网络快速普及与发展的背景下劳动关系领域出现的一种新情况。

二、进一步构建我国和谐劳动关系的对策建议

从一国经济社会发展规律来看，劳动关系矛盾频发既是市场经济发展到一定阶段的必然结果，也是现代化过程中社会矛盾在劳动关系领域的集中体现。当前，我国已经进入全面深化改革开放、加快转变经济发展方式的攻坚时期，面临体制和结构的双重转型。与此同时，伴随工业化、市场化、信息化和全球化的快速推进，又意味着我国经济社会的发展已经到了一个新的历史阶段。在这一双重时代背景之下，我国改革以来的较长时期内仍尚未得到彻底解决的老问题与在新的发展阶段下出现的新情况、新问题相互交织，使得我国面临错综复杂的社会矛盾和社会问题。在这种形势下，创新我国劳动关系体制机制，有效预防、化解和处置劳动关系矛盾，已经成为当前及今后一段时间我国一项紧迫而重要的工作。

（一）加强我国劳动关系运行、变化及其特点的理论研究

随着我国经济体制改革进一步深入，世界经济环境不断变化，我国劳动关系也发生了巨大变化。劳动关系的发展迫切需要理论的创新和指导。在新的形势下，只有把握市场经济劳动关系变化的规律以及特点，才能更好地寻找到劳动关系双方合作的方式，以便及时调整相应的对策，推动劳资双方以合作的方式解决冲突和矛盾。合作式劳动关系的关键不是利益冲突的消失，而是把冲突减少到最低限度。

（二）加快建设我国集体劳动关系协调机制

一是尽快出台有操作性的法律法规并保障其实施。加快《劳动争议调解仲裁法》配套规章和司法解释的出台，使得劳动争议案件处理有法可依。加快完善《劳动合同法》等配套规章和政策，增强相关法律的可操作性。一些地方政府、法院、劳动争议仲裁委员会出台的内容与《劳动争议调解仲裁法》《劳动合同法》相悖的指导意见和规定，最高人民法院、人力资源和社会保障部应督促抓紧清理规范，保持规定与法律一致。

二是推动区域和行业层面的工资集体协商。针对不同区域不同行业以及各

种不同所有制、生产规模、经营状况的企业实施不同的工资集体协商机制，比如对生产经营正常的企业，突出协商建立工资正常增长机制；对生产经营困难的企业，则突出协商工资的按时足额支付，建立工资支付保障机制；实行岗位工资制度的企业，把确定和调整岗位工资标准作为协商重点；实行股份制的企业，对于正确处理工资分配、股息红利与劳动分红之间的比例关系等具有针对性的做法，增加其协商的有效性以及推进和谐劳动关系的构建。

三是建立健全劳动关系矛盾预防和调解处理机制。加强现有的调解仲裁机制和效能建设，加快基层劳动仲裁实体化建设。完善三方仲裁机制，加强工会兼职劳动仲裁员队伍建设。明确集体劳动争议的含义，并针对劳动争议案件的特质，确定争议处理方式。建立处理劳动争议突发事件的部门联席工作机制，发挥工会劳动法律监督委员会、工会信访部门和职工维权热线的作用。

四是进一步加强政府劳动监督执法力度。加大普法宣传，正面引导用人单位和劳动者通过法律途径解决问题，增强其法律意识。修改完善《劳动保障监察条例》，强化劳动保障监察机制，建立问责制。完善劳动保障监察与劳动争议仲裁衔接机制。建立劳动保障监察与法院协商制度，强化执法效力。增加各级劳动监察人员的专项编制，加强劳动监察机构职能。

（三）推动劳动关系问题的多方治理

一是强化政府在劳动关系治理中的主导地位。政府作为社会公共利益的保护者、法律的制定者和裁决者，在处理劳动关系问题上应该担负重要责任并能够发挥至关重要的作用。近些年来，劳动关系争议案件数量不断增多，特别是群体性劳资冲突事件频频发生，尤其是富士康员工跳楼事件、南海本田罢工事件等。这些情况下，政府应该发挥更大的作用，不仅要做好调查研究、协调服务、检查监督、调解仲裁和监察执法等工作，还要加强法律援助，培育市场主体，使劳动关系双方力量达到均衡。此外，各级政府要把构建和谐社会劳动关系纳入领导干部政绩综合考核评价体系，增加对基本教育、公共医疗、社会保障等民生领域的财政投入。加强劳动关系方面工作机构和工作队伍建设，注重从力量配置、经费投入上进一步创造条件，促进三方机制的实体化、专业化，加强劳动定额标准制定和管理。

二是发挥工会在劳动关系治理中的组织优势。首先工会应提升其自身的凝聚力，不仅要提供优质的服务，还要积极吸引会员参与工会的活动；其次，工会要积极参与劳动争议协调，及时反映职工群体的呼声，依法维护职工群众合法权益；最后，还要推进工会体制改革，发挥产业和行业工会在协调劳动关系方面的作用，推进企业工会独立于企业雇主的进程。

三是明确企业组织在劳动关系治理中的职责。企业应严格执行劳动法律法规、主动履行社会责任，在劳动关系协调中积极发挥作用。企业要推行人性化管理，健全企业民主制度，保障职工参与权、知情权、共决权以及监督权，加强劳动管理规章制度建设和劳动监察、执法力度。以公开、公正、公平的管理赢得职工的信赖和认可。

四是激发劳动者在劳动关系治理中的主体作用。随着社会的发展，企业和职工更多地表现为一种合伙人关系，应引导职工增强主人翁意识，不断提升自身素质，以勤奋、诚实和创新劳动，在企业中谋求发展。要推进企业文化和职工文化的建设，利用互联网、微博、微信等新媒体加强双方思想交流与感情沟通，强化人文关怀和心理疏导。

五是倡导社会力量参与监督劳动关系治理工作。应该鼓励新闻媒体作为劳动关系问题的宣传报道先锋，形成正确的舆论导向，推动劳动关系走向和谐之路。除传统媒体外，还要加强对互联网、移动多媒体等新兴媒体的管理，引导和促使各类媒体共同营造和构建和谐劳动关系的良好舆论范围。

复习思考题

一、名词解释

1. 和谐劳动关系。
2. 不稳定劳动关系。
3. 多方治理。

二、问答题

1. 简述我国劳动关系发展现状。
2. 简述和谐劳动关系面临的问题。
3. 简述影响和谐劳动关系的主要因素。
4. 论述我国劳动关系发展的趋势。
5. 在新时代背景下如何构建和谐劳动关系？

三、案例分析

【案例分析】

2018年全国劳动关系工作座谈会在广东省召开①

2018年5月16日—17日，全国劳动关系工作座谈会在广东中山召开。会议以习近平新时代中国特色社会主义思想为指引，全面贯彻党的十九大精神，认真落实中央经济工作会议和全国“两会”要求，按照全国人力资源社会保障工作会议部署，总结党的十八大以来全国劳动关系工作，交流经验，分析研判形势，研究部署工作。人力资源社会保障部副部长邱小平出席会议并讲话。

邱小平指出，党的十八大以来的五年，在党中央、国务院高度重视下，构建中国特色和谐劳动关系取得重大进展，构建中国特色和谐劳动关系体制机制框架基本确立，劳动关系协调机制和劳动标准逐步完善，国有企业工资收入分配制度改革取得积极进展，企业工资分配宏观指导调控制度不断健全，预防化解劳动关系领域突出矛盾取得明显成效，初步形成适应社会主义市场经济体制的劳动关系治理体系，保持了全国劳动关系总体和谐稳定，为促进经济社会发展和社会和谐做出了积极贡献，为推进新时代和谐劳动关系建设奠定了坚实基础。

邱小平强调，做好劳动关系工作，必须牢记使命，准确把握新时代劳动关系工作的新要求。必须坚持正确的政治方向，坚持党对劳动关系工作的领导，切实提高政治站位，以习近平新时代中国特色社会主义思想为指引，旗帜鲜明地坚持中国特色和谐劳动关系发展道路，确保劳动关系工作正确的政治方向。要深刻把握社会主要矛盾变化对劳动关系工作提出的新要求，坚持以人民为中心的思想，落实新发展理念，不断加强调整劳动关系的法律、体制、制度和机制建设，深化企业工资收入分配制度改革，大力提升广大劳动者的获得感、幸福感、安全感，更好促进劳动者全面发展和社会和谐进步。要立足于我国仍处于社会主义初级阶段这个基本国情和最大实际，认真落实民生工作思路，坚持尽力而为、量力而行，坚持在发

① 资料来源：人社部网站《全国劳动关系工作座谈会在广东省召开》

展中保障和改善民生，统筹兼顾促进企业发展和维护职工权益，统筹兼顾职工当前利益与长远利益，努力促进企业和职工互利共赢。同时，按照党中央对构建和谐劳动关系的新要求，科学谋划新时代构建和谐劳动关系的目标任务，提出了从现在到本世纪中叶，劳动关系事业发展的宏伟蓝图。

在部署2018年工作时，邱小平指出，要继续坚持稳中求进的工作总基调，坚持新发展理念，紧扣我国社会主要矛盾变化，坚决防范劳动关系领域风险，创新完善劳动关系协调制度和机制，深化企业工资收入分配制度改革，努力开创构建中国特色和谐劳动关系新局面。

各省（区、市）、新疆生产建设兵团和副省级城市人力资源社会保障厅（局）长和有关处室负责同志，人力资源社会保障部相关司局负责同志，全国人大法工委、国务院有关部委相关部门负责同志，全国总工会、全国工商联、中国企联相关部门的负责同志参加会议。

思考与讨论：

经济发展新常态下，思考构建和谐劳动关系的重要意义以及如何更好地构建和谐劳动关系。